2024 | **현대자동차** 인적성검사

고시넷 대기업

현대자동차
모빌리티 기술인력 생산직
최신기출유형 모의고사

**현대자동차
생산직
베스트셀러**

**적성검사
필수이론
+ 출제예상문제**

gosinet
(주)고시넷

최고 강사진의
동영상 강의

수강생
만족도
1위

류준상 선생님

- 서울대학교 졸업
- 응용수리, 자료해석 대표강사
- 정답이 보이는 문제풀이 스킬 최다 보유
- 수포자도 만족하는 친절하고 상세한 설명

고시넷 취업강의
수강 인원
1위

김지영 선생님

- 성균관대학교 졸업
- 의사소통능력, 언어 영역 대표강사
- 빠른 지문 분석 능력을 길러 주는 강의
- 초단기 언어 영역 완성

공부의
神

양광현 선생님

- 서울대학교 졸업
- NCS 모듈형 대표강사
- 시험에 나올 문제만 콕콕 짚어주는 강의
- 중국 칭화대학교 의사소통 대회 우승
- 前 공신닷컴 멘토

정오표 확인 방법

고시넷은 오류 없는 책을 만들기 위해 최선을 다합니다. 그러나 편집 과정에서 미처 잡지 못한 실수가 뒤늦게 나오는 경우가 있습니다. 고시넷은 이런 잘못을 바로잡기 위해 정오표를 실시간으로 제공합니다. 감사하는 마음으로 끝까지 책임을 다하겠습니다.

고시넷 홈페이지 접속 > 고시넷 출판-커뮤니티 > 정오표

www.gosinet.co.kr

모바일폰에서 QR코드로 실시간 정오표를 확인할 수 있습니다.

학습 질의 안내

학습과 교재선택 관련 문의를 받습니다. 적절한 교재선택에 관한 조언이나 고시넷 교재 학습 중 의문 사항은 아래 주소로 메일을 주시면 성실히 답변드리겠습니다.

이메일주소 qna@gosinet.co.kr

1

현대자동차 알아두기

현대자동차의 경영철학, 핵심가치, 비전, 인재상을 수록하였습니다.

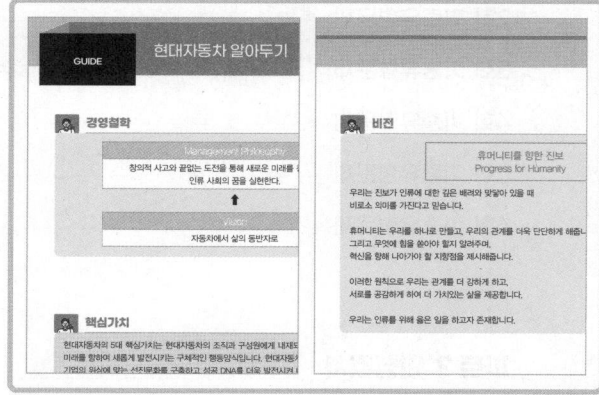

2

현대자동차 생산직 개요

현대자동차 생산직의 채용절차와 특징, 시험영역 등을 쉽고 빠르게 확인할 수 있게 구성하였습니다.

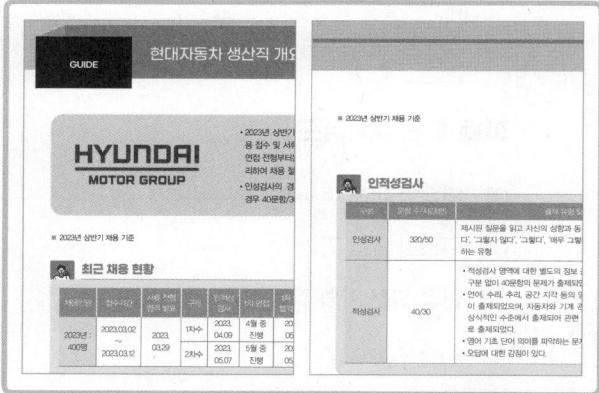

3

영역별 빈출이론

현대자동차 생산직의 출제영역과 관련된 언어능력, 수리능력, 추리능력, 공간지각능력 빈출이론을 정리하여 주요 이론과 개념을 빠르게 학습할 수 있도록 하였습니다.

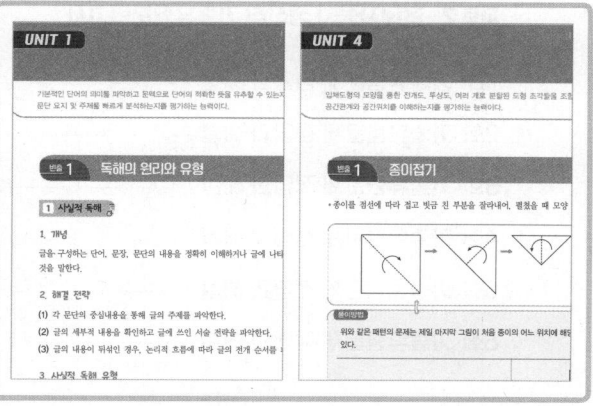

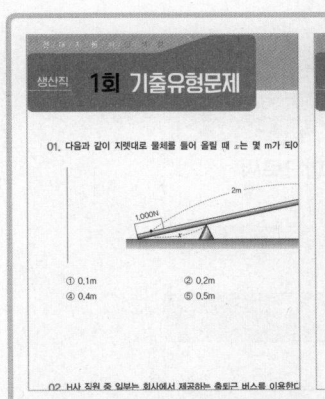

4 기출유형모의고사

최신 기출문제 유형에 맞게 구성한 총 6회분의 기출유형문제로 자신의 실력을 점검하고 완벽한 실전준비가 가능하도록 구성하였습니다.

5 인성검사 & 면접가이드

채용 시험에서 점점 중시되는 인성검사와 면접 질문을 수록하여 마무리까지 완벽하게 대비할 수 있도록 하였습니다.

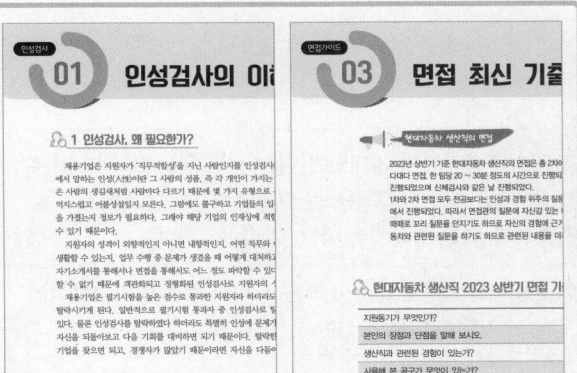

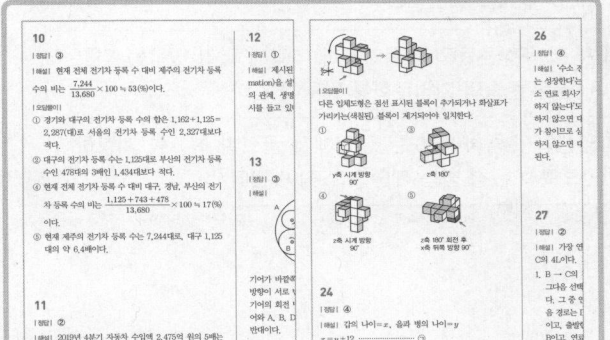

6 상세한 해설과 오답풀이가 수록된 정답과 해설

기출유형문제의 정답과 해설을 오답풀이와 함께 수록하여 문제풀이 과정에서의 학습의 효과가 극대화될 수 있도록 구성하였습니다.

경영철학

Management Philosophy
창의적 사고와 끝없는 도전을 통해 새로운 미래를 창조함으로써 인류 사회의 꿈을 실현한다.

Vision
자동차에서 삶의 동반자로

 ## 핵심가치

현대자동차의 5대 핵심가치는 현대자동차의 조직과 구성원에게 내재되어 있는 성공 DNA이자 더 나은 미래를 향하여 새롭게 발전시키는 구체적인 행동양식입니다. 현대자동차는 5대 핵심가치를 통해 글로벌 기업의 위상에 맞는 선진문화를 구축하고 성공 DNA를 더욱 발전시켜 나갈 것입니다.

CUSTOMER 고객 최우선	최고의 품질과 최상의 서비스를 제공함으로써 모든 가치의 중심에 고객을 최우선으로 두는 고객 감동의 기업 문화를 조성한다.
CHALLENGE 도전적 실행	현실에 안주하지 않고 새로운 가능성에 도전하며 '할 수 있다'는 열정과 창의적 사고로 반드시 목표를 달성한다.
COLLABORATION 소통과 협력	타 부문 및 협력사에 대한 상호 소통과 협력을 통해 '우리'라는 공동체 의식을 나눔으로써 시너지효과를 창출한다.
PEOPLE 인재 존중	우리 조직의 미래가 각 구성원들의 마음가짐과 역량에 달려 있음을 믿고 자기계발에 힘쓰며, 인재 존중의 기업문화를 만들어 간다.
GLOBALITY 글로벌 지향	문화와 관행의 다양성을 존중하며, 모든 분양에서 글로벌 최고를 지향하고 글로벌 기업시민으로서 존경 받는 개인과 조직이 된다.

비전

휴머니티를 향한 진보
Progress for Humanity

우리는 진보가 인류에 대한 깊은 배려와 맞닿아 있을 때
비로소 의미를 가진다고 믿습니다.

휴머니티는 우리를 하나로 만들고, 우리의 관계를 더욱 단단하게 해줍니다.
그리고 무엇에 힘을 쏟아야 할지 알려주며,
혁신을 향해 나아가야 할 지향점을 제시해줍니다.

이러한 원칙으로 우리는 관계를 더 강하게 하고,
서로를 공감하게 하여 더 가치있는 삶을 제공합니다.

우리는 인류를 위해 옳은 일을 하고자 존재합니다.

 인재상

도전, 창의, 열정, 협력, 글로벌마인드로
그룹의 핵심가치를 실천할 수 있는 인재

- 도전 : 실패를 두려워하지 않으며, 신념과 의지를 가지고 적극적으로 업무를 추진하는 인재
- 창의 : 항상 새로운 시각에서 문제를 바라보며 창의적인 사고와 행동을 실무에 적용하는 인재
- 열정 : 주인의식과 책임감을 바탕으로 회사와 고객을 위해 헌신적으로 몰입하는 인재
- 협력 : 개방적 사고를 바탕으로 타 조직과 방향성을 공유하고 타인과 적극적으로 소통하는 인재
- 글로벌 마인드 : 타 문화의 이해와 다양성의 존중을 바탕으로 글로벌 네트워크를 활용하여 전문성을 개발하는 인재

- 2023년 상반기 현대자동차 생산직 채용은 채용 접수 및 서류 전형 합격 이후, 인적성 검사, 면접 전형부터는 1차수와 2차수 2개 차수로 분리하여 채용 절차가 진행되었다.

- 인성검사의 경우 320문항/50분, 적성검사의 경우 40문항/30분으로 출제되었다.

※ 2023년 상반기 채용 기준

최근 채용 현황

채용인원	접수기간	서류 전형 합격 발표	구분	인적성 검사	1차 면접	1차 면접 합격 발표	2차 면접 &신체검사	최종 합격 발표
2023년 : 400명	2023.03.02 ~ 2023.03.12	2023. 03.29	1차수	2023. 04.09	4월 중 진행	2023. 05.12	5월 말 ~ 6월 초 진행	2023. 07.06
			2차수	2023. 05.07	5월 중 진행	2023. 05.26	6월 중 진행	2023. 07.27

※ 2024~2025년 : 2년에 걸쳐 생산직 인력 약 1,100명 추가 채용 예정

채용 절차

1. 지원서 접수 → 2. 서류전형 → 3. 인적성검사 & 1차 면접 → 4. 2차면접 & 신체검사 → 최종합격

지원 자격

- 고등학교 졸업 이상 및 동등 학력 이수자
- 해외여행에 결격 사유가 없는 자
- 남성의 경우 병역을 마쳤거나 면제인 자

※ 2023년 상반기 채용 기준

 ## 인적성검사

구분	문항 수/시간(분)	출제 유형 및 비고
인성검사	320/50	제시된 질문을 읽고 자신의 성향과 동의 정도에 따라 '전혀 그렇지 않다', '그렇지 않다', '그렇다', '매우 그렇다' 중 해당되는 것 하나를 선택하는 유형
적성검사	40/30	• 적성검사 영역에 대한 별도의 정보 공개가 이루어지 않았으며, 영역 구분 없이 40문항의 문제가 출제되었다. • 언어, 수리, 추리, 공간 지각 등의 영역에서 다양한 유형의 문제들이 출제되었으며, 자동차와 기계 관련 문제가 일부 출제되었으나 상식적인 수준에서 출제되어 관련 비전공자도 풀 수 있는 수준으로 출제되었다. • 영어 기초 단어 의미를 파악하는 문제가 일부 출제되었다. • 오답에 대한 감점이 있다.

 ## 면접

서류전형 합격자들을 대상으로 인적성검사와 함께 1차 면접의 응시 기회가 부여되었다. 1차 면접은 화상(비대면) 면접으로 진행되었으며, 지원자들을 일정한 조에 배치하고, 한 조가 함께 면접을 보는 방식으로 진행되었다.

2차 면접의 경우 1차 면접 합격자들을 대상으로 실시되었으며, 대면 면접으로 진행되었고, 다대다 면접 방식으로 진행되었다. 면접의 난이도는 1차와 2차 모두 평이했다. 2차 면접은 신체검사와 같은 날에 이루어졌는데, 신체검사 결과 역시 생산직군의 특성 상 합격 여부에 중요하게 작용할 수 있으므로 성실하게 임하는 것이 좋다.

고시넷 현대자동차 생산직 인적성검사 최신기출유형모의고사

> ### 영역별 출제비중

▶ 언어 : 독해(글의 세부내용 · 중심내용 파악하기, 추론적 독해, 글의 전개방식 파악 등), 기초 영어(단어 뜻 파악하기 등)
▶ 수리 : 응용수리(일률, 방정식 세우기 등), 자료 계산하기, 자료 이해하기
▶ 추리 : 명제추론, 기계이해(지렛대, 도르래, 회로, 톱니바퀴 등), 도형추론
▶ 공간지각 : 블록의 개수 파악하기, 틀린 그림 찾기, 도형 회전시키기, 도형 조각 맞추기 등

현대자동차 생산직은 크게 1.언어, 2.수리, 3.추리, 4.공간지각 네 가지 영역에서 출제되고 있다. 언어 영역은 주로 자동차와 관련된 지문이 제시되며 이에 대한 독해 능력을 평가한다. 또한 독해 문제와 함께 기초적인 영어 문제가 출제된다. 수리 영역은 제시된 조건을 바탕으로 식을 세워 답을 도출해내는 문제와 자료 이해를 바탕으로 계산을 수행하는 문제가 출제되며, 기초적인 수리 지식과 함께 계산 능력이 요구된다. 추리 영역은 명제 · 정보를 바탕으로 결론을 추론하는 문제와 함께 자동차 · 기계에 대한 기초적인 이해를 묻는 문제가 출제된다. 공간지각 영역은 블록의 개수를 세거나, 도형의 회전 형태를 파악하는 문제, 틀린 그림 찾기 등의 문제가 출제되므로 빠른 시간 안에 시각 정보를 파악하기 위한 연습이 필요하다.

파트 1 영역별 빈출이론

UNIT 1

언어능력

기본적인 단어의 의미를 파악하고 문맥으로 단어의 적확한 뜻을 유추할 수 있는지, 주어진 글의 논리적 전개 순서를 파악하고 문단 요지 및 주제를 빠르게 분석하는지를 평가하는 능력이다.

빈출 1 독해의 원리와 유형

1 사실적 독해

1. 개념

글을 구성하는 단어, 문장, 문단의 내용을 정확히 이해하거나 글에 나타난 개념이나 문자 그대로를 이해하는 것을 말한다.

2. 해결 전략

(1) 각 문단의 중심내용을 통해 글의 주제를 파악한다.

(2) 글의 세부적 내용을 확인하고 글에 쓰인 서술 전략을 파악한다.

(3) 글의 내용이 뒤섞인 경우, 논리적 흐름에 따라 글의 전개 순서를 파악한다.

3. 사실적 독해 유형

(1) 주제 찾기

- 필자가 전달하고자 하는 글의 주제, 중심내용, 의도를 찾는 유형이다.

> **Step 1** 제시문의 문단별 중심 문장, 핵심 소재를 파악한다.

- 중심 문장은 각 문단의 처음이나 끝에 나오는 경우가 많다.
- 각 문단의 중심 문장은 나머지 내용들을 포괄하는 문장이다.
- '따라서', '즉', '그러므로', '결국', '요컨대', '그러나', '하지만' 등 접속사 뒤의 문장이 중심 문장이 된다.
- 예가 뒷받침하는 내용이 중심 문장이 된다.
- 글쓴이의 생각, 가치 판단이 들어 있는 문장에 집중한다.
- 분류가 쓰였을 경우, 분류의 기준이 중심 문장이 된다.
- 대립적인 견해를 중심으로 설명하는 경우, 결론 부분에 유의한다.

> **Step 2** 선택지에서 제시문의 내용에서 확인할 수 있는 선택지를 찾는다.

> **Step 3** 중심 문장의 내용과 핵심 소재를 가장 잘 반영하는 것이나 중심 문장을 유도할 수 있는 질문을 찾는다.

(2) 내용일치

• 제시된 글에 정보, 내용을 정확하게 파악하여 선택지의 내용이 본문과 일치하는 것을 찾는다.

Step 1 | 글의 진술과 선택지의 진술 내용이 일치하는지를 찾기 위해서 먼저 선택지의 핵심어를 점검한다.

↓

Step 2 | 선택지의 핵심어가 진술된 해당 문단을 찾는다.

↓

Step 3 | 문단별 세부 내용을 비교하며 일치 여부를 파악한다.

(3) 전개방식 이해[서술 전략]

• 글에 쓰인 서술 방식이나 내용 연결 구조가 단답형이거나 글 전체의 서술 전략을 문장형으로 찾는다.

Step 1 | 선택지에 제시된 서술 전략을 파악하고 문장형으로 제시된 경우, 선택지의 핵심어를 정리한다.

↓

Step 2 | 선택지의 서술 전략이 나온 해당 문단을 제시문에서 찾는다.

↓

Step 3 | 해당 문단에서 서술 전략이 확인되는지 파악한다.

(4) 문장, 문단 배열하기

• 글의 내용이 어떤 순서로 전개되는 것이 적절한지 묻는 유형으로 문단, 문장의 논리적 배열순서, 특정 문단이나 문장이 전체 글의 어떤 부분에 들어가는 것이 적합한지를 묻는 유형이다.

Step 1 | 맨 처음, 중간, 끝에 배열될 문단이나 문장을 확인한다.

• 다른 문단에서 언급한 소재를 포괄적으로 언급하는 문단은 맨 처음이나 끝에 온다.
• 전체를 포괄하는 문단이 맨 처음에 올 때에는 문단의 첫 머리에 접속부사나 지시어가 오지 않고 전체에서 말한 소재 순으로 뒤의 내용이 전개된다.
• 전체를 포괄하는 문단이 맨 끝에 나올 때는 결론을 유도하는 접속부사가 쓰이고 전체에서 언급한 소재 순으로 앞의 내용이 전개된다.
• 접속부사나 지시어로 시작하는 문단이나 문장은 맨 앞에 올 수 없다.

↓

Step 2 | 지시어와 접속부사에 따라 글 내용 연결이 자연스러운지 확인한다.

↓

Step 3 | 내용의 논리 관계가 성립하는지 확인한다.

• 서사, 과정, 인과, 주지-예시 등의 논리 관계가 성립하는지 확인한다.

2 추론적 독해

1. 개념

글에서 생략된 내용을 추론하거나 숨겨진 필자의 의도, 목적 등을 추론하는 것으로 독자는 자신의 지식과 경험, 문맥, 글에 나타난 표지 등을 이용하여 생략된 내용을 추론하여 의미를 구성하는 것이다.

2. 해결 전략

(1) 글을 읽으면서 뒤에 이어질 내용이나 접속어, 결론 등을 추론해 보고 다른 상황에 적용할 수 있는지를 유추해 본다.

(2) 생략된 내용을 추론할 때는 빈칸 앞과 뒤의 문장에 주목한다.

(3) 글쓴이의 의도를 파악할 때는 문맥에 유의하여 글 전체의 분위기와 논조를 파악한다.

3. 글의 추론 유형

(1) 논리 추론

• 글에 언급된 내용을 이해한 뒤 글쓴이의 의도, 관점, 전제, 드러나지 않은 정보나 생략된 내용을 어떻게 추론할 수 있는지를 검토한다.

Step 1	제시문에 언급된 글쓴이의 전제, 의도, 관점, 태도 내용 등을 파악한다.
Step 2	선택지의 내용을 기반으로 제시문에 추론의 근거가 있는지 파악한다.
Step 3	추론에 예외가 없는지, 추론 방식에 모순은 없는지 확인한다.

(2) 문맥적 의미 추론

• 글 전체의 맥락에 따라 주제를 파악한 뒤 소재, 단어, 문장의 문맥적 의미를 파악한다.

Step 1	제시문 전체의 주제나 대립적인 관점을 찾는다.
Step 2	밑줄 친 부분이 앞뒤 맥락에 따라 주제와 관련된 관점이나 대립적인 관점 중 어디에 속하는지 파악한다.
Step 3	소재나 단어의 의미가 주제나 관점과 일치하는지, 밑줄 친 부분의 의미가 주제나 관점에서 벗어나지 않는지 점검한다.

(3) 빈칸 추론

• 글을 읽으면서 뒤에 이어질 내용이나 접속어, 결론 등을 추리해 보고 다른 상황에 적용할 수 있는지를 유추하며, 글쓴이의 입장 등을 생각하며 읽는다.

Step 1	제시문 전체의 주제나 관점을 파악한다.
Step 2	빈칸 앞뒤에 단서가 될 내용이나 단어를 파악한다.
Step 3	선택지의 단어나 문장이 주제나 관점과 일치하는지 점검한다.

3 글의 비판적 이해

1. 개념

글의 사실적인 이해와 추론적인 이해를 넘어서 글의 내용에 대해 판단하여 읽는 것으로 글에 나타난 주제, 글의 구성, 자료의 정확성과 적절성 등을 비판적으로 읽는다.

2. 해결 전략

(1) 글의 논리상 오류가 무엇인지 파악한다.
(2) 글의 주제와 관련되지 않은 내용이 글에 제시되지 않았는지 판단, 평가한다.

3. 유형

(1) 비판하기

• 글에 나타난 글쓴이의 주장에 대해 반론, 자료의 정확성과 적절성 등을 판단할 수 있어야 하고 논증의 사례, 논리적 오류 등을 파악할 수 있어야 한다.

| Step 1 | 글의 주장과 근거를 찾고, 논리적 오류가 없는지 파악한다. |

• 제시문에 드러난 사고 과정의 오류를 점검해야 한다.

| Step 2 | 선택지에서 주장의 근거를 반박할 수 있는 내용을 찾는다. |

• 주장에 대해 단순한 반대를 위한 비판은 타당하지 않다.

| Step 3 | 근거의 타당성과 적절성을 판단한다. |

빈출 2 글의 전개방식

1 비교

둘 이상의 사물이나 현상 등을 견주어 공통점이나 유사점을 설명하는 방법

예 영화는 스크린이라는 공간 위에 시간적으로 흐르는 예술이며, 연극은 무대라는 공간 위에 시간적으로 흐르는
예술이다.

2 대조

둘 이상의 사물이나 현상 등을 견주어 상대되는 성질이나 차이점을 설명하는 방법

예 고려는 숭불정책을 지향한 데 비해 조선은 억불정책을 취하였다.

3 분류

작은 것(부분, 종개념)들을 일정한 기준에 따라 큰 것(전체, 유개념)으로 묶는 방법

예 서정시, 서사시, 극시는 시의 내용을 기준으로 나눈 것이다.

4 분석

하나의 대상이나 관념을 그 구성 요소나 부분들로 나누어 설명하는 방법

예 물고기는 머리, 몸통, 꼬리, 지느러미 등으로 되어 있다.

5 정의

시간의 흐름과 관련이 없는 정태적 전개방식으로 어떤 대상의 본질이나 속성을 설명할 때 쓰이는 전개방식.
'종차+유개념'의 구조를 지니는 논리적 정의와 추상적이거나 매우 복잡한 개념을 정의할 때 쓰이는 확장적
정의가 있음.

6 유추

생소한 개념이나 복잡한 주제를 보다 친숙하고 단순한 것과 비교하여 설명하는 방법. 서로 다른 범주에 속
하는 사물 간의 유사성을 드러내어 간접적으로 설명하는 방법이기 때문에 유추에 의해 진술된 내용은 사실
성이 떨어질 가능성이 있음.

7 논증

논리적인 근거를 내세워 어느 하나의 결론이 참이라는 것을 증명하는 방법

1. 명제 : 사고 내용 및 판단을 단적으로 진술한 주제문, 완결된 평서형 문장 형식

(1) 사실 명제 : 진실성과 신빙성에 근거하여 존재의 진위를 판별할 수 있는 명제

> 예 '홍길동전'은 김만중이 지은 한문 소설이다.

(2) 정책 명제 : 타당성에 근거하여 어떤 대상에 대한 의견을 내세운 명제

> 예 농촌 경제를 위하여 농축산물의 수입은 억제되어야 한다.

(3) 가치 명제 : 공정성에 근거하여 주관적 가치 판단을 내린 명제

> 예 인간의 본성은 선하다.

(4) 논거 : 명제를 뒷받침하는 논리적 근거, 즉 주장의 타당함을 밝히기 위해 선택된 자료

> ① 사실 논거 : 객관적 사실로써 증명될 수 있는 논거로 객관적 지식이나 역사적 사실, 통계적 정보 등이 해당된다.
> ② 소견 논거 : 권위자의 말을 인용하거나 일반적인 여론을 근거로 삼는 논거

8 묘사

묘사란 대상을 그림 그리듯이 글로써 생생하게 표현해내는 진술방식

(1) 객관적(과학적, 설명적) 묘사 : 대상의 세부적 사실을 객관적으로 표현하는 진술방식으로, 정확하고 사실적인 정보 전달이 목적

(2) 주관적(인상적, 문학적) 묘사 : 글쓴이의 대상에 대한 주관적인 인상이나 느낌을 그려내는 것으로, 상징적인 언어를 사용하며 주로 문학 작품에 많이 쓰임

9 서사

행동이나 상태가 진행되는 움직임을 시간의 경과에 따라 표현하는 진술방식으로 '무엇이 발생하였는가?'에 관한 질문에 답하는 것

10 과정

어떤 특정한 목표나 결말을 가져오게 하는 일련의 행동, 변화, 기능, 단계, 작용 등에 초점을 두고 글을 전개하는 방법

11 인과 📖

어떤 결과를 가져오게 한 원인 또는 그 원인에 의해 결과적으로 초래된 현상에 초점을 두고 글을 전개하는 방법

빈출 3 글의 유형 01 언어

1 논설문 📖

1. **정의** : 문제에 대한 자신의 주장이나 의견을 논리정연하게 펼쳐서 정당성을 증명하거나 자기가 원하는 방향으로 독자의 생각이나 태도를 변화시키기 위해 쓰는 글이다.

2. **요건** : 명제의 명료성과 공정성, 논거의 확실성, 추론의 논리성, 용어의 정확성

3. **논설문의 유형**

구분 \ 유형	설득적 논설문	논증적 논설문
목적	상대편을 글쓴이의 의견에 공감하도록 유도	글쓴이의 사고, 의견을 정확한 근거로 증명
방법	지적인 면과 감정적인 부분에 호소	지적인 면과 논리적인 부분에 호소
언어 사용	지시적인 언어를 주로 사용하지만 때로는 함축적 언어도 사용	지시적인 언어만 사용
주제	정책 명제	가치 명제, 사실 명제
용례	신문의 사설, 칼럼	학술 논문

4. **독해 요령**

(1) 사용된 어휘가 지시적 의미임을 파악하며 주관적인 해석이 생기지 않도록 한다.

(2) 주장 부분과 증명 부분을 구분하여 필자가 주장하는 바를 올바로 파악해야 한다.

(3) 필자의 견해에 오류가 없는지를 살피는 비판적인 자세가 필요하다.

(4) 지시어, 접속어 사용에 유의하여 필자의 논리 전개의 흐름을 올바로 파악한다.

(5) 필자의 주장, 반대 의견을 구분하여 이해하도록 한다.

(6) 논리적 사고를 통해 읽음으로써 필자의 주장한 바를 이해하고 나아가 비판적 자세를 통해 자기의 의견을 세울 수 있어야 한다.

2 설명문

1. 정의

어떤 사물이나 사실을 쉽게 일러주는 진술방식으로 독자의 이해를 돕는 글이다.

2. 요건

(1) **논리성** : 내용이 정확하고 명료해야 한다.

(2) **객관성** : 주관적인 의견이나 주장이 배제된 보편적인 내용이어야 한다.

(3) **평이성** : 문장이나 용어가 쉬워야 한다.

(4) **정확성** : 함축적 의미의 언어를 배제하고 지시적 의미의 언어로 기술해야 한다.

3. 독해 요령

추상적 진술과 구체적 진술을 구분해 가면서 주요 단락과 보조 단락을 나누고 배경지식을 적극적으로 활용하며 단락의 통일성과 일관성을 확인한다. 또한 글의 설명 방법과 전개 순서를 파악하며 읽는다.

3 기사문

1. 정의

생활 주변에서 일어나는 사건을 발생 순서에 따라 객관적으로 쓰는 글로 육하원칙에 입각하여 작성한다.

2. 특징

객관석, 신속성, 간결성, 보도성, 정확성

3. 형식

(1) **표제** : 내용을 요약하여 몇 글자로 표현한 것이다.

(2) **전문** : 표제 다음에 나오는 한 문단 정도로 쓰인 부분으로 본문의 내용을 육하원칙에 의해 간략하게 요약한 것이다.

(3) **본문** : 기사 내용을 구체적으로 서술한 부분이다.

(4) **해설** : 보충사항 등을 본문 뒤에 덧붙이는 것으로 생략 가능하다.

4. 독해 요령

사실의 객관적 전달에 주관적 해설이 첨부되므로 사실과 의견을 구분하여 읽어야 하며 비판적이고 주체적인 태도로 정보를 선별하는 것이 필요하다. 평소에 신문 기사를 읽고 그 정보를 실생활에서 재조직하여 활용하는 자세가 필요하다.

4 보고문

1. 정의

조사·연구 등의 과정이나 결과를 보고하기 위하여 쓰는 글이다.

2. 특징

객관성, 체계성, 정확성, 논리성

3. 작성 요령

독자를 정확히 파악, 본래 목적과 범위에서 벗어나지 않도록 하며 조사한 시간과 장소를 정확히 밝히고 조사자와 보고 연·월·일을 분명히 밝힌다.

5 공문서

1. 정의

행정기관에서 공무원이 작성한 문서로 행정상의 일반적인 문서이다.

2. 작성 요령

간단명료하게 작성하되 연·월·일을 꼭 밝혀야 하며 중복되는 내용이나 복잡한 부분이 없어야 한다.

3. 기능

(1) **의사 전달의 기능** : 조직체의 의사를 내부나 외부로 전달해 준다.
(2) **의사 보존의 기능** : 업무 처리 결과의 증거 자료로써 문서가 필요할 때나 업무 처리의 결과를 일정 기간 보존할 필요가 있을 때 활용한다.
(3) **자료 제공의 기능** : 문서 처리가 완료되어 보존된 문서는 필요할 때 언제든지 다시 활용되어 행정 활동을 촉진한다.

6 기획서

아이디어를 내고 기획한 하나의 프로젝트를 문서 형태로 만들어 상대방에게 전달하고 시행하도록 설득하는 문서이다.

7 기안서

회사의 업무에 대한 협조를 구하거나 의견을 전달할 때 작성하며, 흔히 사내 공문서로 불린다.

8 보도자료

정부기관이나 기업체, 각종 단체 등이 언론을 대상으로 자신의 정보가 기사로 보도되도록 하기 위해 보내는 자료이다.

9 자기소개서

개인의 가정환경과 성장과정, 입사동기와 근무 자세 등을 구체적으로 기술하여 자신을 소개하는 문서이다.

10 비즈니스 레터(E - mail)

사업상 고객이나 단체를 대상으로 쓰는 편지로 업무나 개인 간의 연락 또는 직접 방문하기 어려운 고객 관리 등을 위해 사용되는 비공식적인 문서이나, 제안서나 보고서 등 공식문서 전달 시에도 사용된다.

11 비즈니스 메모

업무상 중요한 일이나 체크해야 할 일이 있을 때 필요한 내용을 메모 형식으로 작성하여 전달하는 글이다.

종류	내용
전화 메모	업무적인 내용부터 개인적인 전화의 전달사항 등을 간단히 작성하여 당사자에게 전달하는 메모
회의 메모	회의에 참석하지 못한 상사나 동료에게 회의 내용을 간략하게 적어 전달하거나, 회의 내용 자체를 기록하여 참고자료로 남기기 위해 작성한 메모로써 월말이나 연말에 업무 상황을 파악하거나 업무 추진에 대한 궁금증이 있을 때 핵심적인 자료 역할을 함.
업무 메모	개인이 추진하는 업무나 상대의 업무 추진 상황을 적은 메모

빈출 4 다양한 분야의 글

1 인문

1. 정의

인간의 조건에 관해 탐구하는 학문으로 경험적인 접근보다는 분석적이고 비판적이며 사변적인 방법을 폭넓게 사용한다. 인문학의 분야로는 철학과 문학, 역사학, 고고학, 언어학, 종교학, 여성학, 미학, 예술, 음악, 신학 등이 있다.

2. 출제 분야

역사	시대에 따른 사회의 변화양상을 밝히거나 특정한 분야의 변화양상을 중심으로 기술되는 경우가 있음. 또한 역사를 보는 관점이나 가치관, 역사 기술의 방법 등을 내용으로 하는 경우도 있음.
철학	인생관이나 세계관을 묻는 문제가 많음. 인간의 기본이 되는 건전한 도덕성과 올바른 가치관의 함양을 통한 인간됨을 목표로 함.
종교 및 기타	종교, 전통, 사상 등 다양한 종류의 지문이 출제됨. 생소한 내용의 지문이 출제되더라도 연구의 대상이 무엇인지 명확히 파악하면 쉽게 접근할 수 있음. 추상적 개념이나 어려운 용어의 객관적인 뜻에 얽매이지 말고 문맥을 통해 이해해야함.

3. 출제 경향

(1) 인문 제재의 글은 가치관의 문제를 다룬 글이 많으므로 추상적인 개념을 이해하는 능력이 필요하다.

(2) 어려운 용어가 많이 등장하므로 단어의 객관적인 뜻에 얽매이지 말고 문맥을 통해 이해하도록 한다.

(3) 지문을 읽을 때에는 연구의 대상이 무엇인지를 명확히 해야 한다. 자주 반복되는 어휘에 주목하고 단락별 핵심어를 찾아 연결하며 읽는 것이 효과적인 방법이다. 이러한 방법은 전체적인 흐름을 이해하고 주제를 찾는 데 도움이 된다.

(4) 인문 분야의 지문에서는 단어의 문맥적 의미를 묻는 문제가 자주 나옴에 유의하는 것이 좋다.

2 사회

1. 정의

일정한 경계가 설정된 영토에서 종교·가치관·규범·언어·문화 등을 상호 공유하고 특정한 제도와 조직을 형성하여 질서를 유지하는 인간집단에 관한 글이다.

2. 출제 분야

정치	정치학의 지식을 이용함으로써 정치 체계를 이해함. 다양한 정치 이론과 사상, 정치 제도, 정당 집단 및 여론의 역할, 국제 정치의 움직임 등에 관심을 갖고 이에 대한 비판적인 인식을 길러야 함.
경제	재화와 용역을 생산, 분배, 소비하는 활동 및 그와 직접 관련되는 질서와 행위의 총체로서 우리 생활에 매우 큰 영향을 미치는 사회 활동. 경제 교육의 중요성이 대두되고 있는 시점에서 출제 빈도도 높으므로 이론적인 것만이 아닌 실생활과 결부된 경제 지식이 요구됨.
문화	문화 일반에 관한 설명과 더불어 영화, 연극, 음악, 미술 등 문화의 구체적인 분야에 대한 이해, 전통문화와 외래문화, 혹은 대중문화와의 관계에 대한 논의 등이 폭넓게 다루어지고 있음.
국제/여성	국제적인 사건이나 변동의 추세를 평소에 잘 파악해두고 거시적인 안목으로 접근해야 함. 사회에서 여성의 지위나 역할 등에 대한 이해와 글쓴이의 견해 파악이 중요함.

3. 출제 경향

(1) 시사성이 강하고 논리적이면서 많은 사람들이 관심을 갖고 쉽게 이해할 수 있는 사회 현상들이 다루어진다.

(2) 지문들은 대체로 시사적인 문제에 대해 필자의 견해를 내세우고 이를 입증해 가는 논리적인 성격을 지니고 있다. 따라서 필자의 견해를 이해하는 사고 능력, 필자의 의도를 추리하는 능력, 필자의 견해를 내·외적 준거에 따라 비판하는 능력 등이 주된 평가 요소이다.

(3) 어휘력과 논리적 사고력을 측정하는 문제도 출제되며, 필자의 견해에 근거 또는 새로운 정보를 구성할 수 있는 능력과 견해에 대해 비판적으로 반론을 펼 수 있는 능력을 묻는 문제가 출제된다.

3 과학 · 기술

1. 정의

과학이란 자연에서 보편적 진리나 법칙의 발견을 목적으로 하는 체계적 지식을 의미하며 생물학이나 수학과 관련된 지문들이 주로 출제된다. 또한 과학사의 중요한 이론이나 가설 등에 대한 설명이 출제되며, 경우에 따라 현재 사회적 문제가 되고 있는 과학적 현상에 대한 지문도 출제될 수 있다.

2. 출제 분야

천체 · 물리
우주 및 일반 물리 현상에 관한 설명이나 천문 연구의 역사 등을 내용으로 함. 우리나라 역사에 나타난 천문 연구에 대한 글들도 많이 제시되고 있음. 천체/물리 제재는 기초 이론에 대한 설명 위주의 글이 주로 제시되며, 낯선 개념을 접하게 되므로 지문의 내용을 파악하는 문제가 주로 출제됨.

생물 · 화학
생물은 생물의 구조와 기능을, 화학은 물질의 화학 현상과 그 법칙성을 실험 관찰에 의하여 밝혀내는 학문. 최근 유전자 연구가 활발히 진행됨에 따라 윤리의식과 그에 관한 시사적 내용이 다루어질 가능성이 크며, 실생활과 관련하여 기초 과학의 이론도 충분히 검토해야 함.

컴퓨터
계산, 데이터 처리, 언어나 영상 정보 처리 등에 광범위하게 이용되고 있으므로 컴퓨터를 활용한 다른 분야와의 관계를 다룬 통합형 지문이 출제될 수 있음에 주의를 기울여야 함.

환경
일상생활에 직접 영향을 미치는 환경오염문제를 비롯해 생태계 파괴나 지구환경문제 등을 내용으로 함. 환경 관련 지문은 주로 문제 현상에 대한 설명을 통해 경각심을 불러일으키고자 하는 의도나 환경문제의 회복을 위한 여러 대책에 관한 설명이 위주가 되므로 제시된 글의 정보를 정확하게 파악하는 것이 중요함.

4 예술

1. 정의

예술 제재는 일반적 예술론을 다루는 원론적 성격이 강한 글과 구체적인 예술 갈래나 작품 또는 인물에 대한 비평이나 해석을 다룬 각론적이고 실제적인 성격의 글이 번갈아 출제된다.

2. 출제 분야

음악	현대 생활과 연관된 음악의 역할은 물론 동·서양의 음악, 한국 전통 음악에 대한 관심도 필요함.
미술·건축	건축, 조각, 회화 및 여러 시각적 요소들을 포함한 다양한 장르와 기법이 있음을 염두에 두고 관심을 둘 필요가 있음. 미술은 시대정신의 표현이며, 인간의 개인적·집단적 행위를 반영하고 있음을 상기해야 함.
연극·영화	사회의 변화를 민감하게 반영하며, 대중과의 공감을 유도한다는 측면에 관심을 갖고 매체의 특징을 살펴보는 작업이 중요함.
스포츠·무용	스포츠나 무용 모두 원시시대에는 종교의식이나 무속 행사의 형태로 존재하다가 점차 전문적이고 세부적인 분야로 나뉘게 됨. 따라서 다양한 예술 분야의 원시적 형태와 그에 포함된 의식은 물론 보다 세련된 형태로 발전된 예술 분야의 전문성 및 현대적 의미와 가치에 대해 고찰해볼 필요가 있음.
미학	근래에는 미적 현상의 해명에 사회학적 방법을 적용시키거나 언어분석 방법을 미학에 적용하는 등 다채로운 연구 분야가 개척되고 있으므로 고정된 시각이 아니라 현대의 다양한 관점에서 미를 해석하고 적용할 수 있어야 함.

사칙연산과 계산방법을 활용하여 연산 결과의 오류를 판단하고, 직무와 관련이 있는 각종 자료를 분석하여 요구하는 값을 구하거나, 주어진 자료를 활용하여 결과를 도표로 작성할 수 있는지를 평가하는 능력이다.

빈출 1 응용수리

02 수리

1 덧셈의 비교

1. 숫자 각각의 대소를 비교한다.

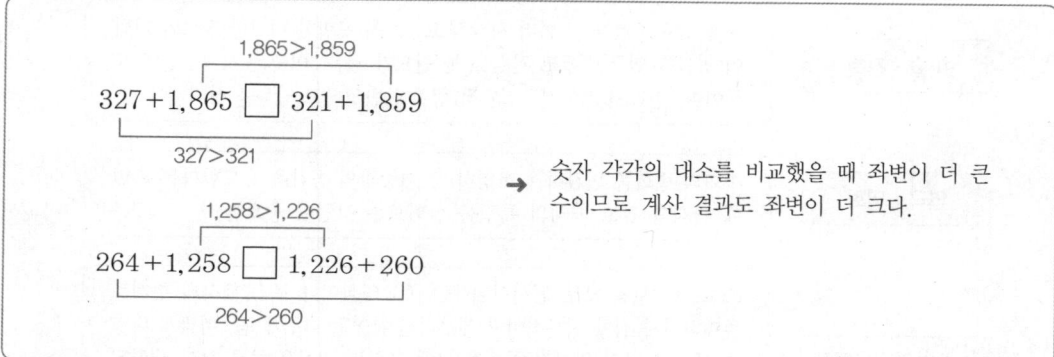

$$327+1,865 \;\square\; 321+1,859$$

1,865>1,859
327>321

→ 숫자 각각의 대소를 비교했을 때 좌변이 더 큰 수이므로 계산 결과도 좌변이 더 크다.

$$264+1,258 \;\square\; 1,226+260$$

1,258>1,226
264>260

2. 숫자 각각의 증감을 비교한다.

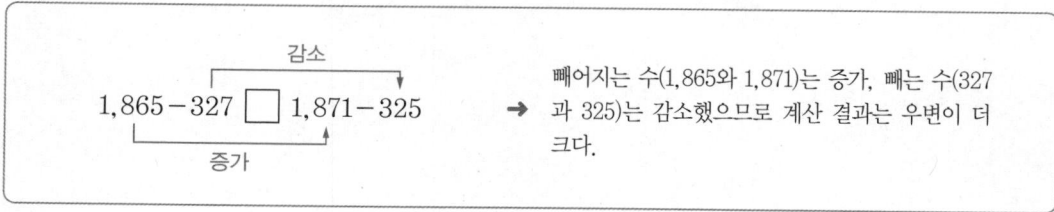

$$327+1,865 \;\square\; 309+1,881$$

−16
+18

→ 숫자 각각의 증감을 비교했을 때 18−16=2이므로 계산 결과는 좌변이 더 크다.

2 뺄셈의 비교

1. 빼어지는 수와 빼는 수의 증감을 파악한다.

$$1,865-327 \;\square\; 1,871-325$$

감소
증가

→ 빼어지는 수(1,865와 1,871)는 증가, 빼는 수(327과 325)는 감소했으므로 계산 결과는 우변이 더 크다.

2. 숫자 각각의 증감을 비교한다.

$$1,865 - 327 \;\square\; 1,927 - 375$$

+48

+62

→ 숫자 각각의 증감을 비교했을 때 62-48=14이므로 계산 결과는 우변이 더 크다.

$$1,865 - 327 \;\square\; 1,627 - 82$$

−245

−238

→ 숫자 각각의 증감을 비교했을 때 −238−(−245)=7이므로 계산 결과는 우변이 더 크다.

3 곱셈의 비교

1. 숫자 각각의 대소를 비교한다.

$$32.7 \times 86.5 \;\square\; 85.4 \times 31.9$$

86.5>85.4

32.7>31.9

→ 숫자 각각의 대소를 비교했을 때 좌변이 더 큰 수이므로 계산 결과도 좌변이 더 크다.

2. 비교하기 쉽게 숫자를 조정한다.

$$300 \times 0.1 \;\square\; 1,400 \times 0.02$$
$$5 \times 300 \times 0.1 \;\square\; 1,400 \times 0.02 \times 5$$
$$1,500 \times 0.1 \;\square\; 1,400 \times 0.1$$

1,500>1,400

→ 숫자를 조정한 후, 숫자 각각의 대소를 비교했을 때 좌변이 더 큰 수이므로 계산 결과도 좌변이 더 크다.

3. 숫자 각각의 증가율을 비교한다.

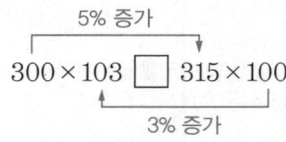

$300 \times 103 \ \square \ 315 \times 100$

5% 증가

3% 증가

→ 숫자 각각의 증가율을 비교했을 때 5%>3%이므로 계산 결과는 우변이 더 크다.

4 분수의 비교

1. 곱셈을 사용

$\dfrac{b}{a}$와 $\dfrac{d}{c}$의 비교(단, a, b, c, $d > 0$)　　$bc > ad$이면 $\dfrac{b}{a} > \dfrac{d}{c}$

2. 어림셈과 곱셈을 사용

$\dfrac{47}{140}$과 $\dfrac{88}{265}$의 비교 → $\dfrac{47}{140}$은 $\dfrac{1}{3}$보다 크고 $\dfrac{88}{265}$은 $\dfrac{1}{3}$보다 작으므로 $\dfrac{47}{140} > \dfrac{88}{265}$

3. 분모와 분자의 배율을 비교

$\dfrac{351}{127}$과 $\dfrac{3,429}{1,301}$의 비교

3,429는 351의 10배보다 작고 1,301은 127의 10배보다 크므로 $\dfrac{351}{127} > \dfrac{3,429}{1,301}$

4. 분모와 분자의 차이를 파악

$\dfrac{b}{a}$와 $\dfrac{b+d}{a+c}$의 비교(단, a, b, c, $d > 0$)

$\dfrac{b}{a} > \dfrac{d}{c}$이면 $\dfrac{b}{a} > \dfrac{b+d}{a+c}$　　　　$\dfrac{b}{a} < \dfrac{d}{c}$이면 $\dfrac{b}{a} < \dfrac{b+d}{a+c}$

5 단위환산

단위	단위환산		
길이	• 1cm=10mm • 1in=2.54cm	• 1m=100cm • 1mile=1,609.344m	• 1km=1,000m
넓이	• $1cm^2=100mm^2$	• $1m^2=10,000cm^2$	• $1km^2=1,000,000m^2$
부피	• $1cm^3=1,000mm^3$	• $1m^3=1,000,000cm^3$	• $1km^3=1,000,000,000m^3$
들이	• $1m\ell=1cm^3$	• $1d\ell=100cm^3=100m\ell$	• $1\ell=1,000cm^3=10d\ell$
무게	• 1kg=1,000g	• 1t=1,000kg=1,000,000g	• 1근=600g
시간	• 1분=60초	• 1시간=60분=3,600초	
할푼리	• 1푼=0.1할	• 1리=0.01할	• 1모=0.001할
데이터 양	• 1KB=1,024B • 1TB=1,024GB	• 1MB=1,024KB • 1PB=1,024TB	• 1GB=1,024MB • 1EB=1,024PB

6 거리·속력·시간

1. 공식

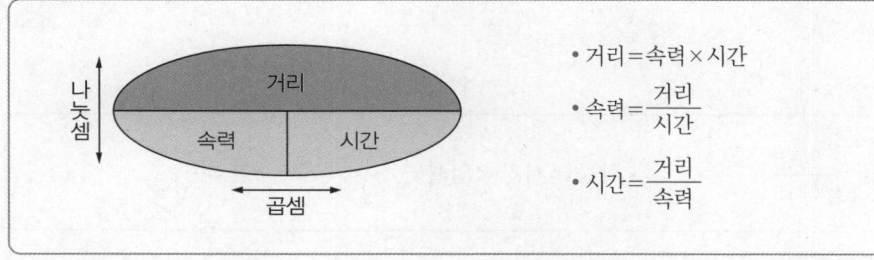

• 거리=속력×시간

• 속력= $\dfrac{거리}{시간}$

• 시간= $\dfrac{거리}{속력}$

2. 풀이 방법

거리, 속력, 시간 중 무엇을 구하는 것인지를 파악하여 공식을 적용하고 방정식을 세운다.

• 단위 변환에 주의한다.

• 1km=1,000m

• 1m= $\dfrac{1}{1,000}$ km

• 1시간=60분

• 1분= $\dfrac{1}{60}$ 시간

7 농도

1. 공식

$$\text{농도(\%)} = \frac{\text{용질(소금)의 질량}}{\text{용질(소금물)의 질량}} \times 100 = \frac{\text{용질의 질량}}{\text{용매의 질량} + \text{용질의 질량}} \times 100$$

2. 풀이 방법

두 소금물 A, B를 하나로 섞었을 때 →

(1) (A+B) 소금의 양=A 소금의 양+B 소금의 양

(2) (A+B) 소금물의 양=A 소금물의 양+B 소금물의 양

(3) $(A+B) \text{ 농도} = \dfrac{(A+B) \text{ 소금의 양}}{(A+B) \text{ 소금물의 양}} \times 100$

8 일의 양

1. 공식

- 일률 $= \dfrac{\text{일량}}{\text{시간}}$
- 일량 $=$ 시간 $\times$ 일률
- 시간 $= \dfrac{\text{일량}}{\text{일률}}$

2. 풀이 방법

(1) 전체 일을 1로 둔다.

(2) 단위시간당 일의 양을 분수로 나타낸다.

9 약·배수

1. **공약수** : 두 정수의 공통 약수가 되는 정수, 즉 두 정수가 모두 나누어떨어지는 정수를 말한다.

2. **최대공약수** : 공약수 중에서 가장 큰 수로, 공약수는 그 최대공약수의 약수이다.

3. **서로소** : 공약수가 1뿐인 두 자연수이다.

4. **공배수** : 두 정수의 공통 배수가 되는 정수를 말한다.

5. **최소공배수** : 공배수 중에서 가장 작은 수로, 공배수는 그 최소공배수의 배수이다.

6. **최대공약수와 최소공배수의 관계**

$$G) \underline{\quad A \quad B \quad} \atop a \quad b$$

두 자연수 A, B의 최대공약수가 G이고 최소공배수가 L일 때 → $A = a \times G$, $B = b \times G$ (a, b는 서로소) 라 하면 $L = a \times b \times G$가 성립한다.

7. **약수의 개수**

자연수 n이 $p_1^{e_1} p_2^{e_2} \cdots p_k^{e_k}$로 소인수분해될 때, n의 약수의 개수는 $(e_1 + 1)(e_2 + 1) \cdots (e_k + 1)$개이다.

10 손익계산

1. **공식**

- 정가 = 원가 $\times \left(1 + \dfrac{\text{이익률}}{100} \right)$
- 할인율(%) = $\dfrac{\text{정가} - \text{할인가(판매가)}}{\text{정가}} \times 100$
- 할인가 = 정가 $\times \left(1 - \dfrac{\text{할인율}}{100} \right)$ = 정가 $-$ 할인액

- 정가 = 원가 + 이익
- 이익 = 원가 $\times \dfrac{\text{이익률}}{100}$

2. **풀이 방법**

(1) 정가가 원가보다 a원 비싸다. → 정가 = 원가 + a

(2) 정가가 원가보다 b% 비싸다. → 정가 = 원가 $\times \left(1 + \dfrac{b}{100} \right)$

(3) 판매가가 정가보다 c원 싸다. → 판매가 = 정가 $- c$

(4) 판매가가 정가보다 d% 싸다. → 판매가 = 정가 $\times \left(1 - \dfrac{d}{100} \right)$

11 원리합계

1. 정기예금

(1) 단리 : 원금에 대해서만 이자를 붙이는 방식이다.

$$S = A(1+rn)$$

**S : 원리합계, A : 원금, r : 연이율, n : 기간(년)

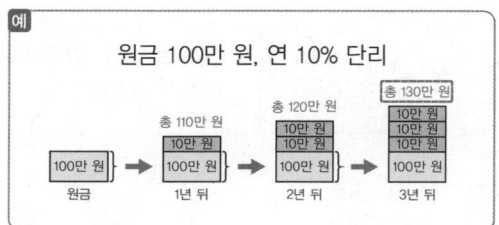

예 원금 100만 원, 연 10% 단리

(2) 복리 : 원금뿐만 아니라 원금에서 생기는 이자에도 이자를 붙이는 방식이다.

$$S = A(1+r)^n$$

**S : 원리합계, A : 원금, r : 연이율, n : 기간(년)

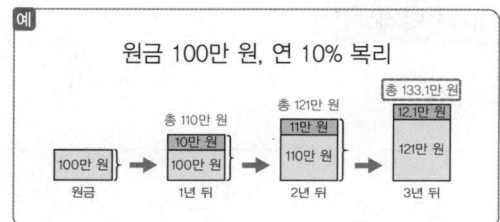

예 원금 100만 원, 연 10% 복리

2. 정기적금

(1) 기수불 : 각 단위기간의 첫날에 적립하는 방식으로 마지막에 적립한 예금도 단위기간 동안의 이자가 발생한다.

예
- 단리 : $S = An + A \times r \times \dfrac{n(n+1)}{2}$
- 복리 : $S = \dfrac{A(1+r)\{(1+r)^n - 1\}}{r}$

→ **S : 원리합계, A : 원금, r : 연이율, n : 기간(년)

(2) 기말불 : 각 단위기간의 마지막 날에 적립하는 방식으로 마지막에 적립한 예금은 이자가 발생하지 않는다.

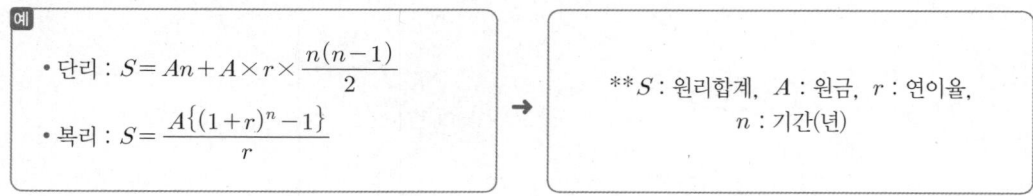

예
- 단리 : $S = An + A \times r \times \dfrac{n(n-1)}{2}$
- 복리 : $S = \dfrac{A\{(1+r)^n - 1\}}{r}$

→ **S : 원리합계, A : 원금, r : 연이율, n : 기간(년)

3. 72의 법칙

이자율을 복리로 적용할 때 투자한 돈이 2배가 되는 시간을 계산하는 방법이다.

$$원금이\ 2배가\ 되기까지\ 걸리는\ 시간(년) = \frac{72}{이자율(\%)}$$

12 간격

1. 직선상에 심는 경우

구분	양쪽 끝에도 심는 경우	양쪽 끝에는 심지 않는 경우	한쪽 끝에만 심는 경우
필요한 나무 수	$\dfrac{직선\ 길이}{간격\ 길이}+1$=간격의 수+1	$\dfrac{직선\ 길이}{간격\ 길이}-1$=간격의 수-1	$\dfrac{직선\ 길이}{간격\ 길이}$=간격의 수
직선 길이	간격 길이×(나무 수-1)	간격 길이×(나무 수+1)	간격 길이×나무 수

2. 원 둘레상에 심는 경우

(1) 공식

• 필요한 나무 수 : $\dfrac{둘레\ 길이}{간격\ 길이}$=간격의 수   • 둘레 길이 : 간격 길이×나무 수

(2) 원형에 나무를 심을 때 특징

간격의 수와 나무의 수가 같다. →

간격의 수가 6이면, 나무의 수=6그루

(3) 풀이 순서

① 일직선상에 심는 경우인지 원형상에 심는 경우인지 구분한다.

② 공식을 적용하여 풀이한다.

13 나이 · 시계각도

1. 나이

(1) x년이 흐른 뒤에는 모든 사람이 x살씩 나이를 먹는다.

(2) 시간이 흘러도 객체 간의 나이 차이는 동일하다.

2. 시침의 각도

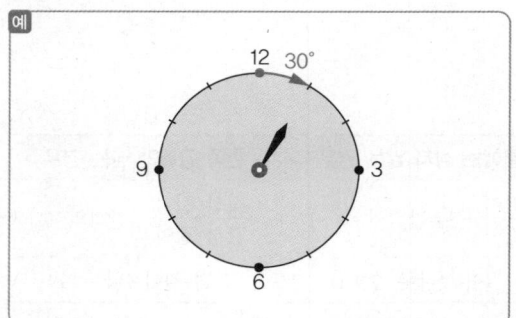

→

- 12시간 동안 회전한 각도 : $360°$
- 1시간 동안 회전한 각도 : $360° ÷ 12 = 30°$
- 1분 동안 회전한 각도 : $30° ÷ 60 = 0.5°$
  - ↳ X시 Y분일 때 시침의 각도 : $30°X + 0.5°Y$

3. 분침의 각도

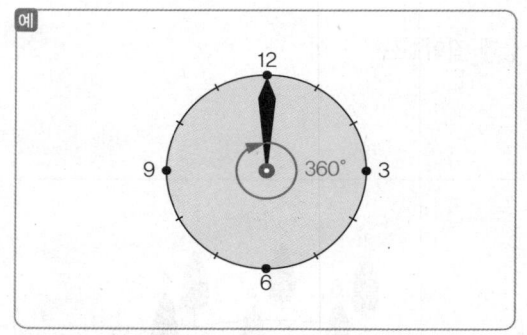

→

- 1시간 동안 회전한 각도 : $360°$
- 1분 동안 회전한 각도 : $360° ÷ 60 = 6°$
  - ↳ X시 Y분일 때 분침의 각도 : $6°Y$

4. 시침과 분침이 이루는 각도

예
X시 Y분일 때 시침과 분침이 이루는 각도

→

예
$$|(30°X + 0.5°Y) - 6°Y| = |30°X - 5.5°Y|$$
(단, 각도 A가 180°보다 클 경우 $360° - A$를 한다)

14 곱셈공식

- $(a \pm b)^2 = a^2 \pm 2ab + b^2$
- $(a \pm b)^3 = a^3 \pm 3a^2b + 3ab^2 \pm b^3$
- $(ax+b)(cx+d) = acx^2 + (ad+bc)x + bd$
- $(a+b+c)^2 = a^2+b^2+c^2+2ab+2bc+2ca$
- $a^2+b^2 = (a \pm b)^2 \mp 2ab$

- $(a+b)(a-b) = a^2 - b^2$
- $(x+a)(x+b) = x^2 + (a+b)x + ab$
- $(a \pm b)^2 = (a \mp b)^2 \pm 4ab$
- $(a \pm b)(a^2 \mp ab + b^2) = a^3 \pm b^3$
- $a^2 + \dfrac{1}{a^2} = \left(a \pm \dfrac{1}{a}\right)^2 \mp 2$ (단, $a \neq 0$)

15 집합

1. **집합** : 주어진 조건에 의하여 그 대상을 명확하게 구분할 수 있는 모임이다.

2. **부분집합** : 두 집합 A, B에 대하여 집합 A의 모든 원소가 집합 B에 속할 때, 집합 A는 집합 B의 부분집합(A⊂B)이라 한다.

3. **집합의 포함 관계에 대한 성질**

임의의 집합 A, B, C에 대하여
- ∅⊂A, A⊂A
- A⊂B이고 B⊂A이면 A=B
- A⊂B이고 B⊂C이면 A⊂C

4. **합집합, 교집합, 여집합, 차집합**

합집합	교집합
$A \cup B = \{x \mid x \in A$ 또는 $x \in B\}$	$A \cap B = \{x \mid x \in A$ 이고 $x \in B\}$
여집합	차집합
$A^c = \{x \mid x \in U$ 이고 $x \notin A\}$	$A - B = \{x \mid x \in A$ 이고 $x \notin B\}$

5. 집합의 연산법칙

• 교환법칙	$A \cup B = B \cup A$, $A \cap B = B \cap A$
• 결합법칙	$(A \cup B) \cup C = A \cup (B \cup C)$, $(A \cap B) \cap C = A \cap (B \cap C)$
• 분배법칙	$A \cup (B \cap C) = (A \cup B) \cap (A \cup C)$, $A \cap (B \cup C) = (A \cap B) \cup (A \cap C)$
• 드모르간의 법칙	$(A \cup B)^c = A^c \cap B^c$, $(A \cap B)^c = A^c \cup B^c$
• 차집합의 성질	$A - B = A \cap B^c$
• 여집합의 성질	$A \cup A^c = U$, $A \cap A^c = \varnothing$

16 지수와 로그법칙

1. 지수법칙

$$a > 0,\ b > 0 \text{이고 } m,\ n \text{이 임의의 실수일 때}$$

• $a^m \times a^n = a^{m+n}$ • $a^m \div a^n = a^{m-n}$ • $(a^m)^n = a^{mn}$

• $(ab)^m = a^m b^m$ • $\left(\dfrac{a}{b}\right)^m = \dfrac{a^m}{b^m}$ (단, $b \neq 0$)   • $a^0 = 1$

• $a^{-n} = \dfrac{1}{a^n}$ (단, $a \neq 0$)

2. 로그법칙

• 로그의 정의 : $b = a^x \Leftrightarrow \log_a b = x$ (단, $a > 0,\ a \neq 1,\ b > 0$)

$$a > 0,\ a \neq 1,\ x > 0,\ y > 0 \text{일 때}$$

• $\log_a xy = \log_a x + \log_a y$ • $\log_a \dfrac{x}{y} = \log_a x - \log_a y$ • $\log_a x^p = p \log_a x$

• $\log_a \sqrt[p]{x} = \dfrac{\log_a x}{p}$ • $\log_a x = \dfrac{\log_b x}{\log_b a}$ (단, $b > 0,\ b \neq 1$)

17 제곱근

1. 제곱근

어떤 수 x를 제곱하여 a가 되었을 때, x를 a의 제곱근이라 한다.

→

예

$$x^2 = a \Leftrightarrow x = \pm \sqrt{a} \quad (\text{단}, \ a \geq 0)$$

2. 제곱근의 연산

$a > 0, \ b > 0$일 때

- $m\sqrt{a} + n\sqrt{a} = (m+n)\sqrt{a}$ $\cdot \ m\sqrt{a} - n\sqrt{a} = (m-n)\sqrt{a}$
- $\sqrt{a}\sqrt{b} = \sqrt{ab}$ $\cdot \ \sqrt{a^2 b} = a\sqrt{b}$ $\cdot \ \dfrac{\sqrt{a}}{\sqrt{b}} = \sqrt{\dfrac{a}{b}}$

3. 분모의 유리화 : 분수의 분모가 근호를 포함한 무리수일 때 분모, 분자에 0이 아닌 같은 수를 곱하여 분모를 유리수로 고치는 것이다.

$a > 0, \ b > 0$일 때

- $\dfrac{a}{\sqrt{b}} = \dfrac{a\sqrt{b}}{\sqrt{b}\sqrt{b}} = \dfrac{a\sqrt{b}}{b}$ $\cdot \ \dfrac{\sqrt{a}}{\sqrt{b}} = \dfrac{\sqrt{a}\sqrt{b}}{\sqrt{b}\sqrt{b}} = \dfrac{\sqrt{ab}}{b}$
- $\dfrac{1}{\sqrt{a}+\sqrt{b}} = \dfrac{\sqrt{a}-\sqrt{b}}{(\sqrt{a}+\sqrt{b})(\sqrt{a}-\sqrt{b})} = \dfrac{\sqrt{a}-\sqrt{b}}{a-b}$ (단, $a \neq b$)
- $\dfrac{1}{\sqrt{a}-\sqrt{b}} = \dfrac{\sqrt{a}+\sqrt{b}}{(\sqrt{a}-\sqrt{b})(\sqrt{a}+\sqrt{b})} = \dfrac{\sqrt{a}+\sqrt{b}}{a-b}$ (단, $a \neq b$)

18 방정식

1. 이차방정식의 근의 공식

$$ax^2 + bx + c = 0 일 때(단, a \neq 0) \quad x = \frac{-b \pm \sqrt{b^2 - 4ac}}{2a}$$

2. 이차방정식의 근과 계수와의 관계 공식

• $ax^2 + bx + c = 0$(단, $a \neq 0$)의 두 근이 α, β일 때   → $\alpha + \beta = -\dfrac{b}{a}$ $\alpha\beta = \dfrac{c}{a}$

• $x = \alpha$, $x = \beta$를 두 근으로 하는 이차방정식   → $a(x - \alpha)(x - \beta) = 0$

3. 연립일차방정식의 풀이 방법

(1) **계수가 소수인 경우** : 양변에 10, 100, …을 곱하여 계수가 모두 정수가 되도록 한다.

(2) **계수가 분수인 경우** : 양변에 분모의 최소공배수를 곱하여 계수가 모두 정수가 되도록 한다.

(3) **괄호가 있는 경우** : 괄호를 풀고 동류항을 간단히 한다.

(4) $A = B = C$의 꼴인 경우 : $(A = B, A = C)$, $(B = A, B = C)$, $(C = A, C = B)$의 3가지 중 어느 하나를 택하여 푼다.

4. 이차방정식의 풀이 방법

(1) $AB = 0$의 성질을 이용한 풀이

$$AB = 0이면 \ A = 0 \ 또는 \ B = 0$$ → $$(x - a)(x - b) = 0이면 \ x = a \ 또는 \ x = b$$

(2) **인수분해를 이용한 풀이**

주어진 방정식을 (일차식)×(일차식)=0의 꼴로 인수분해하여 푼다.

$$ax^2 + bx + c = 0 \xrightarrow{\text{인수분해}} a(x - p)(x - q) = 0 \longrightarrow x = p \ 또는 \ x = q$$

(3) 제곱근을 이용한 풀이

- $x^2 = a$(단, $a \geq 0$)이면 $x = \pm\sqrt{a}$
- $ax^2 = b\left(단, \dfrac{b}{a} \geq 0\right)$이면 $x = \pm\sqrt{\dfrac{b}{a}}$
- $(x-a)^2 = b$(단, $b \geq 0$)이면 $x - a = \pm\sqrt{b}$에서 $x = a \pm\sqrt{b}$

(4) 완전제곱식을 이용한 풀이

이차방정식 $ax^2 + bx + c = 0$(단, $a \neq 0$)의 해는 다음과 같이 고쳐서 구할 수 있다.

- $a = 1$일 때, $x^2 + bx + c = 0$ ➔ $(x+p)^2 = q$의 꼴로 변형
- $a \neq 1$일 때, $ax^2 + bx + c = 0$ ➔ $x^2 + \dfrac{b}{a}x + \dfrac{c}{a} = 0$

                                                              $(x+p)^2 = q$의 꼴로 변형

19 부등식

1. 성질

- $a < b$일 때, $a + c < b + c$, $a - c < b - c$
- $a < b$, $c > 0$일 때, $ac < bc$, $\dfrac{a}{c} < \dfrac{b}{c}$
- $a < b$, $c < 0$일 때, $ac > bc$, $\dfrac{a}{c} > \dfrac{b}{c}$

2. 일차부등식의 풀이 순서

(1) 미지수 x를 포함한 항은 좌변으로, 상수항은 우변으로 이항한다.

(2) $ax > b$, $ax < b$, $ax \geq b$, $ax \leq b$의 꼴로 정리한다(단, $a \neq 0$).

(3) 양변을 x의 계수 a로 나눈다.

20 비와 비율 ☞

1. 비 : 두 수의 양을 기호 ' : '을 사용하여 나타내는 것

| 비례식에서 외항의 곱과 내항의 곱은 항상 같다. | → | $A : B = C : D$일 때, $A \times D = B \times C$ |

2. 비율 : 비교하는 양이 원래의 양(기준량)의 얼마만큼에 해당하는지를 나타낸 것

• 비율 $= \dfrac{\text{비교하는 양}}{\text{기준량}}$ • 비교하는 양 $=$ 비율 $\times$ 기준량   • 기준량 $=$ 비교하는 양 $\div$ 비율

소수	분수	백분율	할푼리
0.1	$\dfrac{1}{10}$	10%	1할
0.01	$\dfrac{1}{100}$	1%	1푼
0.25	$\dfrac{25}{100} = \dfrac{1}{4}$	25%	2할 5푼
0.375	$\dfrac{375}{1,000} = \dfrac{3}{8}$	37.5%	3할 7푼 5리

* 백분율(%) : 기준량이 100일 때의 비율
* 할푼리 : 비율을 소수로 나타내었을 때 소수 첫째 자리, 소수 둘째 자리, 소수 셋째 자리를 이르는 말

21 도형 ☞

1. 둘레

원의 둘레(원주)	부채꼴의 둘레
$l = 2\pi r$	$l = 2\pi r \times \dfrac{x}{360} + 2r$

2. 사각형의 넓이

정사각형의 넓이	직사각형의 넓이	마름모의 넓이
$S = a^2$	$S = ab$	$S = \dfrac{1}{2}ab$

사다리꼴의 넓이	평행사변형의 넓이	
$S = \dfrac{1}{2}(a+b)h$	$S = ah$	

3. 삼각형의 넓이

삼각형의 넓이	정삼각형의 넓이
$S = \dfrac{1}{2}bh$	$S = \dfrac{\sqrt{3}}{4}a^2$

직각삼각형의 넓이	이등변삼각형의 넓이
$S = \dfrac{1}{2}ab$	$S = \dfrac{a}{4}\sqrt{4b^2 - a^2}$

2장 수리능력 **43**

4. 원과 부채꼴의 넓이

원의 넓이	부채꼴의 넓이
$S = \pi r^2$	$S = \dfrac{1}{2} r^2 \theta = \dfrac{1}{2} rl$ (θ는 중심각(라디안))

5. 피타고라스의 정리

직각삼각형에서 직각을 끼고 있는 두 변의 길이의 제곱을 합하면 빗변의
길이의 제곱과 같다.

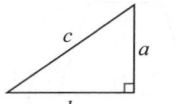

$a^2 + b^2 = c^2$

6. 입체도형의 겉넓이와 부피

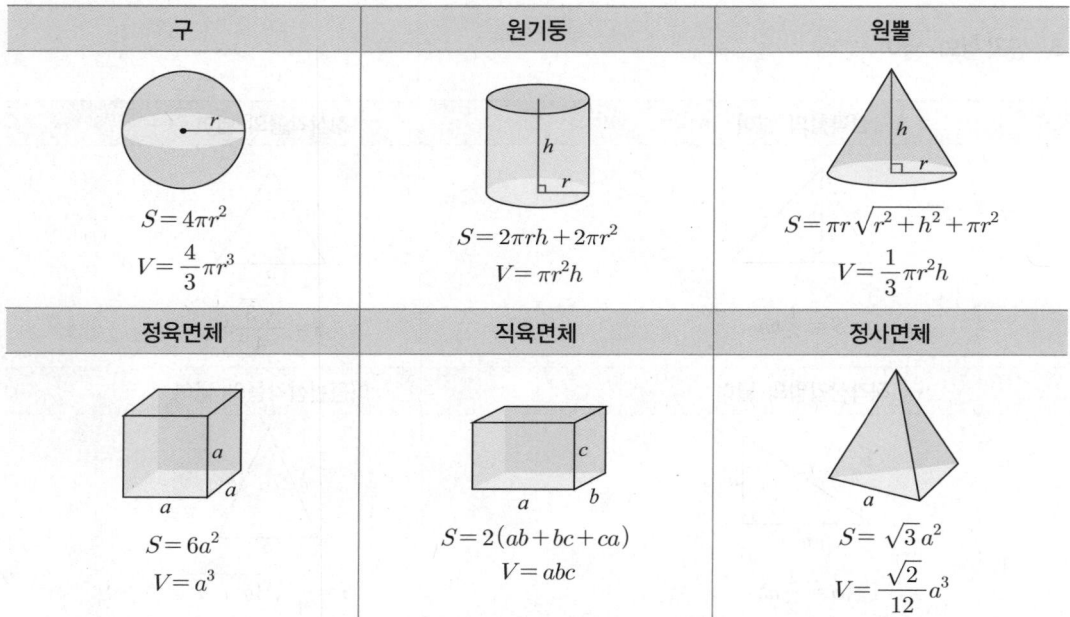

구	원기둥	원뿔
$S = 4\pi r^2$ $V = \dfrac{4}{3} \pi r^3$	$S = 2\pi rh + 2\pi r^2$ $V = \pi r^2 h$	$S = \pi r \sqrt{r^2 + h^2} + \pi r^2$ $V = \dfrac{1}{3} \pi r^2 h$
정육면체	직육면체	정사면체
$S = 6a^2$ $V = a^3$	$S = 2(ab + bc + ca)$ $V = abc$	$S = \sqrt{3}\, a^2$ $V = \dfrac{\sqrt{2}}{12} a^3$

빈출 2 자료해석

1 기초 통계

종류	내용
백분율	• 전체의 수량을 100으로 하여, 나타내려는 수량이 그중 몇이 되는가를 가리키는 수 • 기호는 %(퍼센트)이며, $\frac{1}{100}$ 이 1%에 해당된다. • 오래전부터 실용계산의 기준으로 널리 사용되고 있으며, 원그래프 등을 이용하면 이해하기 쉽다.
범위	• 관찰값의 흩어진 정도를 나타내는 도구로서 최곳값과 최젓값을 가지고 파악하며, 최곳값에서 최젓값을 뺀 값에 1을 더한 값을 의미한다. • 계산이 용이한 장점이 있으나 극단적인 끝 값에 의해 좌우되는 단점이 있다.
평균	• 관찰값 전부에 대한 정보를 담고 있어 대상집단의 성격을 함축적으로 나타낼 수 있는 값이다. • 자료에 대해 일종의 무게중심으로 볼 수 있다. • 모든 자료의 자료값을 합한 후 자료값의 개수로 나눈 값 $$평균 = \frac{자료의\ 총합}{자료의\ 총\ 개수}$$ • 평균의 종류 　– 산술평균 : 전체 관찰값을 모두 더한 후 관찰값의 개수로 나눈 값 　– 가중평균 : 각 관찰값에 자료의 상대적 중요도(가중치)를 곱하여 모두 더한 값을 가중치의 합계로 나눈 값
분산	• 자료의 퍼져있는 정도를 구체적인 수치로 알려주는 도구 • 각 관찰값과 평균값의 차이의 제곱을 모두 합한 값을 개체의 수로 나눈 값을 의미한다. $$분산 = \frac{(편차)^2의\ 총합}{변량의\ 개수}$$
표준편차	• 분산값의 제곱근 값을 의미한다(표준편차 $= \sqrt{분산}$). • 평균으로부터 얼마나 떨어져 있는가를 나타내는 개념으로, 평균편차의 개념과 개념적으로는 동일하다. • 표준편차가 크면 자료들이 넓게 퍼져있고 이질성이 큰 것을 의미하고 작으면 자료들이 집중하여 있고 동질성이 커지게 된다.

2 다섯숫자요약

평균과 표준편차만으로는 원 자료의 전체적인 형태를 파악하기 어렵기 때문에 최솟값, 하위 25%값(Q_1, 제1 사분위수), 중앙값(Q_2), 상위 25%값(Q_3, 제3사분위수), 최댓값 등을 활용하며, 이를 다섯숫자요약이라고 부른다.

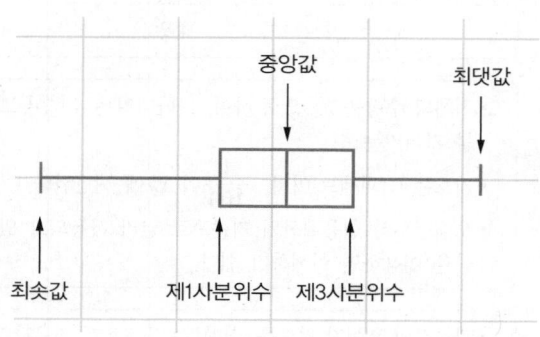

1. **최솟값** : 원 자료 중 값의 크기가 가장 작은 값이다.

2. **최댓값** : 원 자료 중 값의 크기가 가장 큰 값이다.

3. **중앙값** : 관찰값을 최솟값부터 최댓값까지 크기순으로 배열하였을 때 순서상 중앙에 위치하는 값으로 평균값과는 다르다. 관찰값 중 어느 하나가 너무 크거나 작을 때 자료의 특성을 잘 나타낸다.

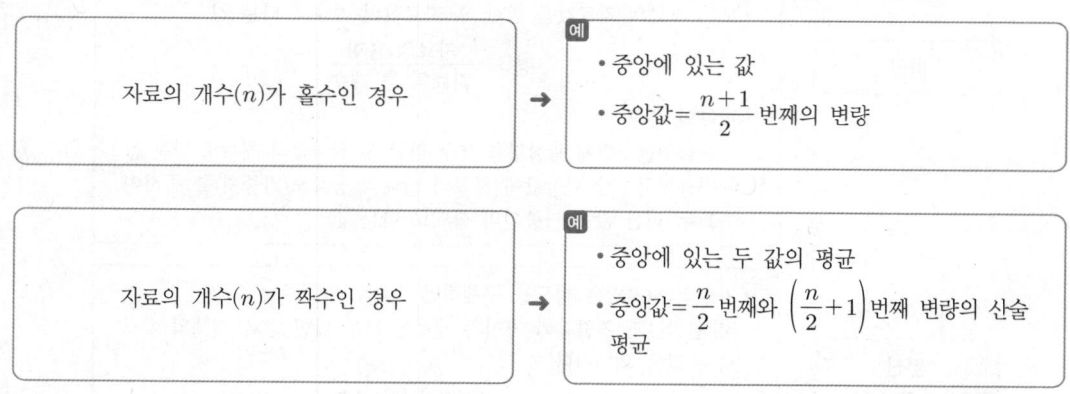

자료의 개수(n)가 홀수인 경우	→	예 • 중앙에 있는 값 • 중앙값 = $\dfrac{n+1}{2}$ 번째의 변량
자료의 개수(n)가 짝수인 경우	→	예 • 중앙에 있는 두 값의 평균 • 중앙값 = $\dfrac{n}{2}$ 번째와 $\left(\dfrac{n}{2}+1\right)$ 번째 변량의 산술 평균

4. **하위 25%값과 상위 25%값** : 원 자료를 크기순으로 배열하여 4등분한 값을 의미한다. 백분위수의 관점에서 제25백분위수, 제75백분위수로 표기할 수도 있다.

3 도수분포표

1. 도수분포표 : 자료를 몇 개의 계급으로 나누고, 각 계급에 속하는 도수를 조사하여 나타낸 표이다.

몸무게(kg)	계급값	도수
30 이상 ~ 35 미만	32.5	3
35 ~ 40	37.5	5
40 ~ 45	42.5	9
45 ~ 50	47.5	13
50 ~ 55	52.5	7
55 ~ 60	57.5	3

- 변량 : 자료를 수량으로 나타낸 것
- 계급 : 변량을 일정한 간격으로 나눈 구간
- 계급의 크기 : 구간의 너비
- 계급값 : 계급을 대표하는 값으로 계급의 중앙값
- 도수 : 각 계급에 속하는 자료의 개수

2. 도수분포표에서의 평균, 분산, 표준편차

$$\cdot 평균 = \frac{\{(계급값) \times (도수)\}의 총합}{(도수)의 총합}$$

$$\cdot 분산 = \frac{\{(편차)^2 \times (도수)\}의 총합}{(도수)의 총합}$$

$$\cdot 표준편차 = \sqrt{분산} = \sqrt{\frac{\{(편차)^2 \times (도수)\}의 총합}{(도수)의 총합}}$$

3. 상대도수

(1) 도수분포표에서 도수의 총합에 대한 각 계급의 도수의 비율이다.

(2) 상대도수의 총합은 반드시 1이다.

→ $$계급의 상대도수 = \frac{각 계급의 도수}{도수의 총합}$$

4. 누적도수

(1) 도수분포표에서 처음 계급의 도수부터 어느 계급의 도수까지 차례로 더한 도수의 합이다.

- 각 계급의 누적도수=앞 계급까지의 누적도수+그 계급의 도수

(2) 처음 계급의 누적도수는 그 계급의 도수와 같다.

(3) 마지막 계급의 누적도수는 도수의 총합과 같다.

4 경우의 수

1. 합의 법칙 : 두 사건 A, B가 동시에 일어나지 않을 때, 사건 A, B가 일어날 경우의 수를 각각 m, n 이라고 하면, 사건 A 또는 B가 일어날 경우의 수는 $(m+n)$가지이다.

2. 곱의 법칙 : 사건 A, B가 일어날 경우의 수를 각각 m, n이라고 하면, 사건 A, B가 동시에 일어날 경우의 수는 $(m \times n)$가지이다.

3. 순열

서로 다른 n개에서 중복을 허용하지 않고 r개를 골라 순서를 고려해 나열하는 경우의 수

→

예
$$_n\mathrm{P}_r = n(n-1)(n-2)\cdots(n-r+1)$$
$$= \frac{n!}{(n-r)!} \ \ (단, \ r \le n)$$

4. 조합

서로 다른 n개에서 순서를 고려하지 않고 r개를 택하는 경우의 수

→

예
$$_n\mathrm{C}_r = \frac{n(n-1)(n-2)\cdots(n-r+1)}{r!}$$
$$= \frac{n!}{r!(n-r)!} \ \ (단, \ r \le n)$$

5. 중복순열

서로 다른 n개에서 중복을 허용하여 r개를 골라 순서를 고려해 나열하는 경우의 수

→

예
$$_n\Pi_r = n^r$$

6. 중복조합

서로 다른 n개에서 순서를 고려하지 않고 중복을 허용하여 r개를 택하는 경우의 수

→

예
$$_n\mathrm{H}_r = {}_{n+r-1}\mathrm{C}_r$$

7. 같은 것이 있는 순열

n개 중에 같은 것이 각각 p개, q개, r개일 때 n개의 원소를 모두 택하여 만든 순열의 수

→

예
$$\frac{n!}{p!q!r!} \ \ (단, \ p+q+r=n)$$

8. 원순열

서로 다른 n개를 원형으로 배열하는 경우 → 예 $\dfrac{_n\mathrm{P}_n}{n} = (n-1)!$

5 확률

1. 일어날 수 있는 모든 경우의 수를 n가지, 사건 A가 일어날 경우의 수를 a가지라고 하면 사건 A가 일어날 확률 $\mathrm{P} = \dfrac{a}{n}$, 사건 A가 일어나지 않을 확률 $\mathrm{P}' = 1 - \mathrm{P}$이다.

2. 두 사건 A, B가 배반사건(동시에 일어나지 않을 때)일 경우 $\mathrm{P}(\mathrm{A} \cup \mathrm{B}) = \mathrm{P}(\mathrm{A}) + \mathrm{P}(\mathrm{B})$

3. 두 사건 A, B가 독립(두 사건이 서로 영향을 주지 않을 때)일 경우 $\mathrm{P}(\mathrm{A} \cap \mathrm{B}) = \mathrm{P}(\mathrm{A})\mathrm{P}(\mathrm{B})$

4. **조건부확률** : 확률이 0이 아닌 두 사건 A, B에 대하여 사건 A가 일어났다고 가정할 때, 사건 B가 일어날 확률 $\mathrm{P}(\mathrm{B} | \mathrm{A}) = \dfrac{\mathrm{P}(\mathrm{A} \cap \mathrm{B})}{\mathrm{P}(\mathrm{A})}$ (단, $\mathrm{P}(\mathrm{A}) > 0$)

6 변동률(증감률)

1. 공식

• 변동률 또는 증감률(%) = $\dfrac{\text{비교시점 수치} - \text{기준시점 수치}}{\text{기준시점 수치}} \times 100$

• 기준시점 수치를 X, 비교시점 수치를 Y, 변동률(증감률)을 g%라 하면

$g = \dfrac{Y - X}{X} \times 100$ $Y - X = \dfrac{g}{100} \times X$ $Y = \left(1 + \dfrac{g}{100}\right)X$

2. 계산 방법

값이 a에서 b로 변화하였을 때 $\dfrac{b - a}{a} \times 100$ 또는 $\left(\dfrac{b}{a} - 1\right) \times 100$으로 계산한다.

예

값이 256에서 312로 변화하였을 때 증감률은 $\dfrac{312 - 256}{256} \times 100 ≒ 22(\%)$이다. 이와 같이 계산을 해도 되지만 번거로운 계산을 해야 한다. 312는 256의 약 1.22배인데 이는 256을 1로 하면 312는 약 1.22라는 의미이다. 따라서 0.22만 늘어났으므로 증감률은 22%임을 알 수 있다.

언어

수리

추리

공간지각

1회

2회

3회

4회

5회

6회

기출유형문제

인성검사

면접가이드

유형별 빈출이론

3. 변동률과 변동량의 관계

변동률이 크다고 해서 변동량(증가량, 변화량, 증감량)이 많은 것은 아니다.

> **예**
>
> A의 연봉은 1억 원에서 2억 원으로, B의 연봉은 2,000만 원에서 8,000만 원으로 인상되었다. A의 연봉증가액은 1억 원이고 B의 연봉증가액은 6,000만 원이며, A의 연봉증가율은 $\frac{2-1}{1} \times 100 = 100(\%)$이고, B의 연봉증가율은 $\frac{8,000-2,000}{2,000} \times 100 = 300(\%)$이다. 따라서 연봉증가액은 A가 B보다 많지만, 연봉증가율은 A가 B보다 작다.

7 증가율과 구성비의 관계

전체량을 A, 부분량을 B라고 하면 부분량의 구성비는 $\frac{B}{A}$이다. 만약 어느 기간에 전체량이 a, 부분량이 b 증가했다고 하면 증가 후의 구성비는 $\frac{B(1+b)}{A(1+a)}$이다(단, a, b는 증가율이다). 여기서 $a > b$이면 $\frac{B}{A} > \frac{B(1+b)}{A(1+a)}$, $a < b$이면 $\frac{B}{A} < \frac{B(1+b)}{A(1+a)}$가 된다.

> • 전체량의 증가율 > 부분량의 증가율 ⇨ 구성비 감소
> • 전체량의 증가율 < 부분량의 증가율 ⇨ 구성비 증가

8 지수

• 지수란 구체적인 숫자 자체의 크기보다는 시간의 흐름에 따라 수량이나 가격 등 해당 수치가 어떻게 변화되었는지를 쉽게 파악할 수 있도록 만든 것으로 통상 비교의 기준이 되는 시점(기준시점)을 100으로 하여 산출한다.

• 기준 데이터를 X, 비교 데이터를 Y라 하면, $\boxed{\text{지수} = \frac{Y}{X} \times 100}$

• 데이터 1의 실수를 X, 데이터 2의 실수를 Y, 데이터 1의 지수를 k, 데이터 2의 지수를 g라 하면 다음과 같은 비례식이 성립한다. $\boxed{X : Y = k : g}$

• 비례식에서 외항의 곱과 내항의 곱은 같으므로 $Xg = Yk$이다. 따라서 $\boxed{Y = \frac{g}{k} \times X, \ X = \frac{k}{g} \times Y}$

9 퍼센트(%)와 퍼센트 포인트(%p)

퍼센트는 백분비라고도 하는데 전체의 수량을 100으로 하여 해당 수량이 그중 몇이 되는가를 가리키는 수로 나타낸다. 퍼센트포인트는 이러한 퍼센트 간의 차이를 표현한 것으로 실업률이나 이자율 등의 변화가 여기에 해당된다.

> **예**
>
> 실업률이 작년 3%에서 올해 6%로 상승하였다.
> → 실업률이 작년에 비해 100% 상승 또는 3%p 상승했다.
>
> 여기서 퍼센트는 $\dfrac{\text{현재 실업률} - \text{기존 실업률}}{\text{기존 실업률}} \times 100$을 하여 '100'으로 산출됐고,
>
> 퍼센트포인트는 퍼센트의 차이이므로 6-3을 해서 '3'이란 수치가 나온 것이다.

10 가중평균

- 중요도나 영향도에 해당하는 각각의 가중치를 곱하여 구한 평균값을 가중평균이라 한다.
- 주어진 값 $x_1,\ x_2,\ \cdots,\ x_n$에 대한 가중치가 각각 $w_1,\ w_2,\ \cdots,\ w_n$이라 하면

$$\text{가중평균} = \frac{x_1 w_1 + x_2 w_2 + \cdots + x_n w_n}{w_1 + w_2 + \cdots + w_n}$$

11 단위당 양

1. 자동차 천 대당 교통사고 발생건수, 단위면적당 인구수 등과 같이 정해진 단위량에 대한 상대치이다. 따라서 기준이 되는 단위량에 대응하는 실수(위의 예에서는 자동차 대수, 면적)가 주어져 있지 않으면 단위당 양에만 기초해서 실수 그 자체(위의 예에서는 교통사고 발생건수, 인구수)를 비교하는 것은 불가능하다.

2. 계산 방법

- $X,\ Y$를 바탕으로 X 당 Y를 구하는 경우 → $(X \text{당} Y) = \dfrac{Y}{X}$
- X당 $Y,\ X$를 바탕으로 Y를 구하는 경우 → $Y = X \times (X \text{당} Y)$
- X당 $Y,\ Y$를 바탕으로 X를 구하는 경우 → $X = Y \div (X \text{당} Y)$

UNIT 3

추리능력

주어진 명제나 조건들을 통한 결과 도출, 참과 거짓 추론, 나열된 수와 문자의 규칙을 파악하는 능력, 도식과 도형에 나타난 일정한 규칙성을 파악할 수 있는지를 평가하는 능력이다.

빈출 1 언어추리

1 명제

1. **명제** : 'P이면 Q이다(P → Q)'라고 나타내는 문장을 명제라 부르며 P는 가정, Q는 결론이다.

> **예**
>
> 삼각형 세 변의 길이가 같다면 세 개의 각은 모두 60°이다.
> P(가정) : 삼각형 세 변의 길이가 같다.
> ⇓
> Q(결론) : 세 개의 각은 모두 60°이다.

(1) 명제의 역 : 원 명제의 가정과 결론을 바꾼 명제 'Q이면 P이다'를 말한다(Q → P).

　예 세 개의 각이 모두 60°이면 삼각형 세 변의 길이는 같다.

(2) 명제의 이 : 원 명제의 가정과 결론을 둘 다 부정한 명제 'P가 아니면 Q가 아니다'를 말한다(~P → ~Q).

　예 삼각형 세 변의 길이가 같지 않다면 세 개의 각은 모두 60°가 아니다.

(3) 명제의 대우 : 원 명제의 역의 이, 즉 'Q가 아니면 P가 아니다'를 말한다(~Q → ~P).

　예 세 개의 각이 모두 60°가 아니면 삼각형 세 변의 길이는 같지 않다.

(4) 역·이·대우의 관계 : 원 명제가 옳을(참) 때 그 역과 이도 반드시 옳다고 할 수 없으나 그 대우는 반드시 참이다. 즉 원 명제와 대우의 진위는 반드시 일치한다.

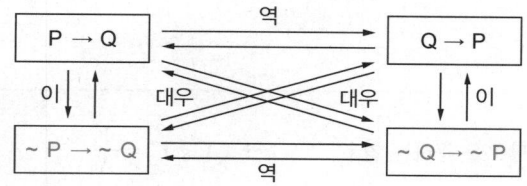

2. 삼단논법

(1) 두 개의 명제를 전제로 하여 하나의 새로운 명제를 도출해 내는 것을 말한다.

> 예
>
> [명제 1] P이면 Q이다(P → Q).
> [명제 2] Q이면 R이다(Q → R).
> $\Downarrow$
> P이면 R이다(P → R).

(2) 여기서 'P → Q'가 참이고 'Q → R'이 참일 경우, 'P → R' 또한 참이다.

> 예
>
> 테니스를 좋아하는 사람은 축구를 좋아한다.
> 축구를 좋아하는 사람은 야구를 싫어한다.
> $\Downarrow$
> 테니스를 좋아하는 사람은 야구를 싫어한다.

2 논증

1. 연역추론

		예
전제에서 시작하여 논리적인 주장을 통해 특정 결론에 도달한다.	→	사람은 음식을 먹어야 살 수 있다. 나는 사람이다. 나는 음식을 먹어야 살 수 있다.

2. 귀납추론

		예
관찰이나 경험에서 시작하여 일반적인 결론에 도달한다.	→	소크라테스는 죽었다. 플라톤도 죽었다. 아리스토텔레스도 죽었다. 이들은 모두 사람이다. 그러므로 모든 사람은 죽는다.

3 참·거짓[진위]

1. **의미** : 여러 인물의 발언 중에서 거짓을 말하는 사람과 진실을 말하는 사람이 있는 문제이다. 이런 문제를 해결하는 기본 원리는 참인 진술과 거짓인 진술 사이에 모순이 발생한다는 점이다.

2. **직접 추론** : 제시된 조건에 따른 경우의 수를 하나씩 고려하면서 다른 진술과의 모순 여부를 확인하여 참·거짓을 판단한다.

(1) 가정을 통해 모순을 고려하는 방법

① 한 명이 거짓을 말하거나 진실을 말하고 있다고 가정한다.

② 가정에 따라 조건을 적용하고 정리한다.

③ 모순이 없는지 확인한다.

> **예**
>
> 네 사람 중에서 진실을 말하는 사람이 3명, 거짓을 말하는 사람이 1명 있다고 할 때, 네 명 중 한 사람이 거짓말을 하고 있다고 가정한다. 그리고 네 가지 경우를 하나씩 검토하면서 다른 진술과 제시된 조건과의 모순 여부를 확인하여 거짓을 말한 사람을 찾는다. 거짓을 말한 사람이 확정되면 나머지는 진실을 말한 것이므로 다시 모순이 없는지 확인한 후 이를 근거로 하여 문제에서 요구하는 사항을 추론할 수 있다.

(2) 그룹으로 나누어 고려하는 방법

① 진술에 따라 그룹으로 나누어 가정한다.

② 나눈 가정에 따라 조건을 반영하여 정리한다.

③ 모순이 없는지 확인한다.

A의 발언 중에 'B는 거짓말을 하고 있다'라는 것이 있다.	A와 B는 다른 그룹
A의 발언과 B의 발언 내용이 대립한다.	
A의 발언 중에 'B는 옳다'라는 것이 있다.	A와 B는 같은 그룹
A의 발언과 B의 발언 내용이 일치한다.	

※ 모든 조건의 경우를 고려하는 것도 방법이지만 그룹을 나누어 분석하는 것이 더 효율적일 때 사용하는 방법이다.

- 거짓을 말하는 한 명을 찾는 문제에서 진술하는 사람 A~E 중 A, B, C가 A에 대해 말하고 있고 D에 대해 D, E가 말하고 있다면 적어도 A, B, C 중 두 사람은 정직한 사람이므로 A와 B, B와 C, C와 A를 각각 정직한 사람이라고 가정하고 분석하여 다른 진술의 모순을 살핀다.

4 자리 추론과 순위 변동

1. 자리 추론

(1) 기준이 되는 사람을 찾아 고정한 후 위치관계를 파악한다.

(2) 다른 사람과의 위치관계 정보가 가장 많은 사람을 주목한다.

(3) 정면에 앉은 사람들의 자리를 고정한다.

(4) 떨어져 있는 것들의 위치관계를 먼저 정한다.

(5) 좌우의 위치에 주의한다.

2. 순위 변동

마라톤과 같은 경기에서 경기 도중의 순서와 최종 순위로 답을 추론하는 문제이다.

(1) 가장 많은 조건이 주어진 것을 고정한 후 분석한다.

(2) '어느 지점을 먼저 통과했다' 등으로 순위를 확실하게 알 수 있는 경우에는 부등호를 사용한다.

　예 A는 B보다 먼저 신호를 통과했다.　A > B

(3) 순위를 알 수 없는 부분은 ㅁ, ○ 등을 사용하여 사이 수를 표시한다.

　예 B와 D 사이에는 2대가 통과하고 있다.　B○○D, D○○B

(4) 생각할 수 있는 경우의 수를 전부 정리한다.

　예 A의 양옆에는 B와 D가 있다.　BAD, DAB

(5) 'B와 C 사이에 2명이 있다', 'B와 C는 붙어 있지 않다' 등 떨어져 있는 조건에 주목하여 추론한다. 선택지에 있는 값을 넣어 보면 더 쉽게 찾을 수 있다.

자리추론

• A의 정면에는 D가 있다.

• A의 오른편에 B가 앉아있고, 왼편에 C가 앉아있다.

우측 ← A → 좌측
　　B　　　　C

---

5 단어 관계

1. 유의 관계 : 의미가 같거나 비슷한 단어들의 의미 관계

특징	예
• 의미가 비슷하지만 똑같지 않다는 점에 유의한다. • 가리키는 대상의 범위가 다르거나 미묘한 느낌의 차이가 있어 서로 바꾸어 쓸 수 없다.	곱다 – 아름답다 / 말 – 언사(言辭) / 지금 – 당금(當今) 등

2. 반의 관계 : 서로 반대의 뜻을 지닌 단어들의 의미 관계

특징
- 대상에 대한 막연한 의미를 대조적인 방법으로 명확하게 부각시켜 준다.
- 반의 관계에 있는 두 단어는 서로 공통되는 의미 요소 중 오직 한 개의 의미요소만 달라야 한다.

→

예
낮─밤 / 가다─오다 / 덥다─춥다 등

3. 상하 관계 : 두 단어 중 한쪽이 의미상 다른 쪽을 포함하거나 포함되는 의미 관계

특징
- 상위어와 하위어의 관계는 상대적이다.
- 상위어는 일반적이고 포괄적인 의미를 가진다.
- 하위어일수록 개별적이고 한정적인 의미를 지닌다.

→

예
나무─소나무, 감나무, 사과나무 /
동물─코끼리, 판다, 토끼 등

4. 동음이의어 관계 : 단어의 소리가 같을 뿐 의미의 유사성은 없는 관계

특징
- 사전에 서로 독립된 별개의 단어로 취급된다.
- 상황과 문맥에 따라 의미를 파악해야 한다.

→

예
배(선박)─배(배수)─배(신체)─배(과일)

5. 다의 관계 : 의미적으로 유사성을 갖는 관계

특징
- 의미들 중에는 기본적인 '중심 의미'와 확장된 '주변 의미'가 있다.
- 사전에서 하나의 단어로 취급한다.

예
다리
1. 사람이나 동물의 몸통 아래 붙어 있는 신체의 부분. 서고 걷고 뛰는 일 따위를 맡아 한다.
   예 다리에 쥐가 나다.
2. 물체의 아래쪽에 붙어서 그 물체를 받치거나 직접 땅에 닿지 아니하게 하거나 높이 있도록 버티어 놓은 부분. 예 책상 다리
3. 안경의 테에 붙어서 귀에 걸게 된 부분
   예 안경다리를 새것으로 교체했다.
4. 오징어나 문어 따위 동물의 머리에 여러 개 달려 있어, 헤엄을 치거나 먹이를 잡거나 촉각을 가지는 기관
   예 그는 술안주로 오징어 다리를 씹었다.

빈출 2 수적추리

1 수 추리

1. **등차수열** : 첫째항부터 차례로 일정한 수를 더하여 만들어지는 수열, 각 항에 더하는 일정한 수, 즉 뒤의 항에서 앞의 항을 뺀 수를 등차수열의 공차라고 한다.

등차수열 $\{a_n\}$에서
$$a_2 - a_1 = a_3 - a_2 = \cdots = a_{n+1} - a_n = d(\text{공차})$$

→

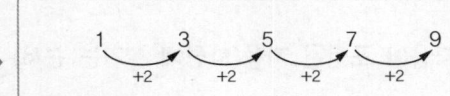

2. **등비수열** : 첫째항부터 차례로 일정한 수를 곱하여 만들어지는 수열

각 항에 곱하는 일정한 수, 즉 뒤의 항을 앞의 항으로 나눈 수를 등비수열의 공비라고 한다.
등비수열 $\{a_n\}$에서
$$\frac{a_2}{a_1} = \frac{a_3}{a_2} = \cdots = \frac{a_{n+1}}{a_n} = r(\text{공비})$$

→

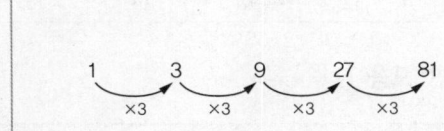

3. **등차계차수열**

앞의 항과의 차가 등차를 이루는 수열

→

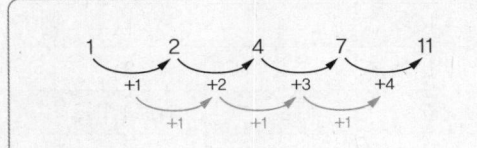

4. **등비계차수열**

앞의 항과의 차가 등비를 이루는 수열

→

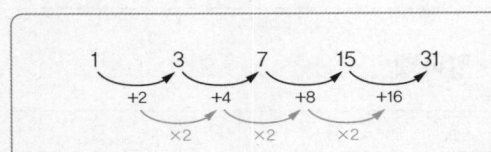

5. **피보나치수열**

앞의 두 항의 합이 그 다음 항이 되는 수열

→

1, 1, 2, 3, 5, 8, 13, 21, 34, …

2 문자 추리

1. 일반 자음

ㄱ	ㄴ	ㄷ	ㄹ	ㅁ	ㅂ	ㅅ
1	2	3	4	5	6	7
ㅇ	ㅈ	ㅊ	ㅋ	ㅌ	ㅍ	ㅎ
8	9	10	11	12	13	14

2. 쌍자음이 포함된 자음(사전에 실리는 순서)

ㄱ	ㄲ	ㄴ	ㄷ	ㄸ	ㄹ	ㅁ	ㅂ	ㅃ	ㅅ
1	2	3	4	5	6	7	8	9	10
ㅆ	ㅇ	ㅈ	ㅉ	ㅊ	ㅋ	ㅌ	ㅍ	ㅎ	
11	12	13	14	15	16	17	18	19	

3. 일반 모음

ㅏ	ㅑ	ㅓ	ㅕ	ㅗ	ㅛ	ㅜ	ㅠ	ㅡ	ㅣ
1	2	3	4	5	6	7	8	9	10

4. 이중모음이 포함된 모음 순서(사전에 실리는 순서)

ㅏ	ㅐ	ㅑ	ㅒ	ㅓ	ㅔ	ㅕ
1	2	3	4	5	6	7
ㅖ	ㅗ	ㅘ	ㅙ	ㅚ	ㅛ	ㅜ
8	9	10	11	12	13	14
ㅝ	ㅞ	ㅟ	ㅠ	ㅡ	ㅢ	ㅣ
15	16	17	18	19	20	21

5. 알파벳

A	B	C	D	E	F	G	H	I
1	2	3	4	5	6	7	8	9
J	K	L	M	N	O	P	Q	R
10	11	12	13	14	15	16	17	18
S	T	U	V	W	X	Y	Z	
19	20	21	22	23	24	25	26	

빈출 3 | **도형추리**

- 도형의 규칙성을 찾아 이어지는 도형의 모양을 고르는 문제이다.
- 도형에서 발견되는 움직임을 파악한 정리한 조건으로 시뮬레이션을 해보고 도형을 도출한다.

규칙성의 종류 👉

1 선의 수가 상단은 1 → 2 → 3 → 2 → 1로, 하단은 3 → 2 → 1 → 2 → 3으로 변화한다.

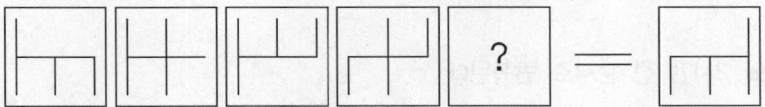

2 화살표가 45도씩 시계 방향으로 회전하고, ○의 색이 번갈아 가면서 바뀐다.

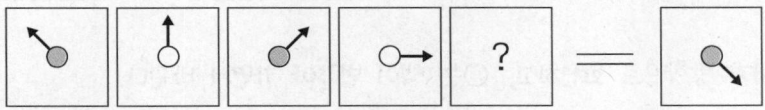

3 색칠된 부분이 왼쪽부터 첫 번째, 두 번째로 이동하고 네 번째 이후 왼쪽으로 돌아온다.

4 가운데 세로선이 위, 아래로 이동을 반복하고, ●가 반시계 방향으로 회전한다.

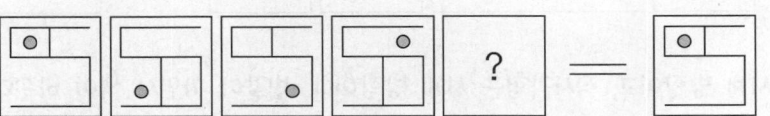

5 ☆이 반시계 방향으로 90도씩 회전하고 꼭짓점의 색은 번갈아 가면서 바뀐다.

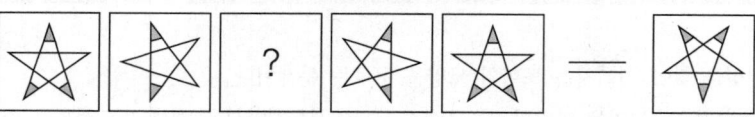

6 ▷가 오른쪽과 왼쪽 방향으로 2회씩, 색 또한 2회씩 번갈아 나타난다. 답을 찾을 때 예상할 수 있는 변화로부터 선택지에 있는 것을 고른다.

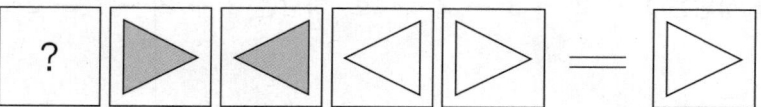

7 4시간 후와 2시간 전 순서로 반복된다.

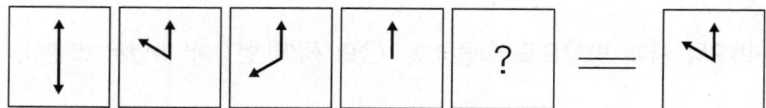

8 □는 반시계 방향으로 회전하고, ○는 색이 번갈아 가면서 바뀐다.

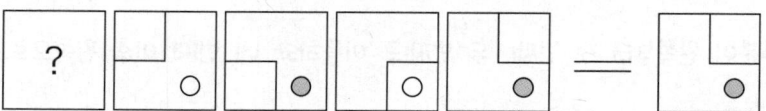

9 같은 도형 2개가 모이면 다음 상자에서 1개가 된다. □가 1개인 것으로 유추할 수 있다.

10 △는 반시계 방향이고, 직사각형은 시계 방향이다. 번갈아 가면서 색이 바뀐다.

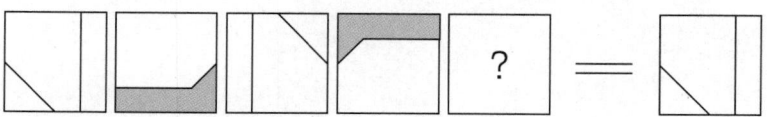

11 같은 도형 3개가 모인 도형은 다음 상자에서 없어진다. 그러므로 □를 포함하지 않는 것을 유추할 수 있다. 도형의 색이나 형태에 헷갈리지 않도록 한다.

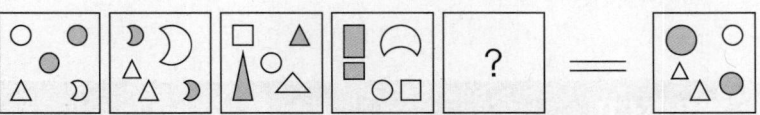

12 홀수 번째 도형에 ⌐ 를 제외한 선의 개수 변화를 주목한다. 선의 개수는 2 → 1 → 0으로 줄어든다.

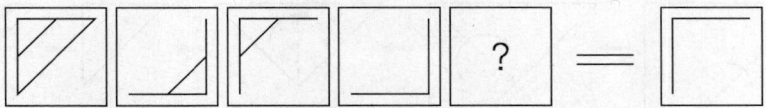

13 반원이 홀수 번째 상자에서 45도 회전을 하고, 짝수 번째 상자에서는 90도 회전을 한다.

14 □가 오른쪽 위 → 왼쪽 아래 → 오른쪽 아래 → 왼쪽 위로 색이 번갈아 가면서 바뀐다. 이러한 경우 다섯 번째부터 처음으로 돌아온다고 유추할 수 있다.

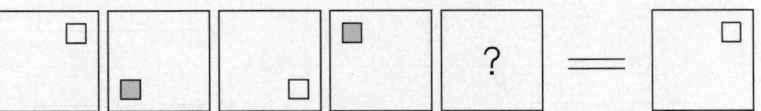

15 ●가 시계 방향으로 회전하고 선은 90도씩 회전한다. (혹은 번갈아 가면서 보아도 동일)

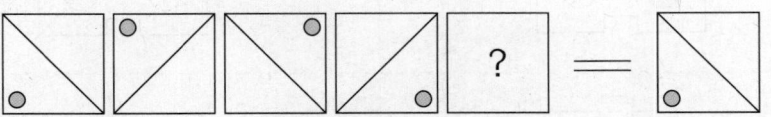

UNIT 4

공간지각능력

입체도형의 모양을 통한 전개도, 투상도, 여러 개로 분할된 도형 조각들을 조합하였을 때의 형태를 추론하여 도형 조각의 공간관계와 공간위치를 이해하는지를 평가하는 능력이다.

빈출 1 종이접기

04 공간지각

• 종이를 점선에 따라 접고 빗금 친 부분을 잘라내어, 펼쳤을 때 모양 구하기

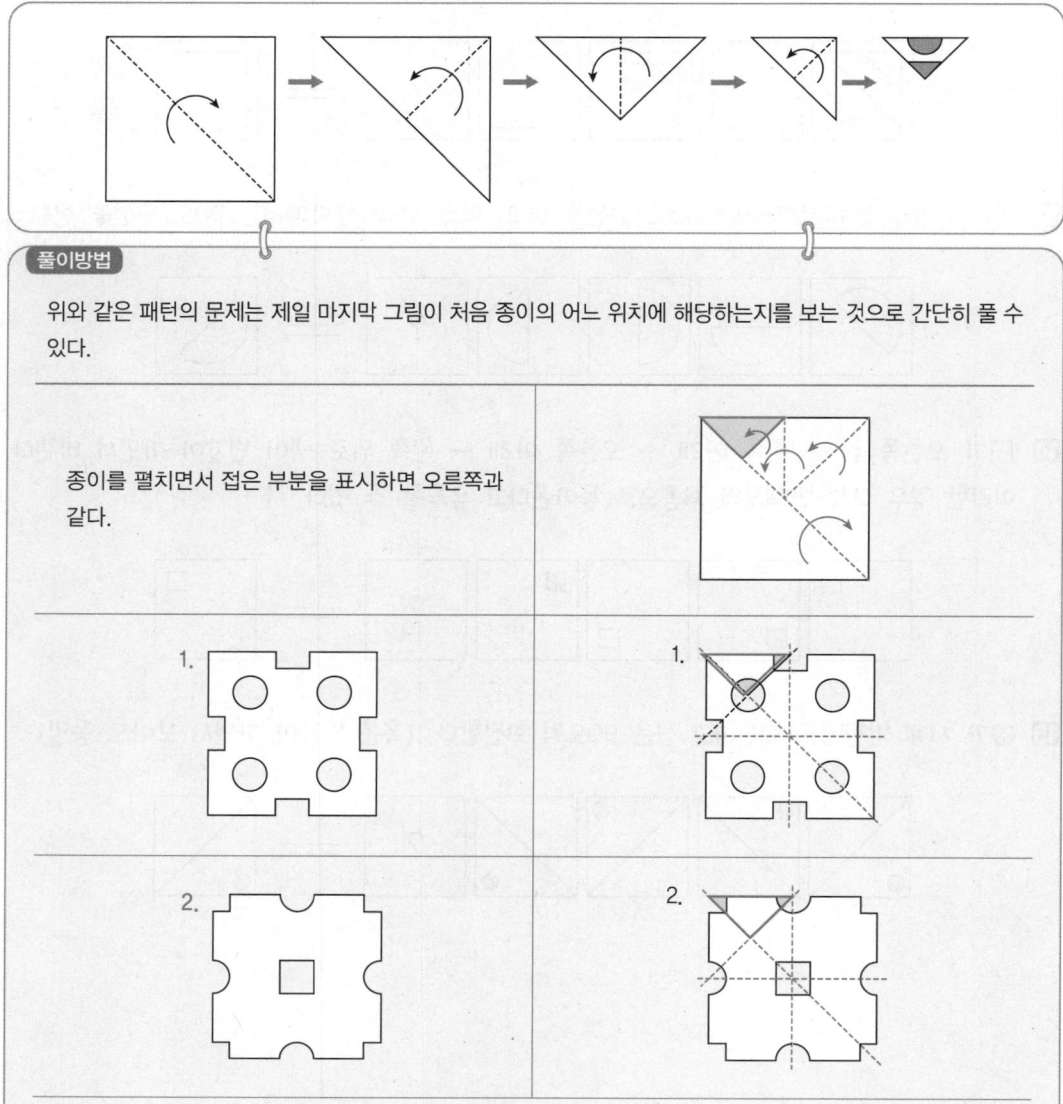

풀이방법

위와 같은 패턴의 문제는 제일 마지막 그림이 처음 종이의 어느 위치에 해당하는지를 보는 것으로 간단히 풀 수 있다.

종이를 펼치면서 접은 부분을 표시하면 오른쪽과 같다.

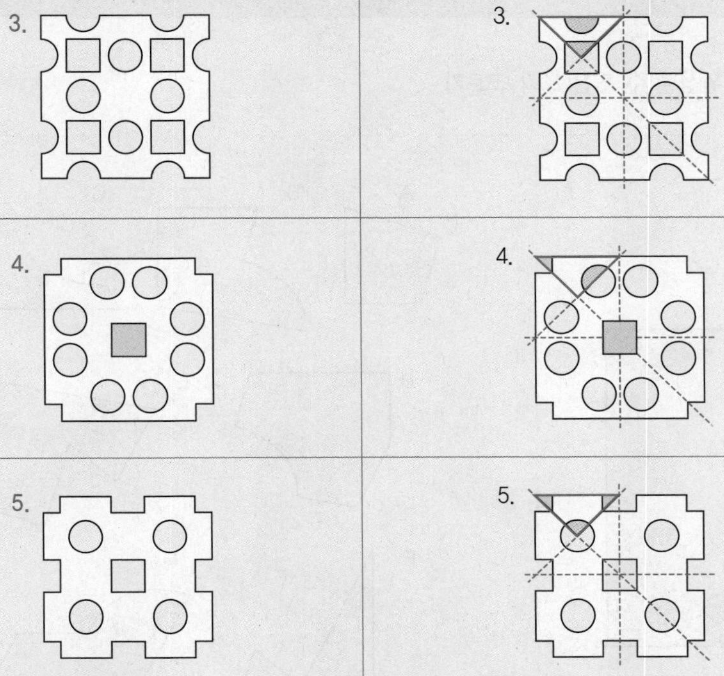

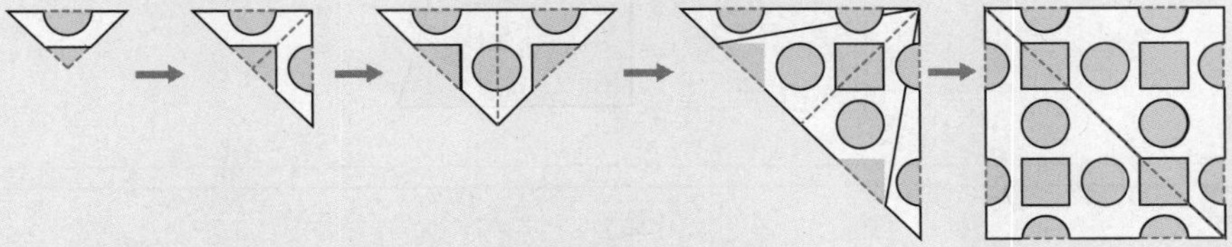

위의 그림처럼 보조선을 그리면서 잘려나간 부분이 일치하는지를 파악한다. 이와 같은 방법으로 답을 찾으면 3번임을 알 수 있다.

빈출 2 조각모음

04 공간지각

• 주어진 도형을 완성할 수 있는 조각 고르기

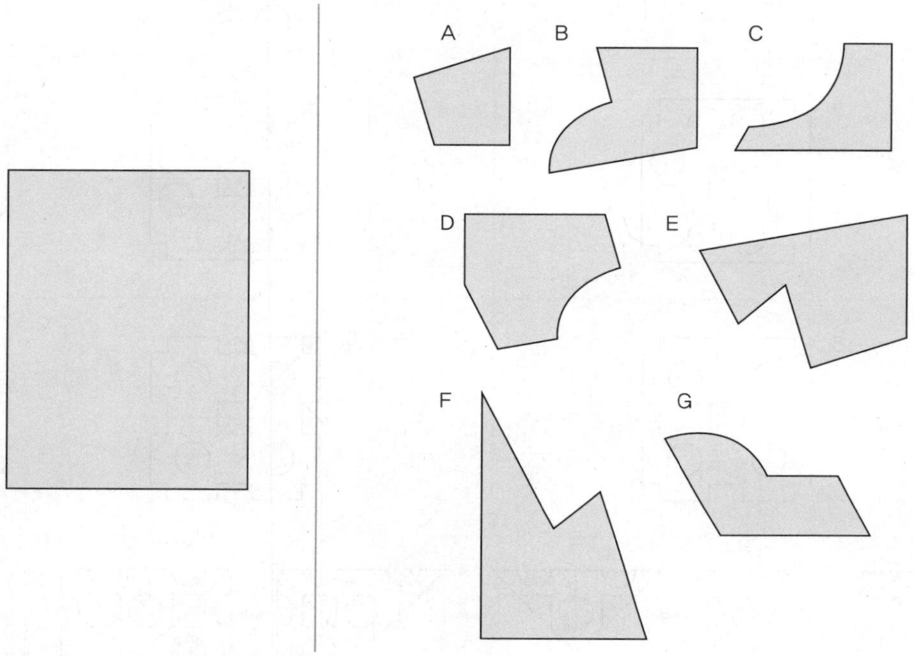

A   B   C

D   E

F   G

풀이방법

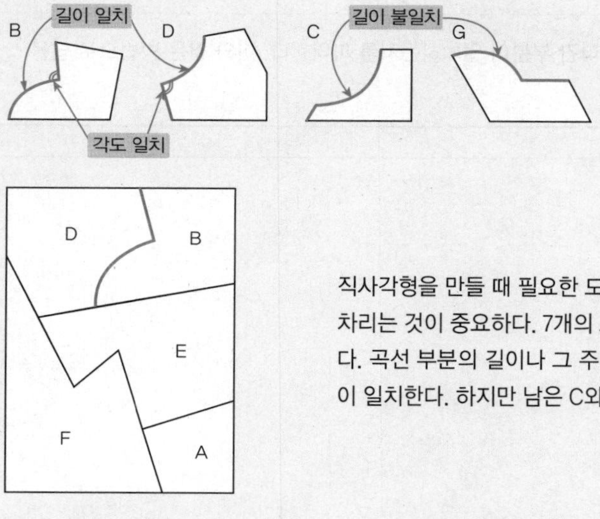

B 길이 일치 D   C 길이 불일치 G

각도 일치

D B

E

F A

직사각형을 만들 때 필요한 도형을 찾는 유형의 문제는 특징을 빨리 알아차리는 것이 중요하다. 7개의 도형 중 곡선을 포함한 B, C, D, G에 주목한다. 곡선 부분의 길이나 그 주변의 형태로 보았을 때, B와 D는 곡선 부분이 일치한다. 하지만 남은 C와 G는 곡선 부분의 길이가 일치하지 않는다.

빈출 3   궤적

• 궤적을 통해 회전시킨 도형 구하기

그림 1

그림 2

• P

풀이방법

그림 1 처럼 미끄러지지 않게 도형을 1회전 시켰을 때의 궤적모양을 통해 회전시킨 도형을 찾는 유형의 문제는 회전의 중심, 외각, 반지름에 주목하는 것이 핵심이다. 하나씩 순서대로 앞으로 나아가며 정확하게 도형이 미끄러지는 과정을 부채꼴 모양을 활용하여 그리면 그림 2 와 같은 도형이 된다.

빈출 4   전개도

• 전개도 구하기

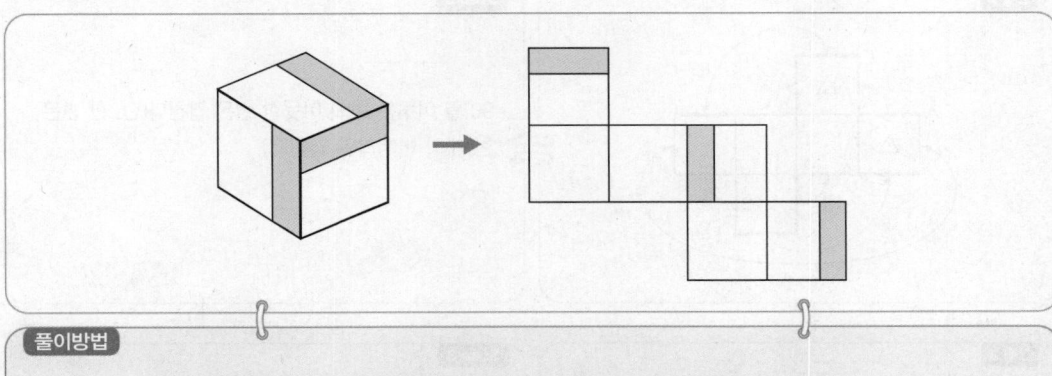

풀이방법

정육면체의 전개도를 고르는 유형의 문제는 특징이 되는 면을 찾아서 문제를 푼다.

1. 정육면체의 전개도

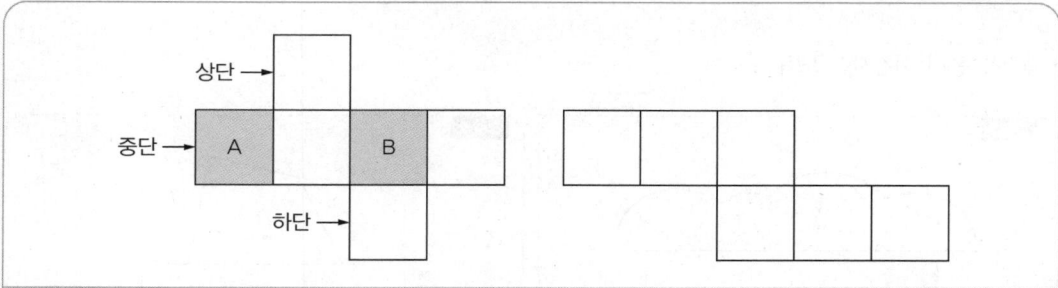

정육면체의 전개도는 총 11종류의 모양이 존재한다. 하지만 대개 상단 1면, 중단 4면, 하단 1면의 구조가 되면 정육면체의 전개도가 성립한다고 암기하면 된다.

조립했을 때 서로 마주 보는 면, 그림의 A와 B는 한 면을 가운데에 끼운 위치관계가 된다.

그림 1

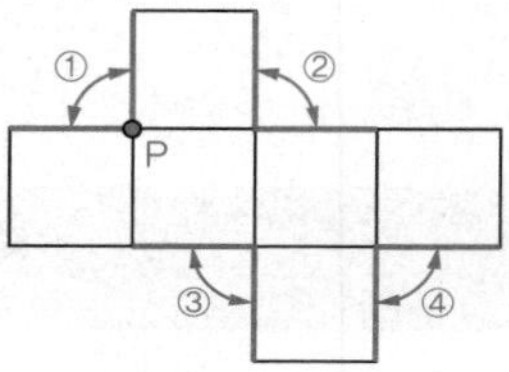

Step 1

90°를 이루는 변은 겹친다.

그림 2

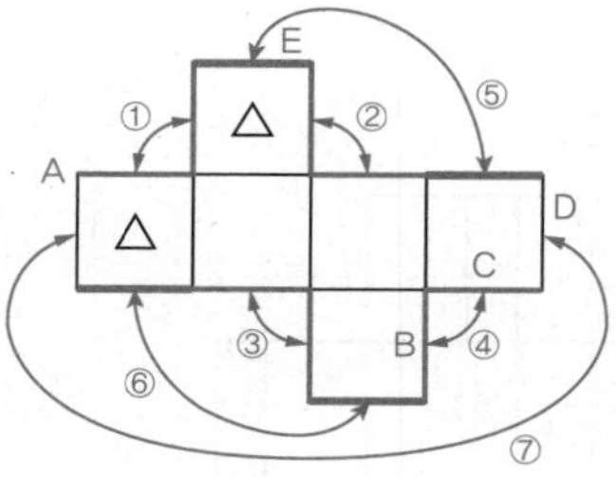

Step 2

90°를 이루는 변의 이웃한 변은 겹친다(단, 한 변은 한 개의 변끼리만 겹친다).

그림 3

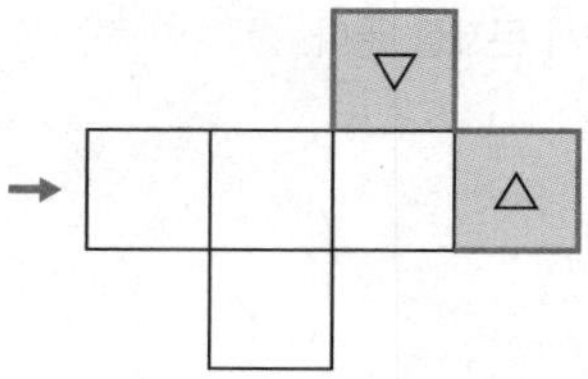

Step 3

이렇게 겹치는 변을 알아보면, 면을 이동할 수 있다.

2. 정팔면체의 전개도

그림 1

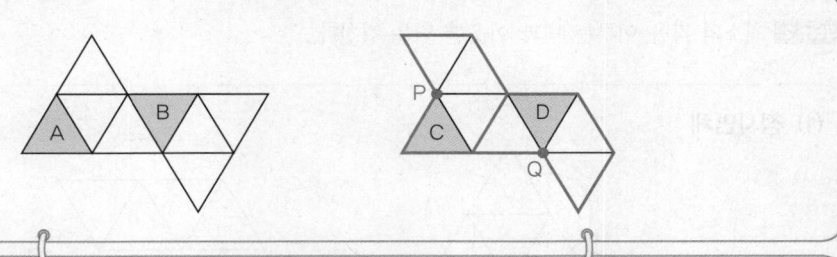

풀이방법

정팔면체의 전개도는 **그림 1** 과 같다. 상단 1면, 중단 6면(△과 ▽을 번갈아 배열), 하단 1면이 되거나, 오른쪽처럼 한 꼭짓점(P, Q) 주변에 4장의 정삼각형이 모이는 그림이 되면 정팔면체의 전개도이다. 조립했을 때 서로 마주 보는 면은 A와 B, C와 D이다.

그림 2

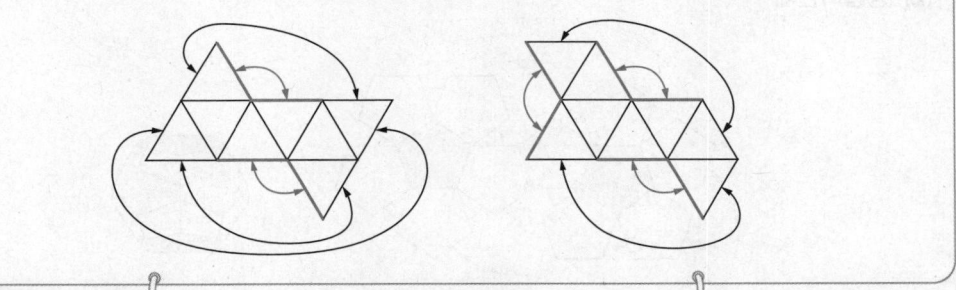

풀이방법

조립했을 때 겹치는 면은 처음에 120°를 이루는 변 (**그림 2** 의 색선으로 이어진 변)이며, 이어서 그 이웃한 변이 겹친다. 정육면체와 마찬가지로 면을 이동시켜 전개도를 변형할 수 있다.

3. 정다면체의 전개도

Step 1 최소의 각을 이루는 변은 겹친다.

Step 2 최소의 각을 이루는 변과 이웃한 변은 겹친다.

(1) 정사면체

　　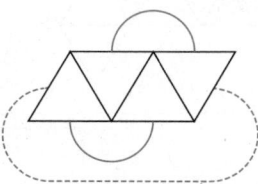

풀이방법

정사면체의 전개도는 두 가지뿐이다. 평행 관계에 위치한 면은 없다.

(2) 정십이면체

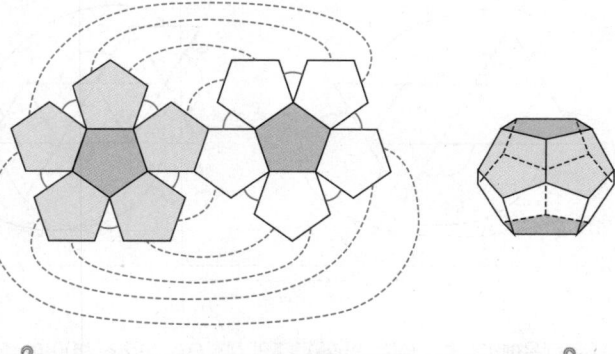

풀이방법

1개의 면을 5개의 면이 감싸며, 꽃이 핀 듯한 그림 두 개로 구성되어 있다. 각각 오른쪽 입체도형의 위쪽과 아래쪽의 절반에 해당한다.

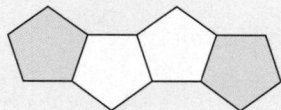

서로 마주 보는 면(평행한 면)의 위치는 정오각형을 똑바로 세운 것과 뒤집은 것을 교대로 4개 배열했을 때, 양 끝의 두 면이다.

www.gosinet.co.kr **gosi**net

언어

수리

추리

공간지각

1회

2회

3회

4회

5회

6회

인성검사

면접가이드

약역별 빈출이론

기출유형문제

(3) 정이십면체

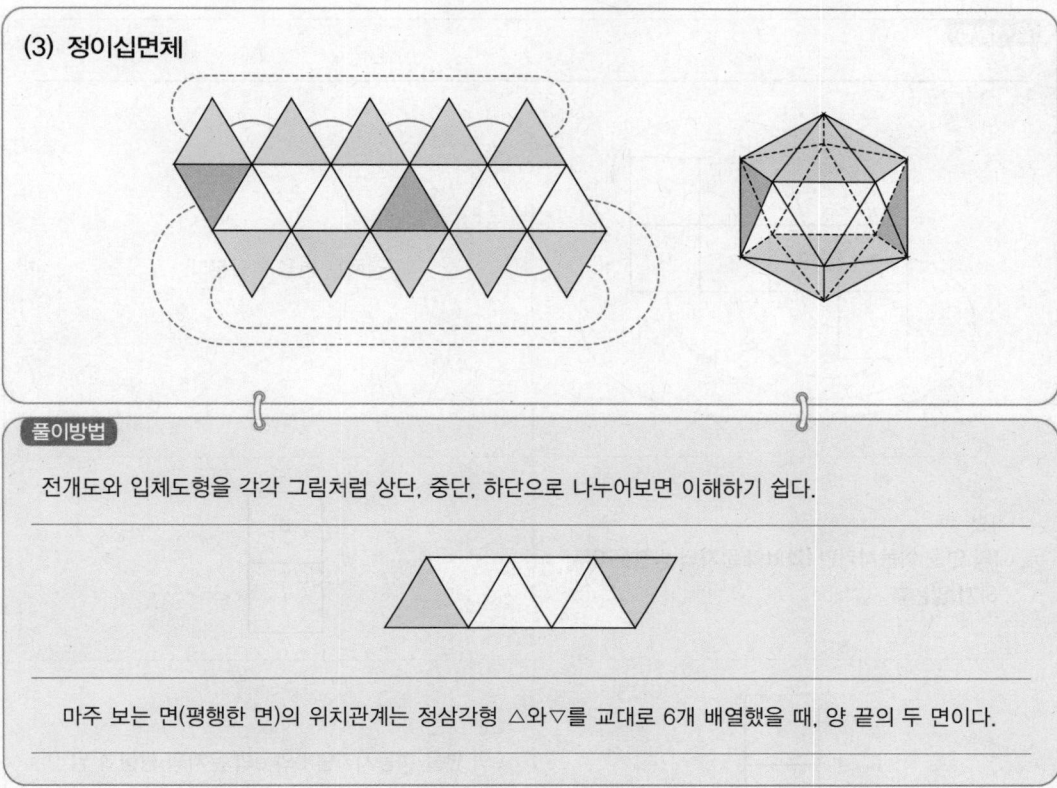

풀이방법

전개도와 입체도형을 각각 그림처럼 상단, 중단, 하단으로 나누어보면 이해하기 쉽다.

마주 보는 면(평행한 면)의 위치관계는 정삼각형 △와▽를 교대로 6개 배열했을 때, 양 끝의 두 면이다.

• 전개도를 접었을 때의 입체도형 구하기

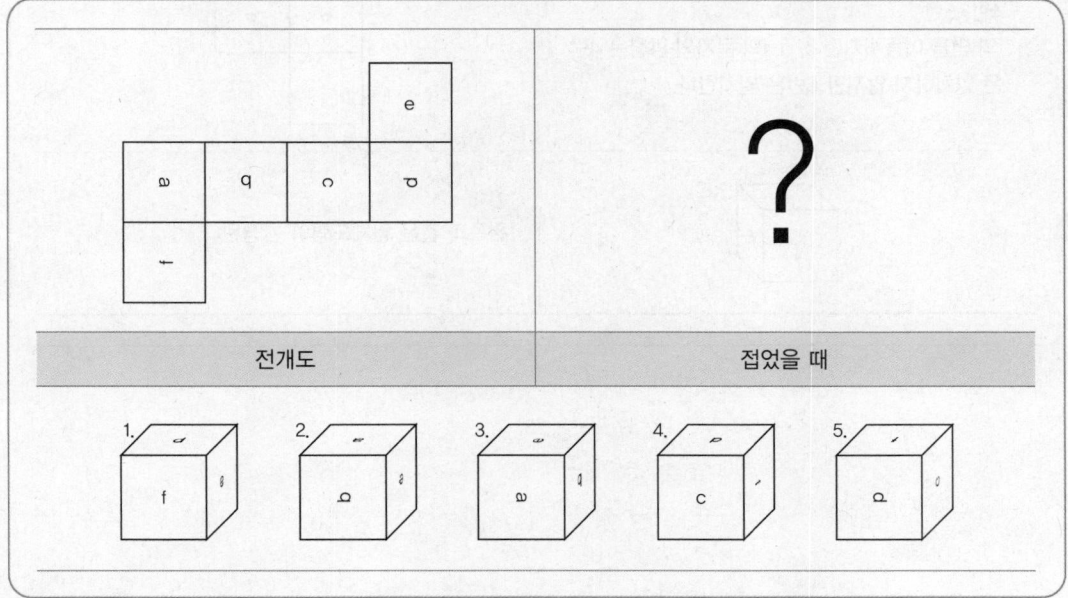

풀이방법

(좌측: 전개도 — e, a, b, c, d, f / 2, 3번, 4, 5번, 1번 화살표 표시)	겹치는 면을 알아본다.
1번 f의 면을 이동시키면 f와 d의 문자의 방향은 일치하지 않는다.	*(d, f 두 면 그림)*
(e, b 두 면 그림)	2번, 3번 e의 면을 이동시키면 b와 e의 문자의 방향과 일치하지 않는다.
4번, 5번 f의 면을 이동시키면 c, d, f의 문자의 방향은 4번은 일치하지 않지만 5번은 일치한다.	*(c, d, f 세 면 그림)*
(입체도형 그림)	왼쪽과 같은 입체도형이 완성된다.

빈출 5 투상도

• 투상도를 통해 입체도형 추측하기

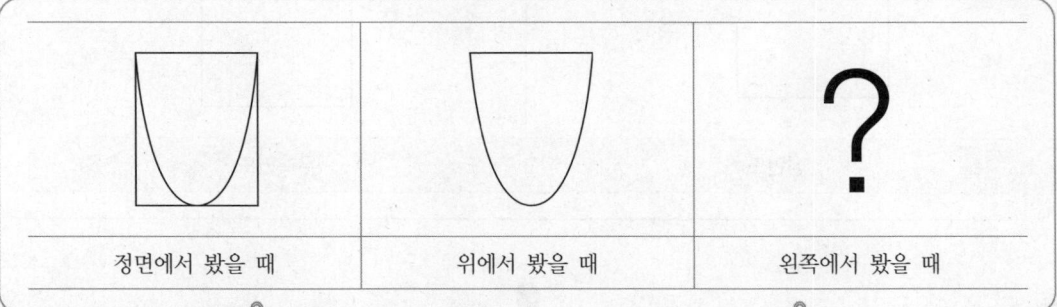

정면에서 봤을 때	위에서 봤을 때	왼쪽에서 봤을 때

풀이방법

2차원 도면에서 3차원 입체도형을 추측할 수 있어야 한다. 보이지 않는 부분을 이미지화하는 것이 중요하다.

1. 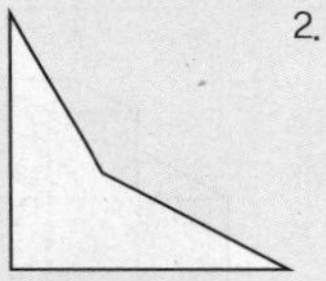 2. 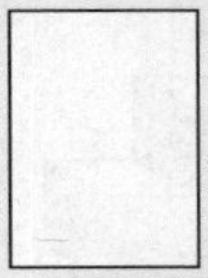 3. 4. 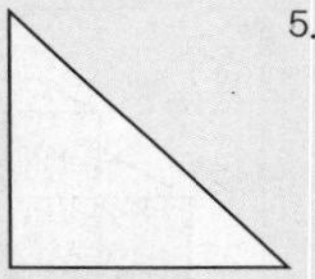 5.

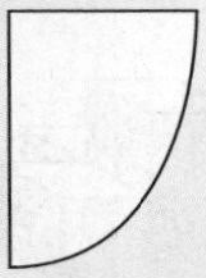

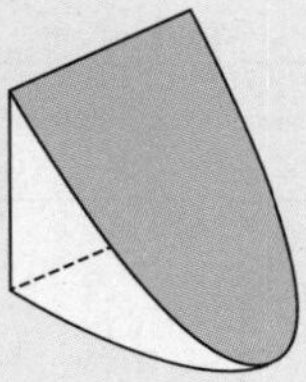

Step 1

투상도를 통해 입체도형을 생각한다. 왼쪽과 같은 입체도형을 생각할 수 있다.

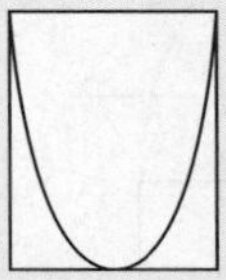

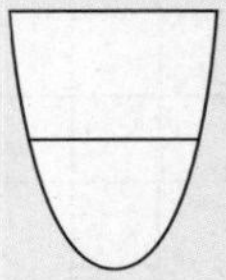

Step 2

선택지를 소거한다.
1번의 경우 정면도와 평면도는 왼쪽과 같이 된다.

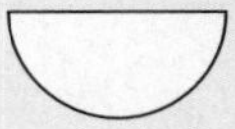

2번, 3번의 경우 정면도, 평면도는 왼쪽과 같이 된다.

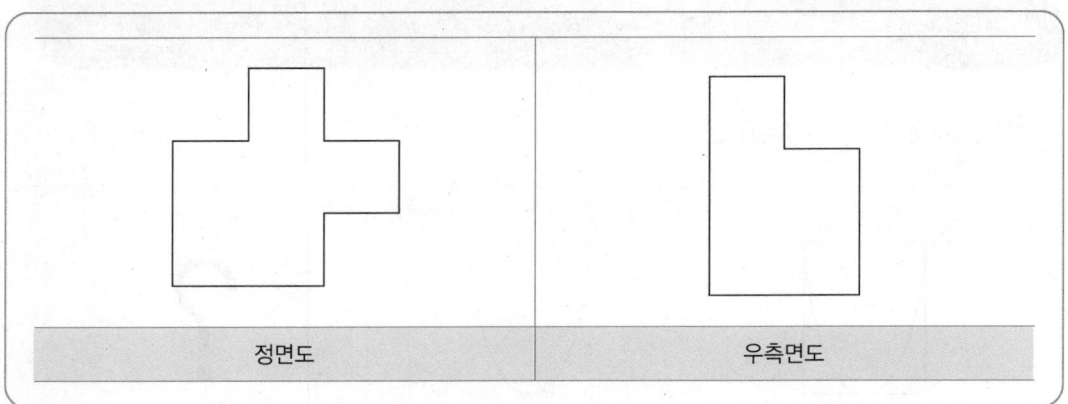

| 정면도 | 우측면도 |

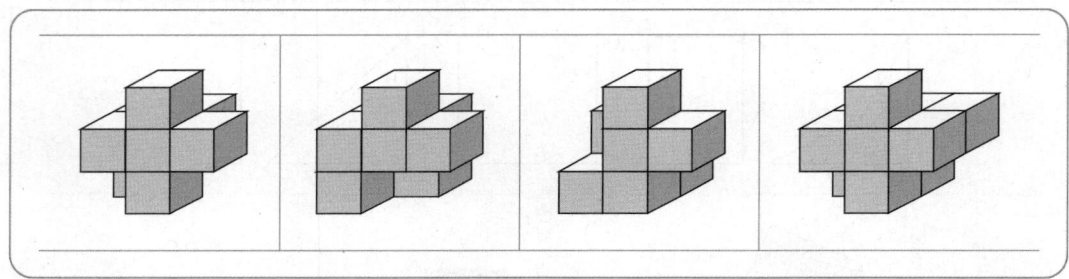

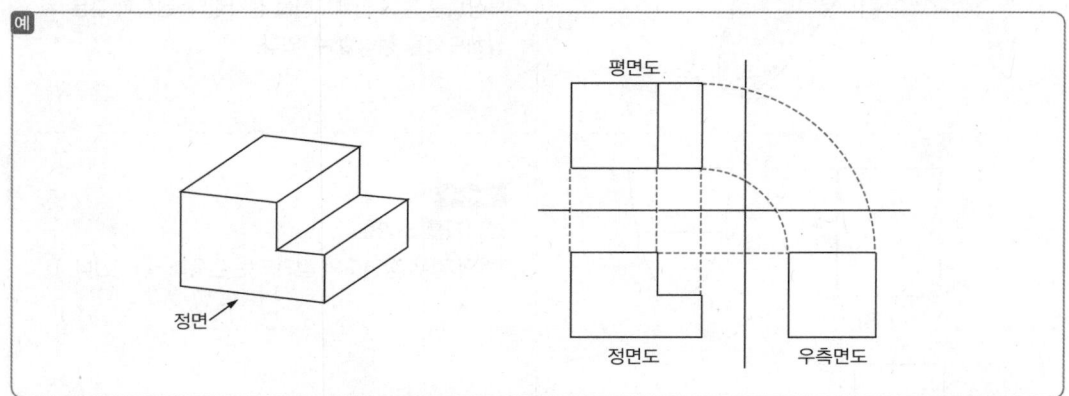

• 절단면 그리기

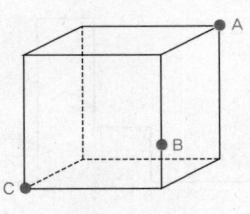

정육면체를 A, B, C 세 점을 통과하여 절단한다.

Step 1

동일 면 위의 두 점은 그대로 잇는다.

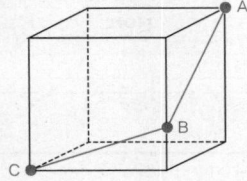

절단선은 같은 면 위에만 들어갈 수 있다(A와 C는 같은 면 위에 있지 않기 때문에, 직접 이을 수 없다).

Step 2

평행한 면에 들어가는 절단선은 평행이 되도록 잇는다.

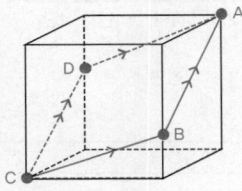

• 투상도를 통해 최소한의 정육면체의 개수 구하기

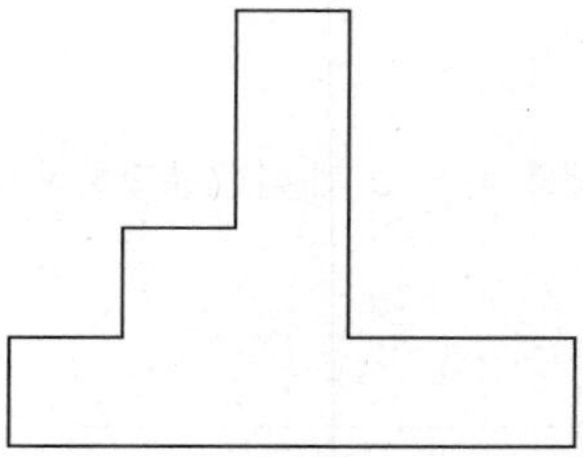

정면도	우측면도

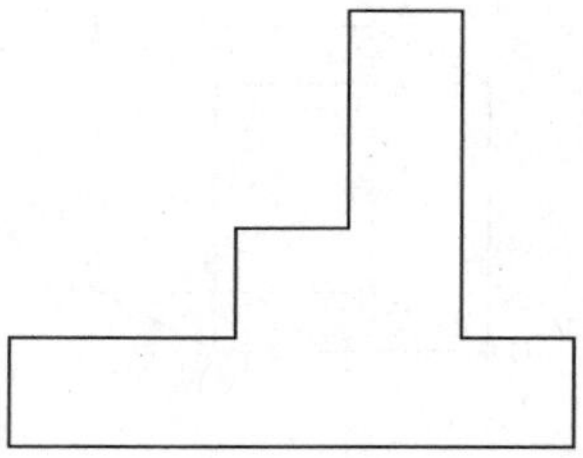

풀이방법

1	1	1	1	1	1단 ①
1	2	4	1	1	4단 ②
1	2	2	1	1	2단 ③
1	1	1	1	1	1단 ④
1	1	1	1	1	1단 ⑤

우측면

1단	2단	4단	1단	1단
1	2	3	4	5

정면

Step 1
정육면체를 최대한 쌓으면 왼쪽 표 안의 숫자가 된다. 3-②가 교차하는 곳에서만 4단이다.

Step 2
2단인 곳은 정면에서도 측면에서도 보이는 2-③이 교차하는 곳이다.

Step 3
정면에서도 측면에서도 1단이 되는 곳을 고른다. 다른 1단인 곳은 정육면체가 없어도 괜찮기 때문에, 4+2+1+1+1=9개이다.

빈출 6 정육면체의 개수

• 수직으로 구멍을 뚫었을 때, 구멍이 뚫리지 않은 정육면체의 개수 구하기

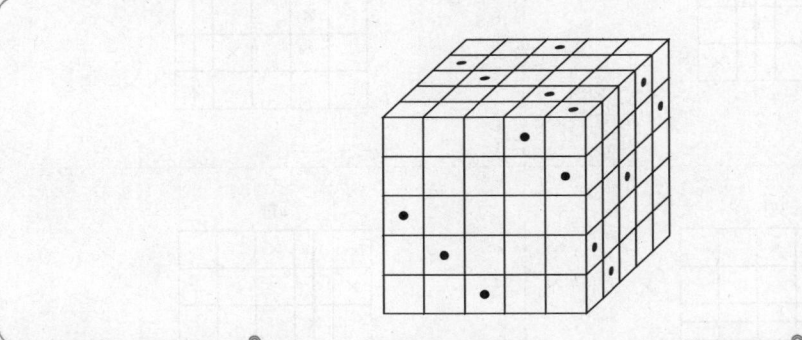

풀이방법

1단 슬라이스 방법을 사용한다.

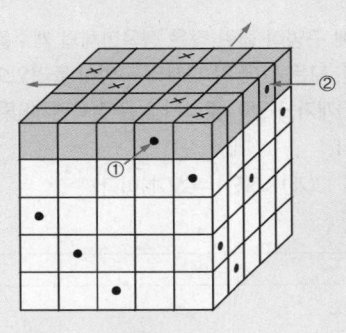

큰 정육면체를 위에서부터 1단씩 5단으로 슬라이
스하여, 각 단마다 위에서 본 평면도에 구멍이 뚫
린 모습을 그린다.
윗면의 5개의 점에서는 바닥까지 구멍이 뚫려 5
단 모두 구멍이 생기기 때문에, 모든 평면도에 X
자를 적어 넣는다.

1단

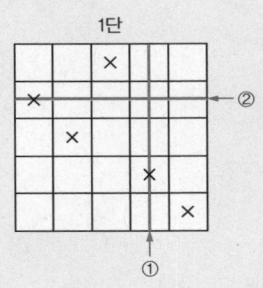

2단

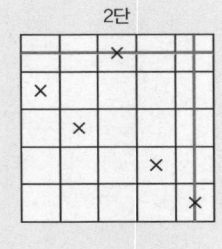

1단

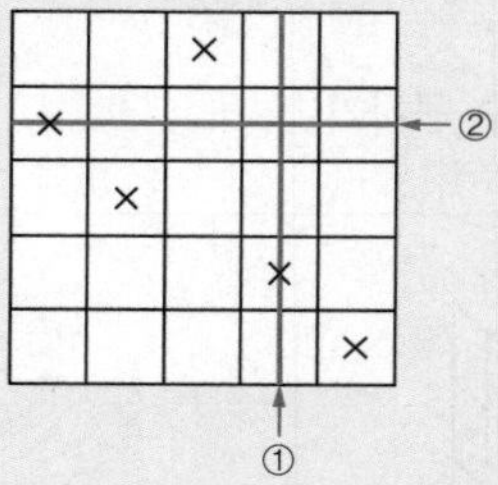

2단

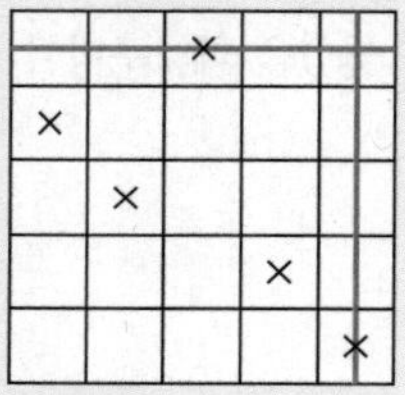

3단

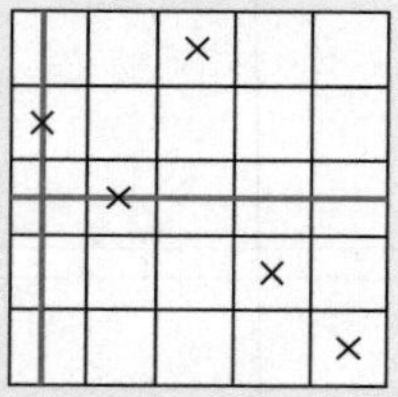

4단

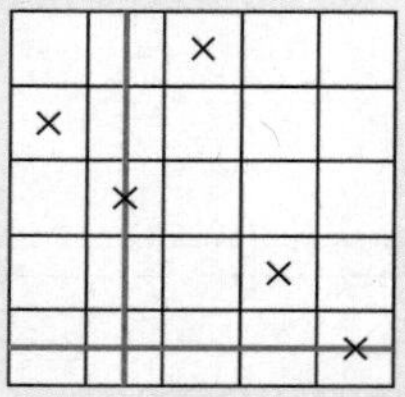

5단

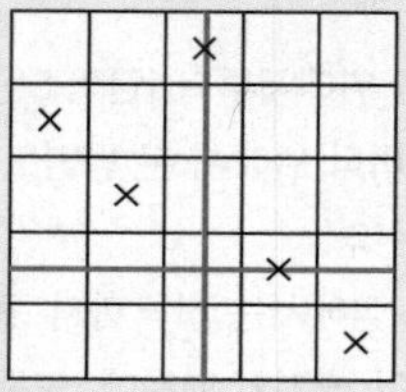

각 단에 구멍이 뚫린 작은 정육면체의 개수를 확인하면, 모든 단에 각 12개의 구멍이 뚫려있으며, 남은 13개가 구멍이 뚫리지 않은 정육면체임을 알 수 있다.

따라서 13(개)×5(단)=65(개)이다.

• 작은 색깔 정육면체가 정육면체의 한 면에서 반대편까지 일직선으로 배열되어 있을 때, 흰 정육면체의 개수 구하기

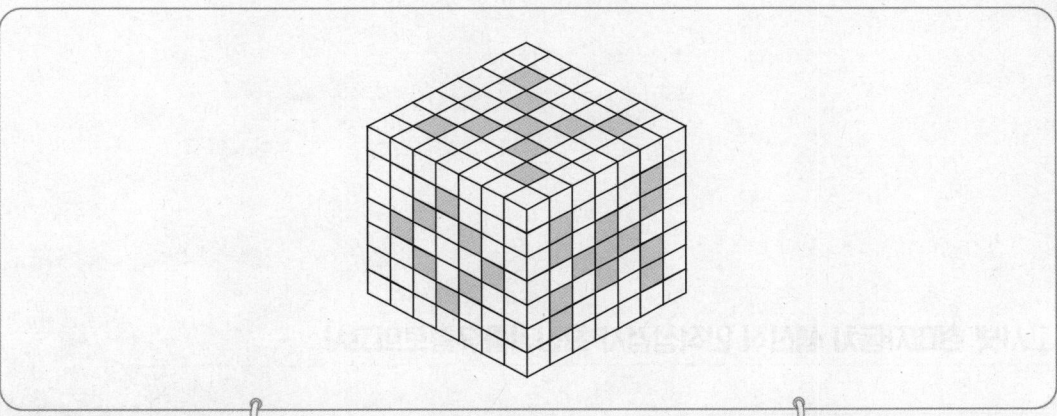

풀이방법

1. 색깔 정육면체가 더 세기 쉬우므로 전체에서 색깔 정육면체의 수만큼 뺀다.
2. 정육면체는 대칭 구조로 뒤집어도 똑같은 모양이기 때문에, 1단과 7단, 2단과 6단, 3단과 5단은 같다. 1단의 작은 색깔 정육면체는 눈에 보이는 9개뿐(7단도 마찬가지)이므로 굳이 평면도를 그리지 않아도 된다.

2단

3단

4단

색깔 정육면체 개수는 9+23+29+29+29+23 +9=151(개)이므로 흰 정육면체의 개수는 343- 151=192(개)이다.

고시넷 현대자동차 생산직 인적성검사 최신기출유형모의고사

출제 영역 · 문항 수 · 시험 시간

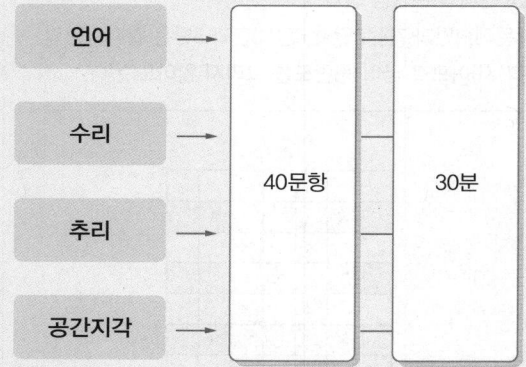

언어 →

수리 →

추리 →   40문항   30분

공간지각 →

파트2 기출유형모의고사

생산직 **1회 기출유형문제**

문항수 | 40문항
시험시간 | 30분

▶ 정답과 해설 2쪽

01. 다음과 같이 지렛대로 물체를 들어 올릴 때 x는 몇 m가 되어야 하는가?

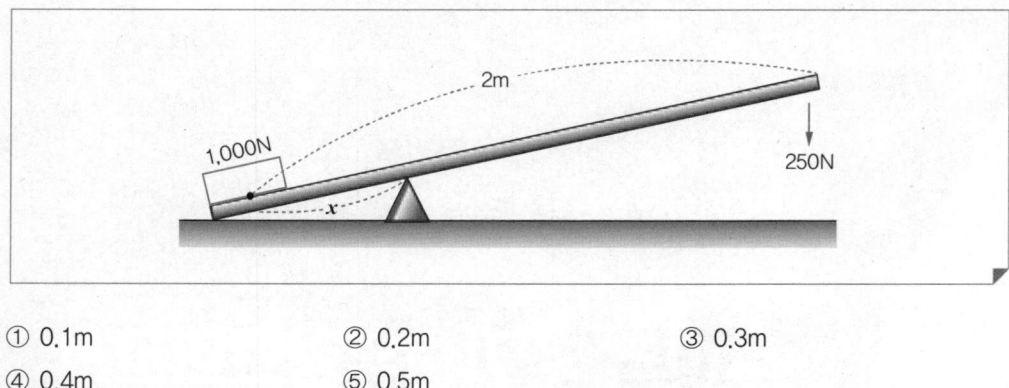

① 0.1m   ② 0.2m   ③ 0.3m
④ 0.4m   ⑤ 0.5m

02. H사 직원 중 일부는 회사에서 제공하는 출퇴근 버스를 이용한다. 오늘 퇴근 버스를 탄 직원들의 정보가 다음과 같을 때, 퇴근 버스를 탄 직원은 총 몇 명인가?

- 첫 번째 정류장에서 $\frac{1}{3}$이 하차했고, 두 번째 정류장에서 남은 직원의 $\frac{1}{4}$이 하차했다.
- 세 번째 정류장에서 남은 직원의 $\frac{1}{2}$가 하차했다.
- 네 번째 정류장에서 남은 직원의 $\frac{2}{3}$이 하차했고, 버스에는 3명이 남았다.

① 24명   ② 36명   ③ 48명
④ 52명   ⑤ 54명

[03 ~ 05] 다음은 같은 크기의 블록을 쌓아 올린 그림이다. 블록의 개수를 구하시오.

03.

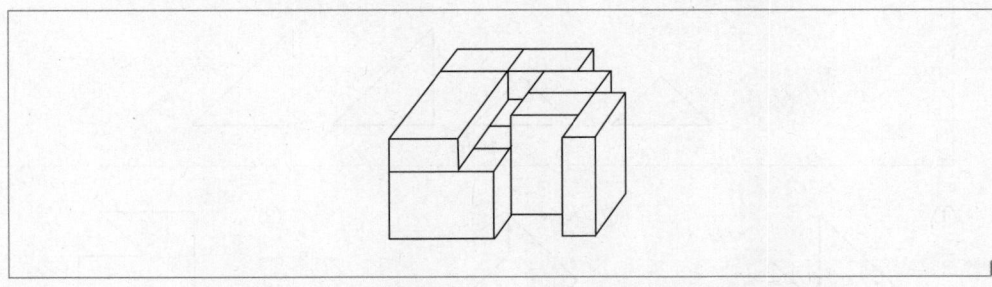

① 8개   ② 9개   ③ 10개
④ 11개   ⑤ 13개

04.

① 11개   ② 12개   ③ 13개
④ 14개   ⑤ 15개

05.

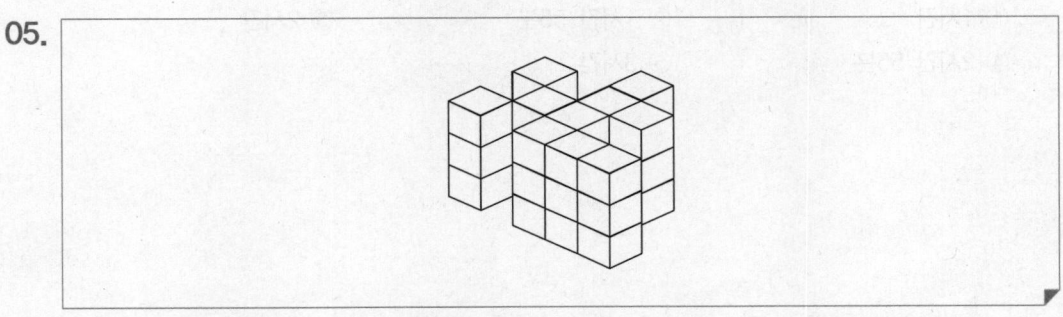

① 28개   ② 29개   ③ 30개
④ 31개   ⑤ 32개

06. 다음 주어진 도형을 한 번씩, 모두 사용하여 만들 수 없는 것을 고르면?

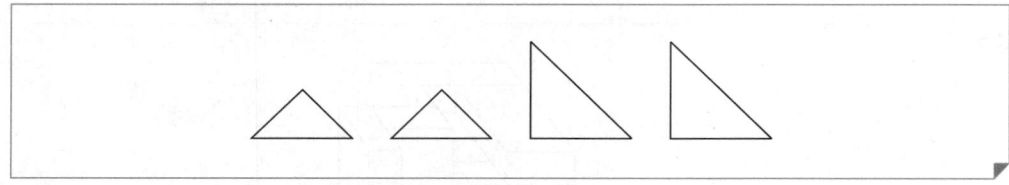

① 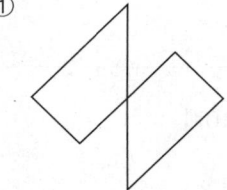 ② 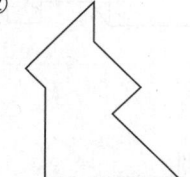 ③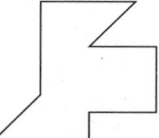

④  ⑤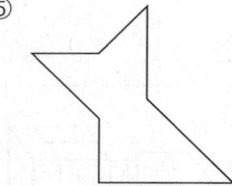

07. 구슬을 전부 꿰는 데 A 혼자서는 5시간, B 혼자서는 7시간이 걸렸다. 둘이 함께 구슬을 꿴다면 걸리는 시간은?

① 1시간   ② 1시간 55분   ③ 2시간
④ 2시간 55분   ⑤ 3시간

08. 제시된 입체도형과 동일한 도형을 고르면?

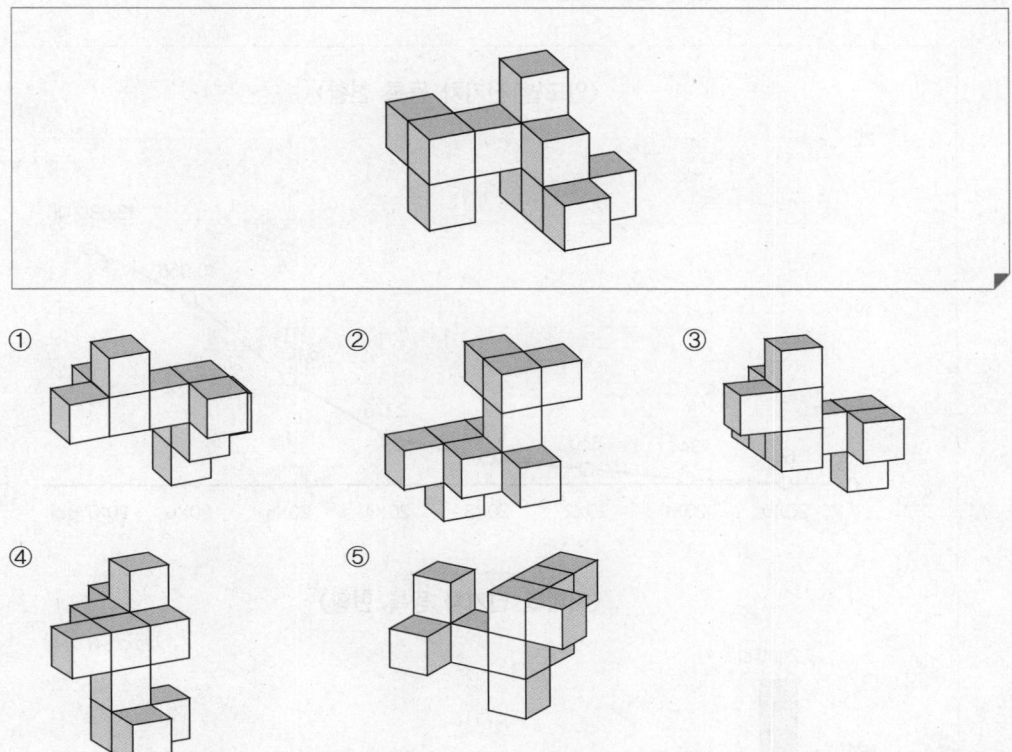

① ② ③

④ ⑤

09. 3km 떨어져 있는 A와 B가 각각 80m/min, 70m/min의 속력으로 서로를 향해 걸어가기 시작했다. 두 사람은 몇 분 후 만나게 되는가?

① 10분 후　　② 15분 후　　③ 20분 후
④ 25분 후　　⑤ 30분 후

10. 다음은 연도별 및 지역별 전기차 등록 추이를 나타낸 그래프이다. 현재가 20X7년 6월이라고 가정했을 때, 다음 중 옳지 않은 것은?

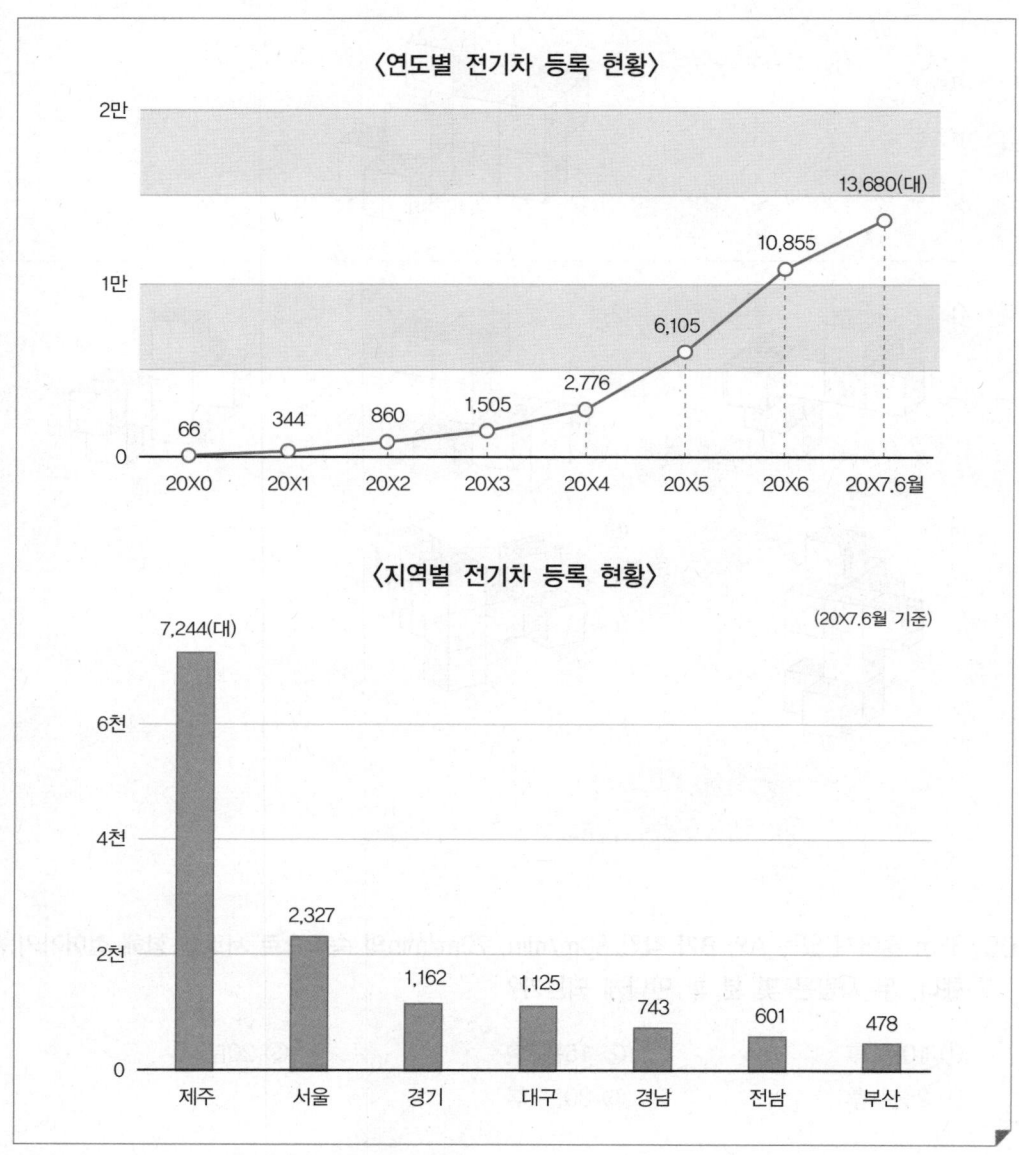

① 경기와 대구의 전기차 등록 수의 합은 서울의 전기차 등록 수보다 적다.

② 대구의 전기차 등록 수는 부산의 전기차 등록 수의 3배보다 적다.

③ 현재 전체 전기차 등록 수 대비 제주의 전기차 등록 수의 비는 50% 이하이다.

④ 현재 전체 전기차 등록 수 대비 대구, 경남, 부산의 전기차 등록 수의 비는 15%보다 높다.

⑤ 현재 제주와 대구의 전기차 등록 수는 6배 이상의 차이가 난다.

11. 어느 기업의 각 연도별 자동차 수출입액을 분기 단위로 산술평균한 자료와 각 연도별 자동차 수출입 대수에 관한 다음 자료를 바르게 이해한 사람은?

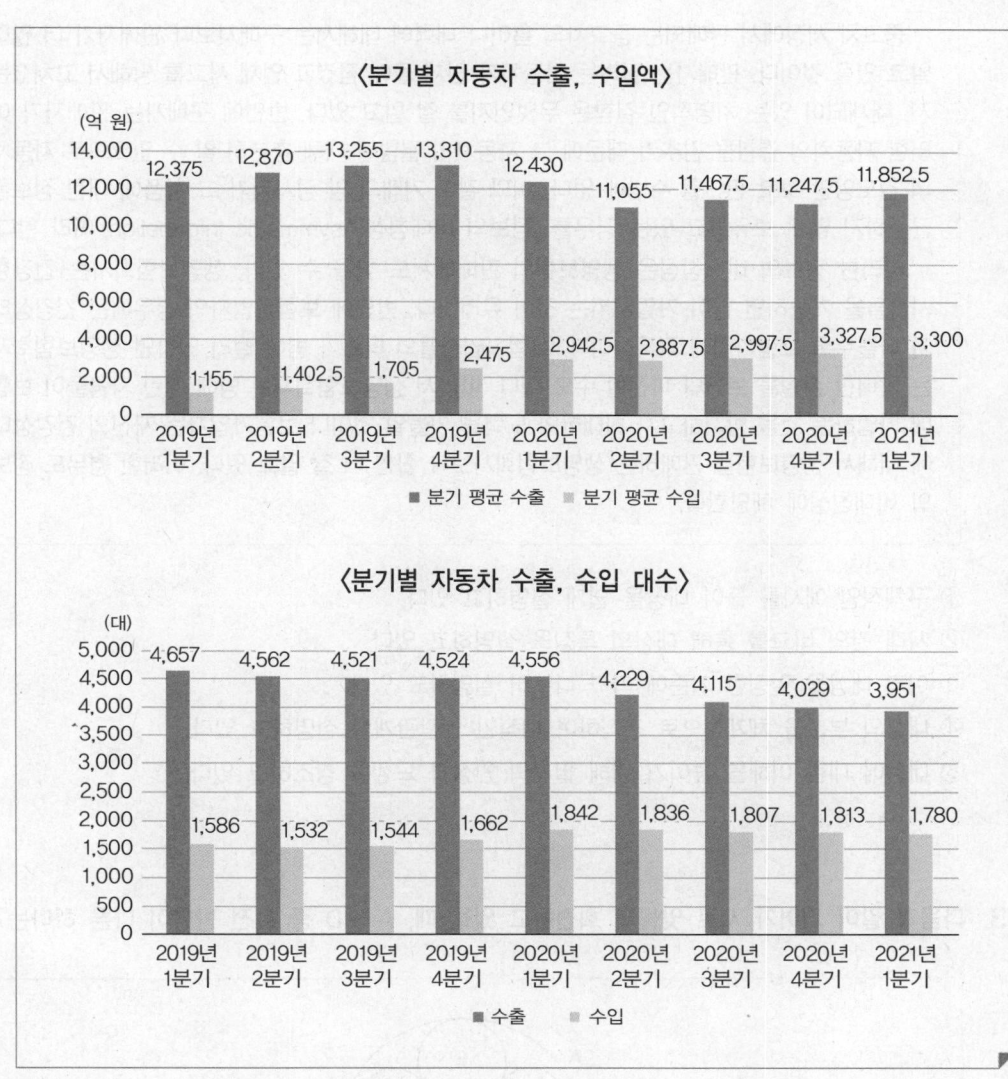

〈분기별 자동차 수출, 수입액〉

〈분기별 자동차 수출, 수입 대수〉

① 대용 : 2020년 하반기 자동차 수출액은 2조 2천억 원 미만이야.

② 민철 : 2019년 4분기 자동차 수출액은 수입액의 5배 이상이야.

③ 재민 : 자료에서 분기별 수출액과 수입액의 차이가 가장 작을 때에도 그 차이가 8천억 원 이상이 유지됐어.

④ 수창 : 자동차 수입 대수와 수출 대수의 차이가 가장 클 때는 자동차의 수출 대수가 수입 대수의 3배를 넘었어.

⑤ 지우 : 2020년 1분기 수입 대수는 2020년 전체 분기의 수입 대수 평균보다 낮아.

12. 다음 글에 사용된 설명 방법에 대한 이해로 적절한 것은?

> 중고차 시장에서 판매되는 중고차의 흠이나 내력에 대해서는 구매자보다 판매자가 더 많이 알고 있을 것이다. 판매자는 팔려는 자동차가 언제 물에 잠겼고 언제 사고를 당해서 고쳐졌는지, 내재되어 있는 치명적인 결함은 무엇인지를 잘 알고 있다. 반면에 구매자는 판매자가 이러한 자동차의 결함을 감추기 때문에 그 자동차의 결함에 대해 충분히 알 수 없으므로 자동차의 겉모양만 보고 판단할 수밖에 없다. 이와 같이 거래의 양 당사자가 그 상품에 대한 정보를 균등하지 않게 보유하고 있는 경우를 '정보의 비대칭성(Asymmetric Information)'이라 한다.
>
> 이러한 정보의 비대칭성은 생명보험의 판매에서도 찾을 수 있다. 생명보험회사는 건강한 사람들을 가능하면 많이 가입시키는 것이 유리하다. 반면에 보험가입자의 경우에는 건강상태가 나쁠수록 보험가입에 적극적이다. 보험가입자들의 다수가 병에 걸려 있다면 생명보험회사는 막대한 손실을 보거나 파산할 수도 있다. 따라서 생명보험회사는 병에 걸린 사람들이 보험에 가입하는 것을 방지하고자 최대한의 노력을 기울일 것이나 보험가입자는 자신의 건강상태에 대해서 생명보험을 판매하는 생명보험회사보다 훨씬 더 잘 알고 있다. 이러한 경우도 정보의 비대칭성에 해당한다.

① 구체적인 예시를 들어 대상을 쉽게 설명하고 있다.
② 사례 간의 비교를 통해 대상의 특징을 설명하고 있다.
③ 여러 대상을 일정한 기준에 따라 나누어 설명하고 있다.
④ 대상의 부분을 체계적으로 조직하여 내적인 연관관계를 설명하고 있다.
⑤ 대상에 대한 이해를 높이기 위해 필자의 인상과 느낌을 강조하고 있다.

13. 다음과 같이 기어가 서로 맞물려 회전하고 있을 때, A ~ D 중 회전 방향이 다른 하나는?

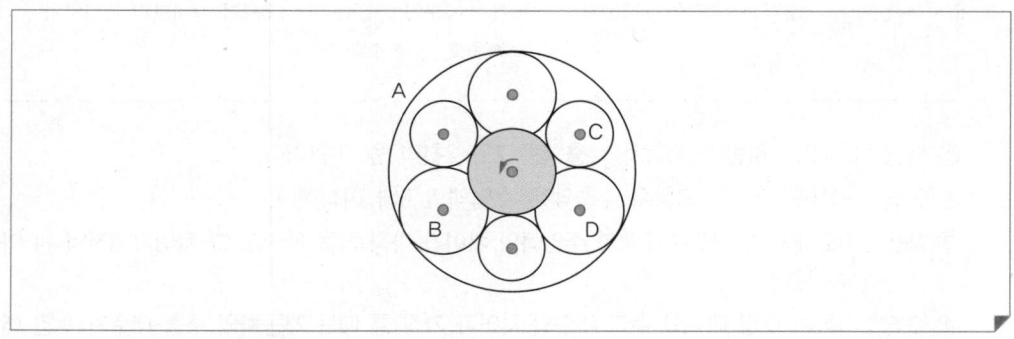

① A   ② B   ③ C
④ D   ⑤ 모두 같다.

14. 한 생산부서에서 각각의 생산 공정을 담당한 직원 4명 중 1명의 작업 실수로 불량이 발생하였다. 다음 중 1명은 거짓말을, 나머지 3명은 진실을 말하고 있다면, 거짓을 말한 직원과 실수를 한 직원을 차례로 나열한 것은?

직원 A는 포장 작업, B는 제품 실행, C는 색칠 작업, D는 원료 분류를 담당하고 있다.

• 직원 A : 포장 작업은 불량의 원인이 아닙니다.
• 직원 B : 원료를 잘못 분류했으니 불량이 나오는 것입니다.
• 직원 C : 색칠 작업에서는 불량이 나올 수가 없습니다.
• 직원 D : 제가 보기엔 포장 작업에서 불량이 나옵니다.

---

① 직원 A, A   ② 직원 B, D   ③ 직원 D, A
④ 직원 D, C   ⑤ 직원 D, D

15. ○○기업은 경쟁사가 해외에 생산기지를 증설 중임을 파악하고 이에 대응하기 위하여 정보를 수집하였다. 〈정보〉의 진위 여부가 확실하지 않다고 할 때, 〈보기〉 중 참인 의견을 제시한 사원을 모두 고르면?

| 정보 |

1. 경쟁사의 해외기지는 최소한 세 개 이상의 국가에서 건설 중이라고 한다.
2. 경쟁사는 중동, 유럽, 아시아, 미주 중 적어도 두 지역에 생산기지를 건설 중이다.
3. 경쟁사는 중동지역 최소 두 국가, 유럽지역 최소 두 국가에서 생산기지를 건설 중이다.

| 보기 |

• 사원 A : 정보 1이 참이라면, 정보 2도 참이다.
• 사원 B : 정보 2가 참이라면, 정보 1도 참이다.
• 사원 C : 정보 3이 참이라면, 정보 1도 참이다.

---

① 사원 A   ② 사원 B   ③ 사원 C
④ 사원 A, B   ⑤ 사원 B, C

‌‌‌‌‌‌‌‌‌‌‌‌‌‌‌‌

16. 다음 도형을 시계 방향으로 90° 회전시켰을 때의 모양으로 옳은 것은?

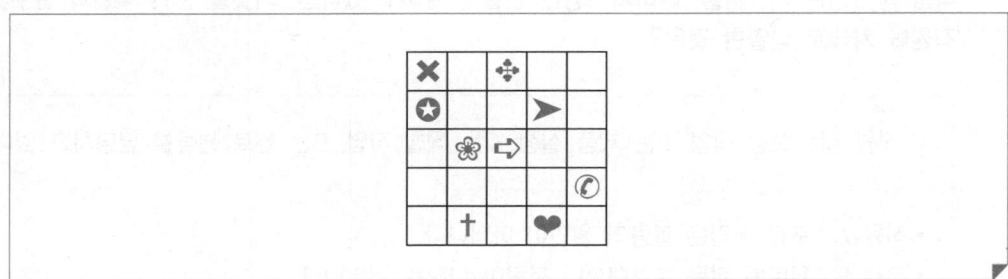

①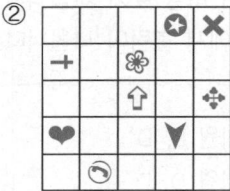

② ③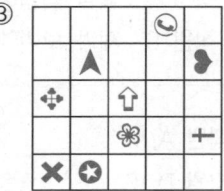

④ 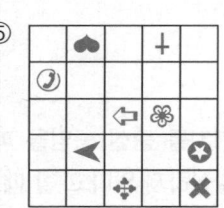 ⑤

17. 다음 그림과 같이 도르래를 장치한 후 무게가 W인 물체에 힘 F를 가하여 당겼다. 무게와 힘의 관계를 바르게 나타낸 것은? (단, 도르래의 무게와 마찰은 무시한다)

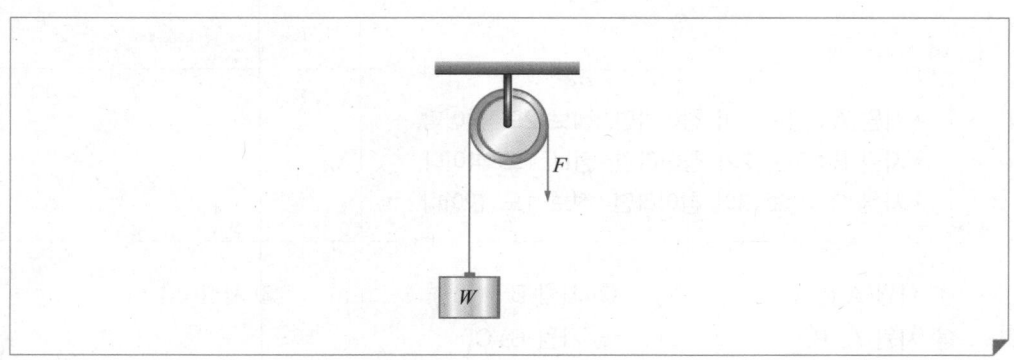

① $W = F$ ② $2W = F$ ③ $W = 2F$
④ $W = 4F$ ⑤ $3W = 4F$

18. 다음 도형을 오른쪽으로 뒤집고, 시계 방향으로 90° 회전 후, 위로 뒤집은 모양은?

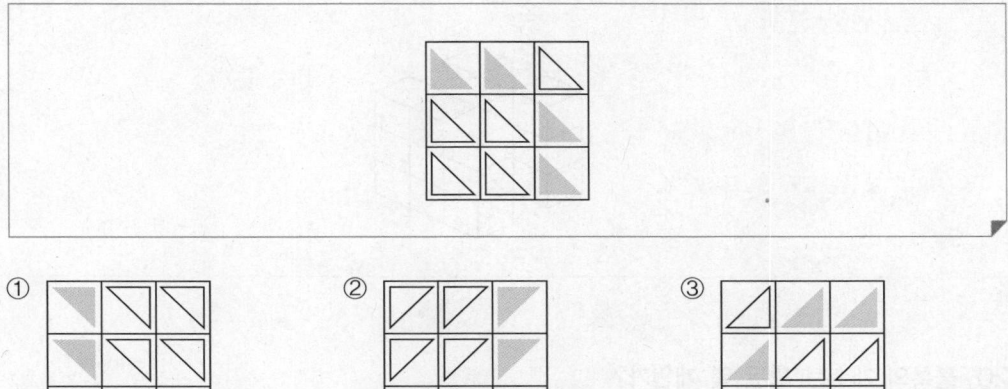

①    ② 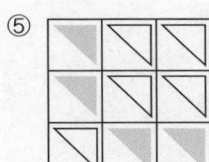   ③

④   ⑤

19. 자재관리를 담당하는 김 부장은 넓이가 300m²인 창고에 다음과 같이 박스를 정리해 두려고 한다. 창고 안에 정리해 둘 수 있는 박스의 최대 수량은 몇 개인가?

- 창고의 가로 길이는 10m, 세로 길이는 30m이다.
- 한 변이 1m인 정사각형 박스 20개, 가로 1m×세로 2m인 직사각형 박스 10개, 한 변이 2m인 정사각형 박스 20개, 가로 2m×세로 3m인 직사각형 박스 25개, 한 변이 4m인 정사각형 박스 10개, 가로 4m×세로 3m인 직사각형 박스 10개가 있다.
- 물품 특성상 박스 위에 다른 박스를 올릴 수는 없으며, 창고의 높이는 고려하지 않는다.
- 박스의 가로와 세로 방향을 바꿔서 둘 수는 없다.
- 넓이 6m²의 공간은 남겨 두어야 한다.

① 77개   ② 78개   ③ 79개
④ 80개   ⑤ 82개

[20 ~ 22] 다음은 같은 크기의 블록을 쌓아 올린 그림이다. 이어지는 질문에 답하시오.

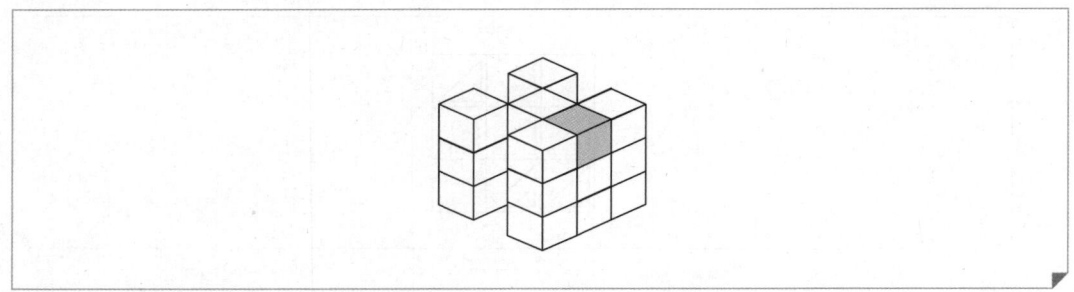

20. 블록의 개수는 모두 몇 개인가?

① 36개   ② 27개   ③ 18개

④ 16개   ⑤ 17개

21. 위 그림을 정육면체로 만들려면 최소 몇 개의 블록이 더 필요한가?

① 3개   ② 6개   ③ 9개

④ 11개   ⑤ 12개

22. 위 그림에서 색칠된 블록에 직접 접촉하고 있는 블록은 모두 몇 개인가?

① 2개   ② 3개   ③ 4개

④ 5개   ⑤ 6개

[23 ~ 25] 각각의 〈보기〉에 제시된 영단어들의 의미에 해당하지 않는 것을 고르시오.

23.

──| 보기 |──

seat, paddle, handle, mirror, front

① 거울   ② 손잡이   ③ 페달

④ 좌석   ⑤ 앞면

24.

──| 보기 |──

claim, drive, faint, grab, asset

① 칠하다   ② 주장하다   ③ 붙잡다

④ 자산   ⑤ 운전하다

25.

──| 보기 |──

charge, standard, shrimp, vinyl, jam

① 기준   ② 비닐   ③ 혼잡

④ 교체   ⑤ 요금

[26 ~ 27] 다음 제시된 규칙에 따라 '?'에 들어갈 도형을 고르시오.

| 규칙 |

∞	가장 안쪽 도형의 모양으로 테두리를 그린다.
☆	가장 바깥 도형을 반시계 방향으로 90° 회전시킨다.
♂	가장 안쪽 도형을 시계 방향으로 90° 회전시킨다.
◇	가장 안쪽 도형을 180° 회전시킨다.

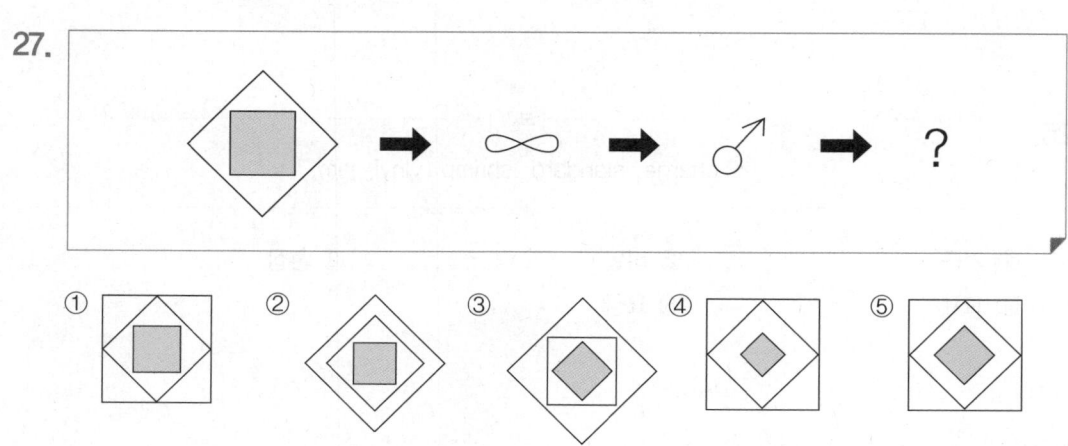

26.

27.

28. 여러 콘덴서를 연결한 전하를 축적하는 합성 정전용량(C)는 아래와 같이 구할 수 있을 때, 〈보기〉에 제시된 회로에 있는 콘덴서의 합성 정전용량은?

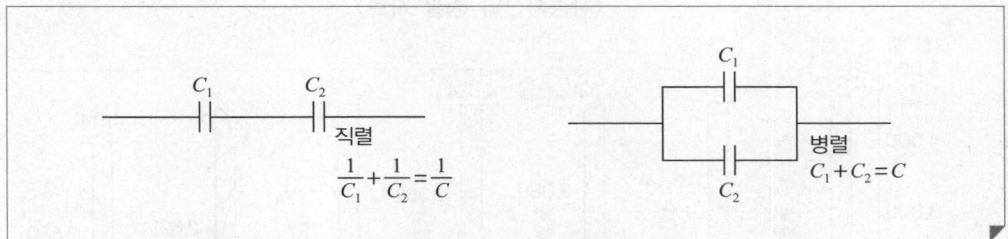

$$\frac{1}{C_1}+\frac{1}{C_2}=\frac{1}{C} \qquad 직렬$$

$$C_1 + C_2 = C \qquad 병렬$$

| 보기 |

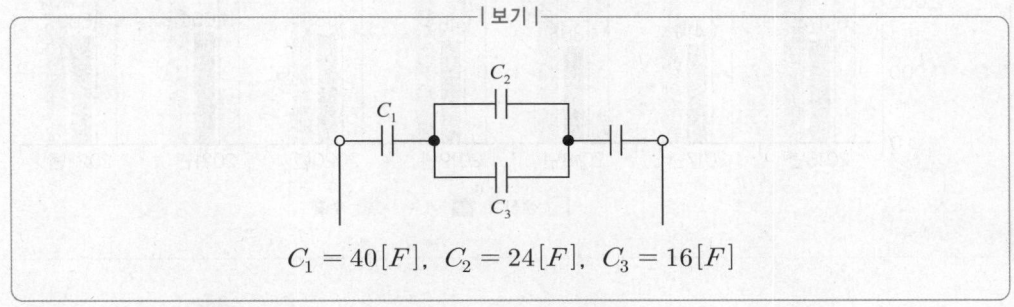

$$C_1 = 40[F], \ C_2 = 24[F], \ C_3 = 16[F]$$

① 10[F] ② 16.8[F] ③ 18.9[F]
④ 20[F] ⑤ 25[F]

29. 다음 명제에서 밑줄 친 (A)에 들어갈 명제로 알맞은 것은?

- 비행기 티켓을 예매하면 여행가방을 경품으로 받을 것이다.
- 태국으로 여행을 가면 연예인을 만날 수 있을 것이다.
- _____(A)_____
- 그러므로 연예인을 만날 수 없다면 비행기 티켓을 예매하지 않을 것이다.

① 비행기 티켓을 예매하면 태국으로 여행을 가지 않을 것이다.
② 연예인을 만나면 여행가방을 경품으로 받지 않을 것이다.
③ 태국으로 여행을 가지 않는다면 여행가방을 경품으로 받지 않을 것이다.
④ 비행기 티켓을 예매하지 않으면 연예인을 만날 것이다.
⑤ 태국으로 여행을 가지 않는다면 연예인을 만날 수 없을 것이다.

[30 ~ 31] 다음 자료를 보고 이어지는 질문에 답하시오.

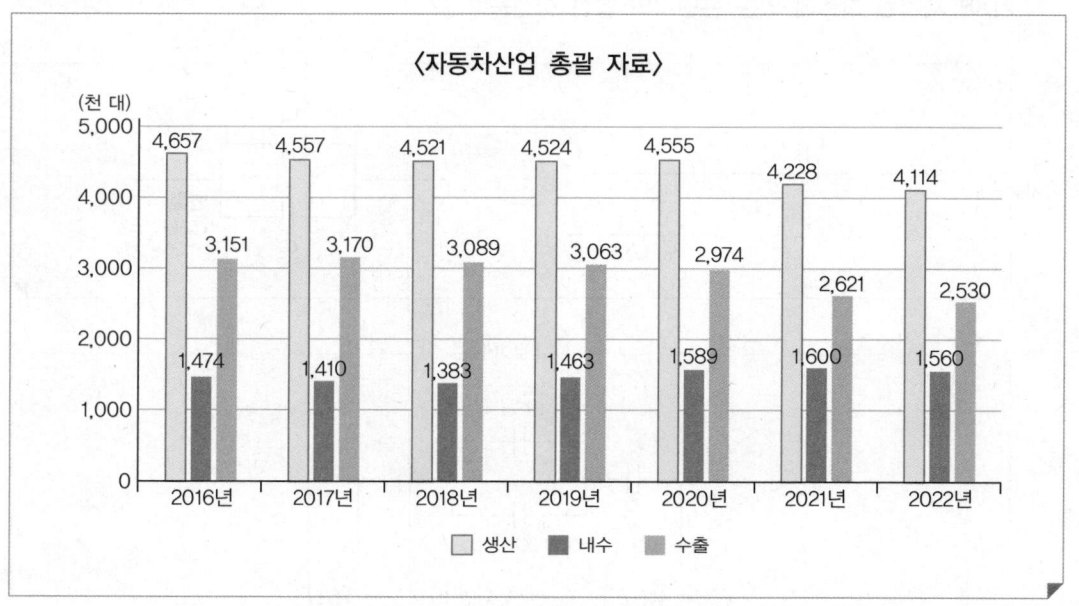

〈자동차산업 총괄 자료〉

30. 위의 자료에 대한 설명으로 옳지 않은 것은?

① 매년 내수보다 수출이 더 많다.

② 매년 자동차 생산량은 400만 대를 상회한다.

③ 2022년 자동차 생산량은 수출량의 1.7배 이상이다.

④ 자동차의 수출량은 2017년부터 지속적으로 감소하고 있다.

⑤ 생산량이 가장 많은 해와 적은 해의 생산량 차이는 50만 대 이상이다.

31. 2017 ~ 2022년 중 전년 대비 생산, 내수, 수출의 증감세가 같은 해는 몇 개인가?

① 2개   ② 3개   ③ 4개

④ 5개   ⑤ 6개

32. 다음 전제가 모두 참일 때, 참인 결론은?

[전제] • 미국의 물가는 스위스보다 비싸다.
• 홍콩의 물가는 프랑스보다 싸다.
• 프랑스의 물가는 미국보다 비싸다.

[결론] • _____

① 스위스의 물가는 프랑스보다 싸다.
② 홍콩의 물가는 스위스보다 비싸다.
③ 홍콩의 물가는 미국보다 싸다.
④ 미국과 홍콩의 물가는 같다.
⑤ 프랑스의 물가는 홍콩보다 싸다.

33. 다음 〈조건〉을 바탕으로 추론할 때 항상 참인 것은?

| 조건 |

• 경영지원팀과 총무팀은 다른 층을 사용한다.
• 개발팀은 총무팀과 다른 층을 사용한다.
• 회계팀은 다른 세 팀과 다른 층을 사용한다.

① 회계팀과 경영지원팀은 같은 층을 사용한다.
② 경영지원팀은 회계팀과 다른 층을 사용한다.
③ 개발팀은 경영지원팀과 같은 층을 사용한다.
④ 총무팀은 회계팀과 같은 층을 사용한다.
⑤ 사용하는 층은 총 4층이다.

www.gosinet.co.kr gosinet

1회 기출유형문제 **95**

34. 다음 글의 ㉠ ~ ㉤ 중 〈보기〉가 들어가기에 적절한 곳은?

(㉠) 어떤 물체가 물이나 공기와 같은 유체 속에서 자유 낙하할 때 물체에는 중력, 부력, 항력이 작용한다. 중력은 물체의 질량에 중력 가속도를 곱한 값으로 물체가 낙하하는 동안 일정하다. 부력은 어떤 물체에 의해서 배제된 부피만큼의 유체의 무게에 해당하는 힘으로, 항상 중력의 반대 방향으로 작용한다.

(㉡) 빗방울에 작용하는 부력의 크기는 빗방울의 부피에 해당하는 공기의 무게이다.

공기의 밀도는 물의 밀도의 1,000분의 1 수준이므로, 빗방울이 공기 중에서 떨어질 때 부력이 빗방울의 낙하 운동에 영향을 주는 정도는 미미하다. 그러나 스티로폼 입자와 같이 밀도가 매우 작은 물체가 낙하할 경우에는 부력이 물체의 낙하 속도에 큰 영향을 미친다.

(㉢) 물체가 유체 내에 정지해 있을 때와는 달리 유체 속에서 운동하는 경우에는 물체의 운동에 저항하는 힘인 항력이 발생하는데, 이 힘은 물체의 운동 방향과 반대로 작용한다. 항력은 유체 속에서 운동하는 물체의 속도가 커질수록 이에 상응하여 커진다. 항력은 마찰 항력과 압력 항력의 합이다.

(㉣) 안개비의 빗방울이나 미세 먼지와 같이 작은 물체가 낙하하는 경우에는 물체의 전후방에 생기는 압력 차가 매우 작아 마찰 항력이 전체 항력의 대부분을 차지한다. 빗방울의 크기가 커지면 전체 항력 중 압력 항력이 차지하는 비율이 점점 커진다. 반면 스카이다이버와 같이 큰 물체가 빠른 속도로 떨어질 때에는 물체의 전후방에 생기는 압력 차에 의한 압력 항력이 매우 크므로 마찰 항력이 전체 항력에 기여하는 비중은 무시할 만하다. (㉤)

| 보기 |

마찰 항력은 유체의 점성 때문에 물체의 표면에 가해지는 항력으로, 유체의 점성이 크거나 물체의 표면적이 클수록 커진다. 압력 항력은 물체가 이동할 때 물체의 전후방에 생기는 압력 차에 의해 생기는 항력으로, 물체의 운동 방향에서 바라본 물체의 단면적이 클수록 커진다.

① ㉠   ② ㉡   ③ ㉢

④ ㉣   ⑤ ㉤

35. 다음 글을 읽고 추론한 내용으로 적절하지 않은 것은?

> 도금은 물질이 닳거나 부식되지 않도록 보호하기 위해 혹은 물질의 표면 상태를 개선하기 위해 금속 표면에 다른 물질로 얇은 층을 만들어 덮어씌우는 일을 말한다. 오늘날 도금은 일반적으로 전기 도금을 가리키는데, 전기 도금은 전기 분해의 원리를 이용하여 한 금속을 다른 금속 위에 덧씌우는 도금 방법을 의미한다. 일반적으로 금이나 은, 구리, 니켈 등을 사용하는데, 다른 도금 방법들에 비해 내구성이 뛰어나다는 장점이 있어서 다양한 분야에서 필수적으로 여겨지는 가공 기술이다.
>
> 전기 도금 중, 구리 도금을 하는 방법은 우선 도금할 물체를 음극에 연결하고 양극에는 구리를 매단다. 그리고 전해액으로 구리의 이온이 포함된 용액을 사용한다. 두 전극을 전해질 용액에 담고 전류를 흘려주면 양극에 있는 구리가 산화되어 이온이 발생하며, 음극에서는 이온이 구리로 환원되어 도금이 된다.
>
> 최근에는 플라스틱을 이용한 도금 기술이 많이 사용되고 있다. 분사 스프레이로 플라스틱을 분사해 금속 표면에 색을 입히는 것이다. 이 방법은 고가의 설비 없이 다양한 색상과 질감 효과를 줄 수 있어 경제적이지만, 공정 시 사용되는 재료가 인체에 상당히 해로운 영향을 미친다는 단점이 있다.

① 전기 도금을 하면 그 특성 덕분에 다른 도금 방법들보다 칠이 쉽게 벗겨지지 않는다.
② 숟가락을 은이나 니켈로 도금하기 위해서는 두 과정 모두 음극에 숟가락을 연결해야만 한다.
③ 금속이 산화되면 이온이 발생하게 된다.
④ 금속으로 플라스틱을 도금하는 과정은 다른 도금 방법들과 비교하여 인체에 더 유해하다.
⑤ 니켈 도금을 하려면 니켈의 이온이 포함된 전해액이 필요하다.

36. 3m 길이의 끈을 모두 사용하여 직사각형을 만들려고 한다. 직사각형의 가로 길이가 세로 길이의 2배라면 이 직사각형의 넓이는?

① 0.5m² ② 0.8m² ③ 1.2m²
④ 1.5m² ⑤ 2m²

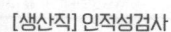
37. 김 과장은 4일에 한 번씩, 박 과장은 6일에 한 번씩 공장을 다녀온다. 20X1년 11월 1일 수요일에 김 과장과 박 과장이 함께 공장에 갔다면, 다음에 또 수요일에 함께 공장에 가는 날은 며칠 후인가?

① 12일 후   ② 24일 후   ③ 48일 후

④ 84일 후   ⑤ 90일 후

38. C 자동차에 들어가는 부품을 생산하는 공장으로 A 공장과 B 공장이 있다. 이들의 제품 생산량 비율은 3 : 7이며, A 공장의 제품 불량률은 2%이고 B 공장의 제품 불량률은 3%이다. 두 공장에서 나온 부품들 중 하나를 임의로 선택했을 때 그것이 불량품이었다면, B 공장의 불량품일 확률은?

① $\dfrac{7}{9}$ ② $\dfrac{7}{12}$ ③ $\dfrac{13}{27}$

④ $\dfrac{13}{38}$ ⑤ $\dfrac{17}{40}$

39. 사내식당 배식대 앞에서 A ~ F가 〈조건〉에 따라 한 줄로 서 있을 때, 다음 중 옳지 않은 것은?

――― | 조건 | ―――

- A는 맨 뒤에서 두 번째에 서 있다.
- C와 D는 앞뒤로 붙어서 서 있다.
- B, E는 한 사람을 사이에 두고 서 있다.
- F는 맨 앞이나 맨 뒤에 설 수 없다.

① A와 F는 항상 한 사람을 사이에 두고 서 있다.

② F의 위치는 항상 같다.

③ B는 항상 A의 앞 또는 뒤이다.

④ C가 맨 앞에 오면 E가 맨 뒤이다.

⑤ 맨 뒤는 B 혹은 E이다.

40. 다음 글을 읽고 추론할 수 없는 것을 〈보기〉에서 모두 고르면?

배기가스는 내연기관이 배출하는 기체를 말한다. 내연기관은 밀폐된 실린더 속에 연료와 공기의 혼합기를 가두고 압축·점화하여 연료 속의 탄소를 급속히 연소시키고, 연소 후 생성되는 가스는 외부로 배출한다. 이때 외부로 버려지는 기체가 바로 배기가스이다. 배기가스는 대기를 오염시키고 인체에 해로운 성분이 포함되어 있기 때문에 환경 문제의 중요한 키워드로 대두되고 있다.

UN 유럽경제위원회는 배기가스 시험방식을 강화한 국제표준배출가스시험방식(WLTP)을 도입하기로 결정했다. 이는 유럽에서 실시하고 있는 유럽연비측정방식(NEDC)보다 조건을 까다롭게 설정하여 배기가스를 측정한다. 제조사가 자동차를 최적의 상태에서 검사할 수 있도록 허용하고 있어, 배출량 검사에 결점이 있다는 비판을 받아온 기존의 NEDC를 보완한 방법이다. WLTP를 적용하면 NEDC 기준 테스트 주행거리는 11km에서 23.26km로, 주행시간은 1,180초에서 1,800초로 늘어나고, 평균 속도는 33.6km/h에서 46.5km/h로, 최고속도는 120km/h에서 131.3km/h로 높아진다. 주행거리가 늘어나고 속도가 빨라지면 엔진 온도가 올라가 배출가스가 더 많이 나오는 것이 당연하지만, 배기가스 허용 기준은 질소산화물(NO_x) 배출량을 km당 0.08g에 맞춰야 하는 것으로 기존 측정방식과 같다.

한국은 2017년 9월부터 NEDC로 해 오던 디젤차 배출가스 측정방식을 WLTP로 바꾸었다. 이에 2017년 9월부터 이미 인증을 받고 판매 중인 차량도 새 기준에 따라 다시 인증을 받아야 했으며, 인증을 받지 못할 경우 판매가 중단되었다. 그러나 한국이 2017년 9월부터 이 방식을 도입한 것에 반해 일본은 도입 시점을 3년 후로 연기했고 미국은 아예 도입하지 않기로 했다. 심지어 유럽도 이미 판매한 차량은 2019년 9월까지 판매할 수 있도록 허용했지만, 한국 개정안은 2018년 9월까지만 판매를 허용하고 있어 논란이 일고 있다.

──────────| 보기 |──────────

㉠ 각 나라마다 배기가스를 측정하는 방식에 차이가 있다.
㉡ 같은 차량이더라도 NEDC보다 WLTP로 측정할 때 허용이 더 수월하다.
㉢ 내연기관에서 연료 속의 탄소를 연소시키면 질소산화물이 생성된다.
㉣ WLTP가 도입되기 직전 출시된 차량이더라도 WLTP의 인증을 받지 못하면 바로 판매를 중단해야 한다.

① ㉠, ㉡   ② ㉡, ㉣   ③ ㉢, ㉣
④ ㉠, ㉡, ㉣   ⑤ ㉡, ㉢, ㉣

생산직 **2회 기출유형문제**

01. 다음 글에서 ⊙을 설명하는 방법으로 적절하지 않은 것은?

> ⊙모터라이제이션(Motorization)은 자동차가 급속하게 대중에게 보급되면서 시장에서 생활필수품이 되는 현상을 말한다. 자동차를 대량으로 생산하기 위해 포드 시스템을 도입한 이래로 자동차의 생산량은 폭발적으로 늘어나게 되었고, 이에 따라 자동차 가격이 낮아지고 수요도 늘어나게 되었다. 헨리 포드가 T형 포드를 창안한 것을 시작으로 1가구 1차량의 시대가 도래한 것이다.
>
> 자동차의 보급으로 여가를 보내는 형태가 크게 달라졌으며 사람들이 누리는 편의의 범위도 확대되었다. 모터라이제이션은 이동시간의 한계를 없애고 개개인의 활동 반경을 넓혀 사람들이 더 큰 자유를 만끽할 수 있게 해 주었다. 국토교통부에 따르면 우리나라는 인구 2.2명당 자동차 1대를 보유하고 있으며 1인 가구의 증가와 세컨드카 수요 등으로 완만한 증가세가 유지될 것으로 보고 있다.
>
> 최근에는 환경파괴의 위험과 탄소저감대책이 화두로 떠오르면서 전기차와 수소차 같은 친환경차의 보급이 추진되는 중이다. 친환경 자동차란 대기오염 물질을 적게 배출하면서도 에너지 효율이 높은 차량을 말한다. 천연가스 또는 재생에너지 발전 전력을 사용하는 전기차의 경우 미세먼지 감축 효과를 극대화할 수 있고 수소차 역시 재생에너지를 통해 수소를 생산할 경우 같은 효과를 기대할 수 있다. 또한 친환경차는 인체 위해성이 매우 높은 자동차 배출가스를 저감시키므로 건강피해 예방 효과도 뛰어나다. 국제적으로도 자동차에서 발생하는 오염물질 감축을 위해 내연기관차 퇴출을 선언하는 등 친환경차 보급 확대를 위한 움직임이 나타나고 있다.
>
> 모터라이제이션의 개념은 자동차의 대중화, 생활반경의 확대에 이어 친환경차의 보급 확대로까지 이어져 변화하고 있다. 현재 한국의 친환경 자동차 보급 수준은 선진국에 비해 현저히 낮은 편이지만 보조금 지원과 각종 인센티브 제도를 통한 정부의 적극적인 노력이 이어지고 있다. 향후 배터리 성능 향상과 다양한 저가형 자동차 양산, 관련 산업 육성, 법과 제도의 정비, 충전소와 같은 인프라 확충 등이 이루어진다면 친환경 자동차 시장은 더 빠른 속도로 성장할 것으로 전망된다.

① ⊙의 정의를 말하고 개념이 등장하게 된 배경을 설명하고 있다.
② ⊙의 장점에 대해 설명하고 있다.
③ 전문가의 말을 인용하여 ⊙과 상반된 의미를 지닌 개념을 소개하고 있다.
④ 객관적인 사실을 통해 ⊙에 대한 신뢰할 만한 정보를 제공하고 있다.
⑤ ⊙의 개념이 변화해 온 모습을 보여 주며 미래를 예측하고 있다.

02. 다음 두 그림에서 다른 부분은 모두 몇 개인가?

① 6개   ② 7개   ③ 8개
④ 9개   ⑤ 10개

03. 진영이와 성은이가 함께 만두를 빚기로 하였다. 진영이는 한 시간에 만두 20개를 빚을 수 있고, 성은이는 한 시간에 15개를 빚을 수 있다고 할 때 만두 210개를 함께 빚는 데 걸리는 시간은?

① 2시간   ② 4시간   ③ 6시간
④ 7시간   ⑤ 8시간

04. 지레의 왼쪽 끝에 무게가 300N인 물체 F_1 을 올려 놓고, 오른쪽 끝에 힘 F_2 를 가하자 지레가 수평을 이루었다. 지레의 받침점으로부터 물체 F_1 의 무게 중심, 힘 F_2 의 작용점 사이의 거리는 각각 40cm, 80cm이다. 힘 F_2 의 크기는 얼마인가? (단, 물체의 크기와 지레의 무게는 무시한다)

① 50N   ② 100N   ③ 150N
④ 200N   ⑤ 300N

05. 다음 크럼플존에 대한 글과 〈보기〉를 바탕으로 추론한 내용이 적절하지 않은 것은?

1950년대까지만 해도 사람들은 자동차가 튼튼해야 안전하다고 믿었습니다. 그러나 메르세데스 벤츠의 엔지니어였던 벨라 바레니가 충돌은 흡수할수록 운전자와 승객이 안전해진다고 주장하면서 '크럼플존(Crumple Zone)' 이론이 등장하게 됩니다.

바레니는 1954년 실제 자동차 충돌 실험을 통해 크럼플존의 효과를 입증합니다. 이후 자동차의 앞과 뒤는 충격을 잘 흡수하도록 만들고, 운전자와 승객이 탑승하는 가운데 부분은 단단하게 제작하는 설계법이 일반화됩니다. 바레니는 크럼플존 개념의 도입 외에도 접이식 스티어링 칼럼, 탈부착식 하드탑 등 2,000여개가 넘는 자동차 관련 특허를 보유해 에디슨을 능가하는 천재라고도 불립니다.

세단형 자동차를 예로 들면, 보닛과 앞타이어 부분, 뒷 트렁크와 뒷 타이어 부분은 크럼플존에 해당하고, 운전석과 뒷좌석이 위치한 가운데 부분은 '패신저셀(Passenger Cell, 세이프티존)'이라고 할 수 있습니다. 크럼플존이란, 구겨지다는 뜻의 단어 그대로 외부에서 일정한 충격이 가해졌을 때 탑승자에게 전해지는 충격을 줄이기 위해 충돌시간을 늘려 주는 역할을 하는 구역입니다. 크럼플존이 구겨지며 시간을 버는 만큼 탑승자에게 전해지는 충격이 줄어들게 됩니다. 반면, 세이프티존(패신저셀)은 어떤 경우에도 구겨지거나 찌그러져서는 안 되는 구역입니다. 그래서 자동차 제조사들은 크럼플존과 세이프티존에는 서로 다른 소재를 사용합니다. 어느 부분에는 구겨지는 알루미늄을 사용했고, 어느 부분에는 매우 단단한 초고장력강판을 사용했다는 등의 광고를 하는 것도 이 때문입니다.

크럼플존과 세이프티존 사이에는 '필러(Pillar)'가 기둥 역할을 합니다. 필러는 세단을 기준으로 A, B, C 세 종류가 있는데 보통 앞 크럼플존과 세이프티존 사이의 기둥을 A 필러, 중간을 B 필러, 뒷 크럼플존과 세이프티존 사이의 C 필러로 구분합니다. 차체 전면의 양 유리 옆에 있는 기둥인 A 필러는 전방 충돌 때 크럼플존이 일정 영역 이상으로 찌그러지는 것을 막고 차량 내부로 밀려드는 대시보드나 타이어 휠 등이 운전자를 덮치지 않도록 보호하는 역할을 합니다. B 필러는 측면에서 오는 충격과 전복 사고로부터 탑승자를 보호합니다. C 필러는 차 뒷부분에서 트렁크와 천장을 이어 주는 기둥으로 후방 충격을 탑승자들에게 최소화시켜 주는 기능을 합니다.

그런데 우리나라에서 충돌 때 찌그러지는 것이 탑승자를 안전하게 하기 위한 자동차 설계라는 개념을 인식하게 된 지는 얼마 되지 않았습니다. 독일의 자동차 회사는 1950년대 중반부터 크럼플존을 설계에 반영하였지만, 자동차 구경도 쉽지 않았던 우리 상황에서는 크럼플존보다 생산기술 습득이 우선이었습니다. 당연히 크럼플존과 세이프티존의 중요성은 뒷전이었고, 이론적으로 알고 있었더라도 기술적으로 이를 구현할 능력이 뒤따라 주지 못했습니다. 또, 1980년대까지도 충돌했을 때 구겨지지 않는 튼튼한 차가 좋은 차라는 인식이 만연했기 때문에 국내 자동차 제조사는 이러한 사실을 고객에게도 알리지 않았습니다.

| 보기 |

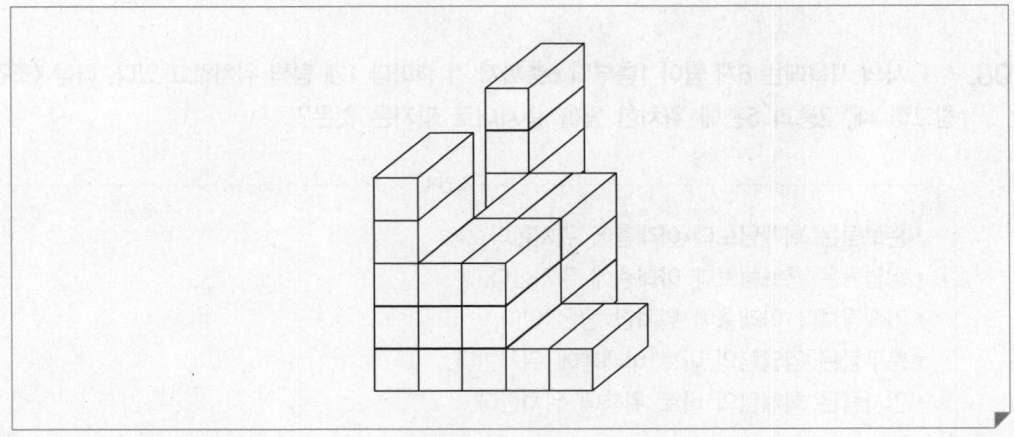

① B 필러는 측면에서 오는 충격과 전복 사고 시 탑승자를 보호하는 역할을 한다.

② A 필러가 중요한 것은 부서진 파편이 (나) 영역으로 전해지지 않도록 단단히 막아 주기 때문이다.

③ 벨라 바레니가 충돌 실험을 통해서 입증하고자 한 것은 (나) 영역이 자동차 안전에 특히 중요하다는 점이다.

④ 만약 자동차를 만드는 데 알루미늄과 초고장력 강판을 활용했다면 (가), (다) 영역에는 알루미늄, (나) 영역에는 초고장력 강판이 사용되었을 것이다.

⑤ 1980년대에 후방 추돌을 당했을 경우 한국 자동차의 (다) 영역이 구겨지는 시간보다 독일 자동차의 (다) 영역이 구겨지는 시간이 더 길었을 것이다.

06. 다음 그림에서 두 면만 보이는 블록은 모두 몇 개인가?

① 5개   ② 6개   ③ 7개

④ 8개   ⑤ 9개

언어

수리

추리

공간지각

1회

2회

기출유형문제

3회

4회

5회

6회

인성검사

면접가이드

07. 다음 그래프는 제조사별 국내 자동차 판매 실적에 대한 2021, 2022년의 통계 자료이다. 2021년의 총 판매량은 140만 대이고, 2022년의 총 판매량은 145만 대라고 한다. 2021년 대비 2022년에 판매 점유율이 감소한 제조사들을 살펴보았을 때, 2021년에 비해 2022년에 판매량이 몇 대만큼 감소하였는가?

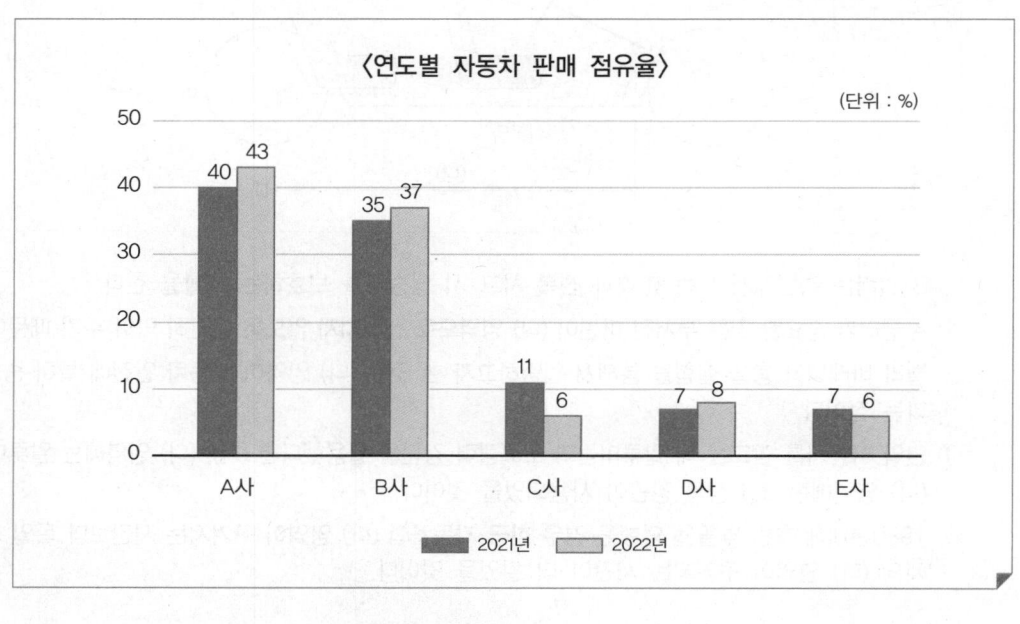

〈연도별 자동차 판매 점유율〉

(단위 : %)

① 7.0만 대 ② 7.4만 대 ③ 7.8만 대

④ 8.2만 대 ⑤ 8.5만 대

08. ○○사의 사옥에는 6개 팀이 1층부터 6층까지 각 층마다 1개 팀씩 위치하고 있다. 다음 〈조건〉을 참고할 때, 2층과 5층에 위치한 팀을 순서대로 짝지은 것은?

| 조건 |

• 홍보팀은 회계팀보다 아래층에 위치한다.
• 영업팀은 홍보팀보다 아래층에 위치한다.
• 기획팀보다 아래층에 위치한 팀은 없다.
• 총무팀은 영업팀의 바로 아래층에 위치한다.
• 인사팀은 회계팀의 바로 위층에 위치한다.

① 홍보팀, 총무팀 ② 영업팀, 총무팀 ③ 회계팀, 인사팀

④ 인사팀, 총무팀 ⑤ 총무팀, 회계팀

09. 다음 그림에서 블록을 쌓아 정육면체를 만들려면 몇 개의 블록이 더 필요한가?

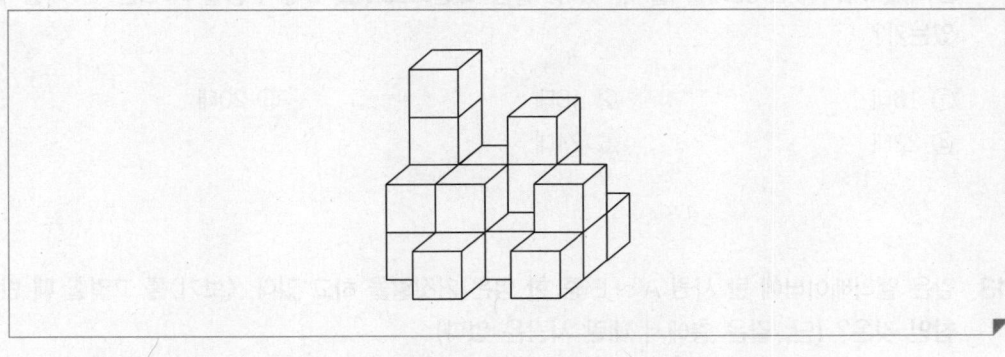

① 40개　　　　　② 45개　　　　　③ 50개
④ 55개　　　　　⑤ 60개

[10 ~ 11] 다음 제시된 단어와 비슷하거나 같은 뜻을 가진 단어를 고르시오.

10.

movement

① ardent　　　② force　　　③ employ
④ motion　　　⑤ disrespect

11.

decrease

① develop　　　② diminish　　　③ initiate
④ grow　　　⑤ exacerbate

12. ○○회사에서 모니터를 구입하고자 한다. 모니터에는 A와 B 두 종류가 있으며, 예산으로는 A 24대를 사거나 B 30대를 살 수 있다. 같은 예산으로 A를 8대 구입할 때 B는 몇 대를 살 수 있는가?

① 16대   ② 18대   ③ 20대

④ 22대   ⑤ 24대

13. 같은 엘리베이터에 탄 사원 A ~ E 중 한 명은 거짓말을 하고 있다. 〈보기〉를 고려할 때 반드시 참인 것은? (단, 같은 층에서 내린 사람은 없다)

──────| 보기 |──────

- A : B는 확실히 1층에서 내렸어.
- B : C는 1층에서 내렸어.
- C : 잘은 모르겠지만, D는 적어도 3층에서는 내리지 않았어.
- D : E는 4층에서 내렸어.
- E : 나는 4층에서 내렸고 A는 5층에서 내렸어.

① A는 4층에서 내렸다.   ② B는 3층에서 내렸다.

③ C는 1층에서 내렸다.   ④ D는 2층에서 내렸다.

⑤ E는 5층에서 내렸다.

14. 다음 〈조건〉의 명제가 모두 참일 때 옳지 않은 것은?

──────| 조건 |──────

(가) 김 대리가 빨리 오면 박 차장이 늦게 오거나 황 주임이 늦게 온다.
(나) 박 차장이 늦게 오면 김 대리는 빨리 온다.
(다) 황 주임이 늦게 오면 박 차장도 늦게 온다.

① 김 대리가 늦게 오면 박 차장은 빨리 온다.
② 황 주임이 빨리 오면 박 차장도 빨리 온다.
③ 박 차장이 빨리 오면 김 대리는 늦게 온다.
④ 황 주임이 늦게 오면 김 대리는 빨리 온다.
⑤ 김 대리가 늦게 오면 황 주임은 빨리 온다.

15. 다음 입체도형 중 나머지와 다른 하나는?

①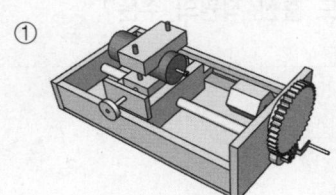

②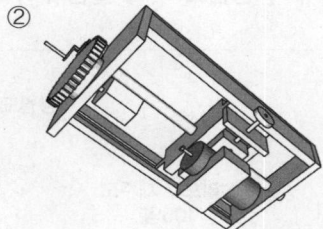

③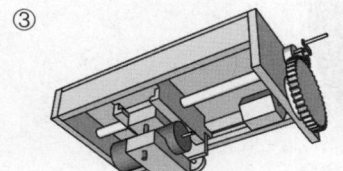

④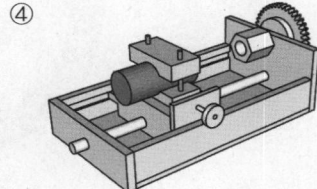

⑤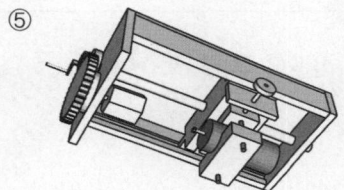

16. 같은 크기의 블록을 그림과 같이 쌓았을 때, 색칠된 블록의 면과 접촉하고 있는 블록은 모두 몇 개인가?

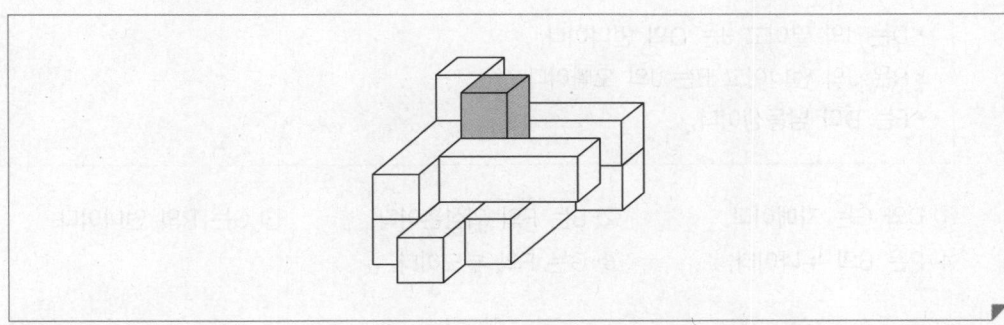

① 4개   ② 5개   ③ 6개

④ 7개   ⑤ 8개

17. 다음은 ○○기업 직원들의 출신지역을 정리한 것이다. 전체 직원 수는 750명이고, 서울 / 경기도 지역 출신자 수가 강원도 지역 출신자 수의 3배라면 강원도 출신 직원의 수는?

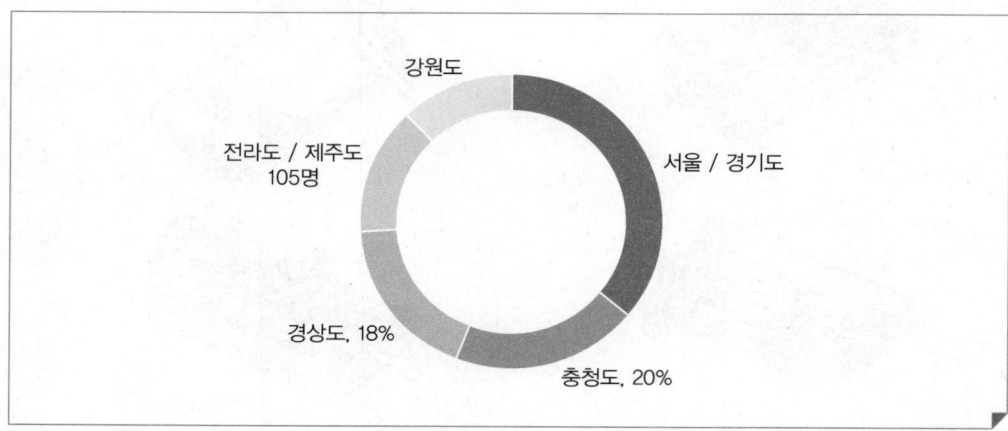

① 80명   ② 85명   ③ 90명
④ 95명   ⑤ 100명

18. 다음 내용이 모두 참일 때 반드시 옳은 것은?

> • D는 J의 딸이고 J는 G의 언니이다.
> • R은 J의 언니이고 B는 J의 오빠이다.
> • F는 D의 남동생이다.

① D와 G는 자매이다.   ② B는 F의 외삼촌이다.   ③ G는 R의 언니이다.
④ R은 B의 누나이다.   ⑤ G는 F의 부모이다.

19. 다음 자율주행자동차의 센서에 대한 글에서 ㉠에 들어갈 내용으로 적절한 것을 〈보기〉에서 모두 고르면?

> 자율자동차가 외부환경을 인지하는 데 사용되는 센서는 대표적으로 '카메라(Camera)', '레이더(Radar)', '라이더(Lidar)' 등으로 구성된다. 이들 센서는 각각의 장단점이 뚜렷하기 때문에 단독으로 활용하기보다는 함께 작용하여 상호보완을 하게 된다. 카메라는 사람의 눈과 같은 센서로 전방 사물이나 차선 인식, 신호등, 표지판, 보행자 등 복합 환경을 인식하는 역할을 담당한다. 그러나 카메라는 자율주행 시 '레벨 3'에서는 4개 이상의 빛이 '레벨 4 ~ 5'에서는 8개 이상의 충분한 빛이 없으면 제 기능을 수행할 수 없다는 단점이 있다.
>
> 최근 카메라 센서는 단일 렌즈를 사용하는 모노(Mono) 방식에서 두 개의 렌즈를 사용하는 스테레오(Stereo) 방식으로 진화하고 있다. 스테레오 방식은 사람의 두 눈으로 바라보듯 두 개의 렌즈를 통해 3차원으로 인지할 수 있어 단순한 형상에 대한 정보뿐만 아니라 원근감까지 측정할 수 있다. 그러나 스테레오 방식은 모노 방식에 비해 (㉠   ). 따라서 업체들은 비용 절감을 위해 모노 방식의 카메라를 고수하면서 그 성능을 고도화하거나 혹은 스테레오 방식을 사용하면서 영상신호데이터 처리 속도를 높이기 위한 칩을 적용하고 있다.

──── | 보기 | ────

ⓐ 가격이 비싸다.
ⓑ 정밀도가 떨어진다.
ⓒ 날씨의 영향을 많이 받는다.
ⓓ 처리해야 할 데이터 양이 많아 속도가 느려진다.

① ⓐ, ⓓ   ② ⓑ, ⓒ   ③ ⓒ, ⓓ
④ ⓐ, ⓑ, ⓓ   ⑤ ⓐ, ⓑ, ⓒ, ⓓ

20. ○○사의 영업팀은 3명의 대리와 4명의 사원으로 구성되어 있다. 영업팀장은 사내 홍보행사에 참여할 직원 2명을 제비뽑기를 통해 결정하기로 하였다. 7명의 이름이 적힌 종이가 들어 있는 통에서 2개의 종이를 차례로 꺼냈을 때, 적어도 1명의 대리가 포함되어 있을 확률은?

① $\dfrac{2}{7}$　　　　　　② $\dfrac{3}{7}$　　　　　　③ $\dfrac{4}{7}$

④ $\dfrac{5}{7}$　　　　　　⑤ $\dfrac{6}{7}$

21. 다음 세 블록을 합쳤을 때 나올 수 있는 형태는 무엇인가?

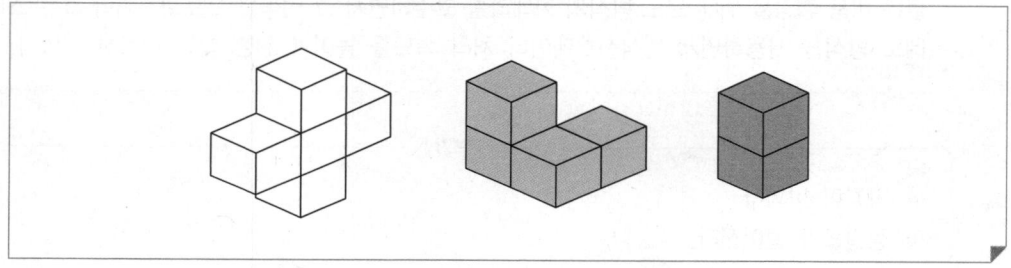

①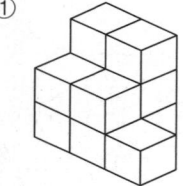

②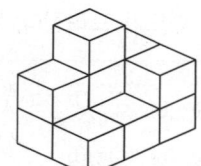

③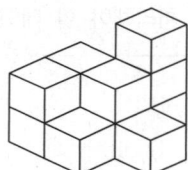

④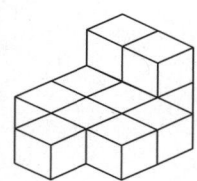

⑤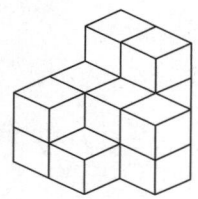

22. 다음은 해외출장을 가는 김 대리의 이동 계획이다. 연착 없이 계획대로 출장지에 도착할 때의 현지 시각은?

- 서울 시각으로 5일 오후 1시 35분에 출발하는 비행기를 타고 경유지 1곳을 들러 출장지에 도착한다.
- 경유지의 시간은 서울보다 1시간 빠르고, 출장지는 경유지의 시간보다 2시간 느리다.
- 첫 번째 비행은 3시간 45분이 소요된다.
- 경유지에서 3시간 50분을 대기하고 출발한다.
- 두 번째 비행은 9시간 25분이 소요된다.

① 오전 5시 35분 ② 오전 6시 ③ 오후 5시 35분
④ 오후 6시 ⑤ 오전 7시

23. 제시된 입체도형과 동일한 도형은?

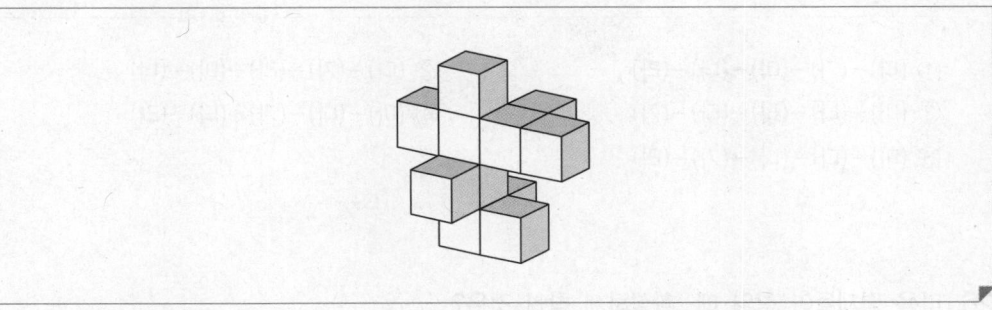

①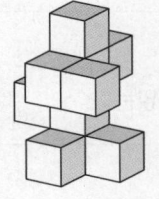
②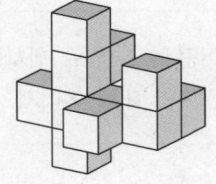
③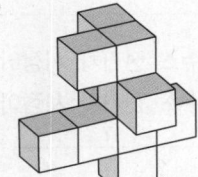
④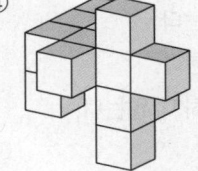
⑤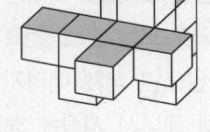

24. 한 마을에 갑, 을, 병 세 명이 살고 있다. 갑은 을보다 12살이 많고, 병의 나이의 2배보다 4살이 적다. 을과 병은 동갑일 때 갑의 나이는?

① 15세   ② 16세   ③ 24세
④ 28세   ⑤ 30세

25. 다음 (가) ~ (마)를 문맥에 맞게 배열한 것은?

> (가) 하지만 그 후 디젤의 기술적 유산은 이 발명가가 꿈꾼 대로 널리 보급되었다.
> (나) 또한 디젤 엔진은 연료의 품질에 민감하지 않고 연료의 소비 면에서도 경제성이 뛰어나 오늘날 자동차 엔진용으로 확고한 자리를 잡았다.
> (다) 발명가 디젤은 디젤 엔진이 작고 경제적인 엔진이 되어야 한다고 생각했지만, 그의 생전에는 크고 육중한 것들만 만들어졌다.
> (라) 환경론자들이 걱정하는 디젤 엔진의 분진 배출 문제도 필터 기술이 나아지면서 점차 극복되고 있다.
> (마) 디젤 엔진은 원리상 가솔린 엔진보다 더 튼튼하고 고장도 덜 난다.

① (다)-(가)-(마)-(나)-(라)   ② (다)-(가)-(라)-(마)-(나)
③ (마)-(나)-(라)-(다)-(가)   ④ (마)-(다)-(가)-(나)-(라)
⑤ (마)-(다)-(나)-(가)-(라)

26. 다음 명제들이 참일 때, 확실하게 참인 것은?

> • 수소 전기차 시장이 성장하면 어떤 수소 연료 회사는 성장한다.
> • 수소 전기차 시장이 성장하지 않으면 대체 에너지 시장은 성장하지 않는다.

① 어떤 수소 연료 회사가 성장하면 수소 전기차 시장은 성장한다.
② 대체 에너지 시장이 성장하면 어떤 수소 연료 회사는 성장하지 않는다.
③ 대체 에너지 시장이 성장하지 않으면 모든 수소 연료 회사가 성장한다.
④ 모든 수소 연료 회사가 성장하지 않으면 대체 에너지 시장은 성장하지 않는다.
⑤ 수소 전기차 시장이 성장하면 대체 에너지 시장은 성장하지 않는다.

27. A ~ D 4개 도시 중 한 도시에서 출발하여 모든 도시에 한 번씩 들러서 다시 처음 도시로 돌아오려고 한다. 차로 각 도시 사이를 이동할 때 연료 소비량이 다음 표와 같다면 최소 연료 소비량은?

이동경로	연료 소비량[L]	이동경로	연료 소비량[L]
A → B	20	C → A	15
A → C	15	C → B	8
A → D	10	C → D	6
B → A	14	D → A	7
B → C	4	D → B	12
B → D	8	D → C	4

① 35L ② 36L ③ 37L
④ 38L ⑤ 39L

28. 스키드 마크는 자동차가 급브레이크를 밟았을 때 노면에 생기는 타이어의 미끄러진 흔적으로, 이 흔적을 통해 자동차가 제동하기 전의 속력을 알 수 있다. 다음은 스키드 마크를 활용한 사고 직전 속력 추정법이다. 제시된 두 상황의 사고 직전 속력의 차이를 구하면? (단, $\sqrt{2}$ =1.4, $\sqrt{3}$ =1.7로 계산하고 속력은 소수점 아래 둘째 자리에서 반올림한다)

〈스키드 마크를 활용한 사고 직전 속력 추정법〉

도로 상태	마찰계수
건조할 때	0.8
비가 내릴 때	0.6
눈이 내리거나 얼었을 때	0.3

자동차의 사고 직전 속력(km/h)= $\sqrt{256 \times 스키드\ 마크의\ 길이(m) \times 마찰계수}$

상황 1. 교통사고가 발생한 날에 비가 내렸고 스키드 마크 20m가 찍혔다.
상황 2. 교통사고가 발생한 날에 눈이 내렸고 스키드 마크 20m가 찍혔다.

① 16.3 ② 16.5 ③ 16.7
④ 16.9 ⑤ 17.1

[29 ~ 30] 다음 글을 읽고 이어지는 질문에 답하시오.

다른 나라와 마찬가지로 최근 호주에서도 자동차는 개인의 전유물에서 시민들이 공유하는 교통 수단으로 인식이 변화하고 있다. 호주 현지 전문가들은 카셰어링 비즈니스로 자동차 산업에 일어 나고 있는 변화의 정도를 '위험한 속도(Breakneck Speed)'로까지 비유하고 있다. 카셰어링이란 렌터카와는 다르게 시간 또는 분 단위로 자동차를 빌려 사용하는 방식으로 비용 절감뿐만 아니라 환경적, 사회적 측면에서 세계적으로 각광받고 있는 사업 모델이다. 호주에서 카셰어링 시장규모는 8,360만 호주 달러로 지난 5년간 연평균 21.7%의 급격한 성장률을 보이고 있다. IBIS World 산업 보고서에 따르면 호주 카셰어링 시장은 앞으로도 가파르게 성장해 5년 후에는 현재보다 2.5배 증 가한 2억 1,920만 호주 달러에 이를 것으로 보이고, Roy Morgan 리서치에서도 10년 안에 호주 카셰어링 이용자가 현재 20만 명에서 150만 명까지 폭발적으로 늘어나 자동차 산업에 큰 변화를 가져올 것이라고 예상하고 있다. 그렇다면 호주에서 카셰어링 비즈니스가 급성장한 배경은 무엇일 까?

그 배경으로 우선 도심으로의 인구 유입을 들 수 있다. 다민족 국가인 호주는 이민자들로 인한 인구의 지속적인 증가와 도심으로의 인구 유입 현상을 동시에 겪고 있다. 그러나 카셰어링 서비스 이후 카셰어링 차량 한 대당 도로상의 개인 소유차 9대를 줄이는 효과가 있으며 카셰어링 멤버들 은 해당 서비스 가입 이후 자동차 사용을 50%까지 줄였다고 한다. 이 카셰어링 비즈니스는 주차 문제와 교통 정체를 해결하는 데 도움이 클 것으로 예상된다. 이러한 이유로 호주 정부에서 카셰어 링 서비스를 적극적으로 지원하고 있다.

다음은 세계 최고 수준인 호주의 높은 물가를 들 수 있다. 고물가로 생활비가 많이 들어 차량을 소유하는 부담이 크기 때문에 카셰어링 서비스의 이용도가 높아지고 있다. 도시에 거주하고 운전 이동 거리가 적을수록 카셰어링 서비스를 이용하는 비용이 훨씬 저렴하고 여기에다 주차 공간을 찾는 데 소요되는 시간을 줄이는 이점도 있기 때문이다.

또한 IT환경의 발달이 카셰어링 비즈니스의 급성장에 끼친 영향이 크다. 세계 하위권이던 호주 의 인터넷 환경에서 최근 정부의 광통신망 구축사업으로 카셰어링 플랫폼과 같은 On-Off line을 융합한 비즈니스 시장이 빠르게 성장하고 있다. 호주에서 카셰어링 비즈니스를 이용하는 세대들은 휴대전화를 통한 온라인 플랫폼 이용에 익숙하고, 소유보다는 공유를 선호하는 세대이다. 이들은 특히 친환경 차량에도 관심이 높아 온실가스 배출이 제로인 차량을 이용할 수 있다면 기꺼이 비용 을 더 지불할 의사도 있다는 조사결과도 있다.

지금의 세계는 소유가 아닌 공유의 시대로 나아가고 있다. 호주의 카셰어링 비즈니스 시장은 지속적인 성장을 하고 있지만, 앞선 미국이나 유럽 각국의 대도시에 비하면 아직 시작에 불과하다. 그래서 호주의 카셰어링 비즈니스는 아직 부족하고 오히려 잠재력이 큰 시장이다. 특히 차별화된 온라인 비즈니스 플랫폼을 보유한 국내 기업들에게는 지금이 호주의 카셰어링 비즈니스 시장 진출 의 적기일 수 있다.

29. 제시된 글의 제목으로 가장 적절한 것은?

① 급성장하는 호주의 카셰어링 비즈니스 시장, 그 성장 배경과 전망

② 호주 카셰어링 비즈니스와 미래 산업의 향방

③ 다민족 국가, 이민자의 나라 호주, 카셰어링 비즈니스 시장의 잠재력

④ 호주의 카셰어링 비즈니스 시장을 통해 본 공유경제의 가능성

⑤ 4차 산업혁명 시대와 카셰어링 비즈니스

30. 제시된 글의 논지 전개 방식으로 적절한 것은?

① 시간 이동에 따른 대상의 변화 과정을 기술하고 있다.

② 구체적인 근거를 제시하며 현상의 원인을 분석하고 있다.

③ 비유를 통해 어려운 개념을 쉽게 설명하고 있다.

④ 결말을 먼저 밝히고 역순행적으로 진행 과정을 서술하고 있다.

⑤ 현실의 문제를 비판하기 위하여 사례를 들어 반박하고 있다.

31. 다음 글을 읽고 나눈 연구원들의 대화에서 빈칸에 들어갈 말로 알맞은 것은?

> 인공지능(AI)는 1956년에 처음 등장한 단어로, 기계가 경험을 통해 학습하고 새로운 입력 내용에 따라 기존 지식을 조합하여 사람과 같은 방식으로 과제를 수행할 수 있도록 하는 것을 의미한다. 체스를 두는 컴퓨터에서부터 직접 운전을 하는 자동차 등 많은 분야와 관련이 있으며, 대량의 데이터를 처리하고 데이터에서 패턴을 인식함으로써 특정한 과제를 수행하도록 컴퓨터를 훈련시킬 수 있다.
>
> 표 사원 : 인공지능이 발전을 거듭할수록 일자리에 미칠 영향력에 대한 대중의 우려가 커지고 있어.
> 정 사원 : 그럴 만해. 우리나라 전체 일자리의 43%가 인공지능으로 대체될 가능성이 높은 고위험군이라 하더라고.
> 강 사원 : 하지만 요즘은 인구 감소의 문제와 맞물리면서 노동력의 부족에 대한 걱정이 이만저만이 아니어서 인공지능 기술이 생산성 향상에 필연적이라는 의견도 만만치 않아.
> 유 사원 : (   )

① 또한, 인공지능의 발전이 오히려 새로운 일자리를 창출하는 경우도 많이 있다고 해.
② 맞아. 실제로 이러한 인구 감소 문제를 안고 있는 국가들은 인구 증대 방안이 매우 시급한 실정이야.
③ 실제로 과거엔 사무직, 생산직처럼 단순 반복적 직무만 로봇이 대체할 것이라 예상했지만, 지금은 전문직도 안전하지 않다는 인식이 점차 많아지고 있어.
④ 그래서 요즘에는 AI로봇 전문가, 생명정보 분석가, 의료정보 분석가, 셰프 등과 같은 인공지능이 대체하기 어려운 직업들이 향후 유망 직업으로 꼽히고 있어.
⑤ 인공지능의 발전 속도는 우리의 예상보다 빨라서, 늦출 필요가 있어.

32. 다음 〈보기〉에 제시된 영단어들의 의미에 해당하지 않는 것은?

> | 보기 |
> research, factory, spare, schedule, meeting

① 공장　　　　② 영역　　　　③ 연구 조사
④ 일정　　　　⑤ 회의

33. 다음 블록에서 밑면을 제외하고 페인트를 칠할 때 3개의 면이 칠해지는 블록의 개수는? (단, 면의 일부분만 칠해지는 경우는 칠해지지 않은 것으로 친다)

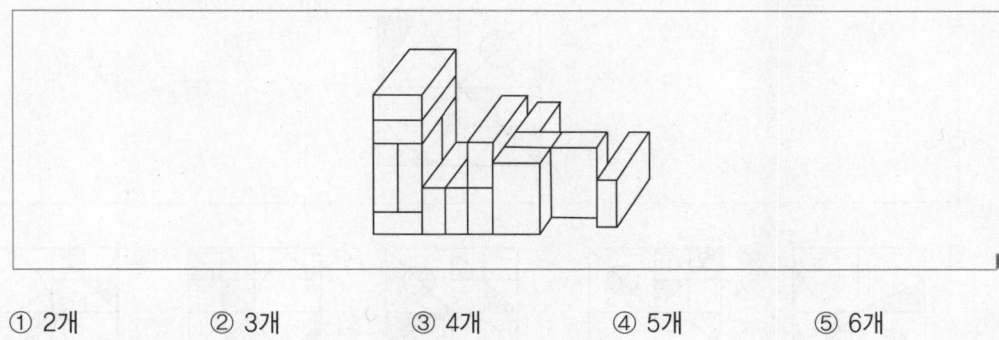

① 2개　　　　② 3개　　　　③ 4개　　　　④ 5개　　　　⑤ 6개

34. 다음은 A, B, C 창고의 월별 제품 이동 내역을 나타낸 자료이다. 제품 이동 내역을 올바르게 추론하지 못한 것은?

〈A, B, C 창고의 월별 제품 이동 내역〉

(단위 : 톤)

	A 창고		B 창고		C 창고	
	출고	입고	출고	입고	출고	입고
2월	10	12	13	9	8	10
3월	8	10	8	7	12	11
4월	12	11	14	11	11	15
5월	18	15	16	15	12	16

※ 3개 창고 간 상호 입출고 및 이동 내역 이외에는 고려하지 않음.

※ 매번 이동 방법과 이동거리는 동일함.

① A 창고에서 매월 B 창고와 C 창고로 각각 절반씩의 물량을 출고하였다면 B 창고는 매월 입고 물량의 절반 이상의 물량을 A 창고로부터 받아 입고하였다.

② 5월에 A 창고에서 C 창고로 10톤을 출고하였다면 A 창고는 B 창고로부터 10톤을 받아 입고하였다.

③ 4월에 B 창고에서 A 창고와 C 창고에 각각 절반씩의 물량을 출고하였다면 A 창고에서 C 창고로 출고한 물량은 8톤이다.

④ 2월에 C 창고가 받아 입고한 10톤이 모두 B 창고로부터 받은 것이라면 A 창고는 B 창고로부터 입고 물량의 $\frac{1}{3}$을 받았다.

⑤ 2월에 A 창고에서 출고한 물량 전체를 한 창고에서 받아 입고하였다면 이는 C 창고이다.

35. 다음 도형을 시계 방향으로 90° 회전시킨 모양은?

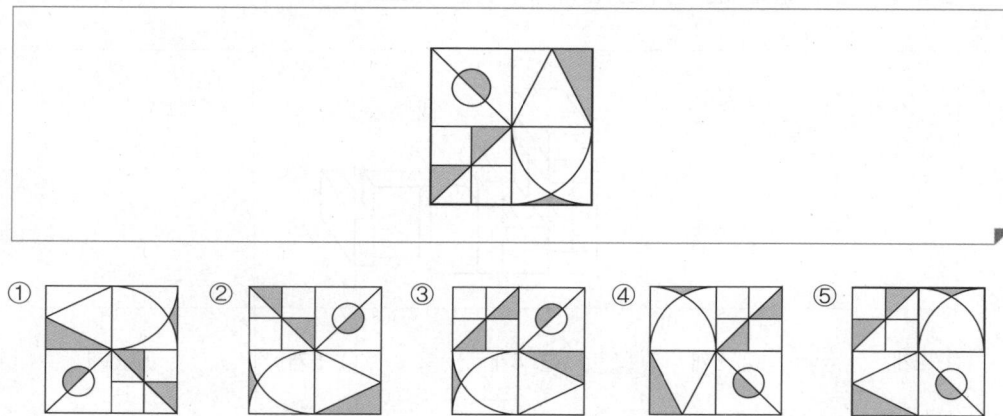

36. 제시된 입체도형과 동일한 도형은 무엇인가?

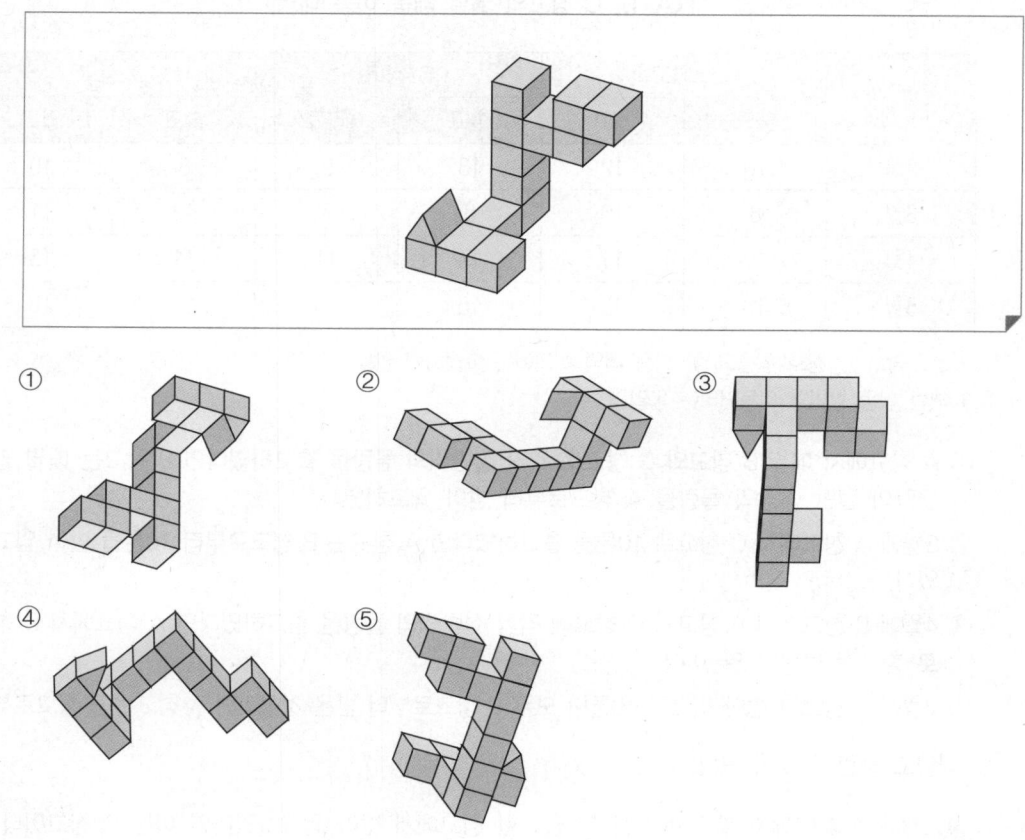

37. 다음 글을 참고할 때, ㉠ ~ ㉢ 중 한붓그리기가 불가능한 도형을 모두 고르면?

- 붓을 한 번도 종이 위에서 떼지 않고 같은 곳을 두 번 지나지 않으면서 어떤 도형을 그리는 것을 한붓그리기라고 한다. 한붓그리기가 가능한 도형은 홀수점의 개수가 0개 또는 2개일 경우이다.
- 한 점에서 만나는 선의 개수가 홀수개이면 홀수점이라 하고 짝수개이면 짝수점이라고 한다. 홀수점이 0개인 도형은 어디에서 출발하여 그려도 마지막에는 제자리로 돌아오는 한붓그리기가 가능하고 홀수점이 2개인 도형은 한쪽 홀수점에서 출발하여 나머지 홀수점에서 끝나는 한붓그리기가 가능한데, 홀수점 이외의 지점에서 출발하면 한붓그리기는 불가능하다.

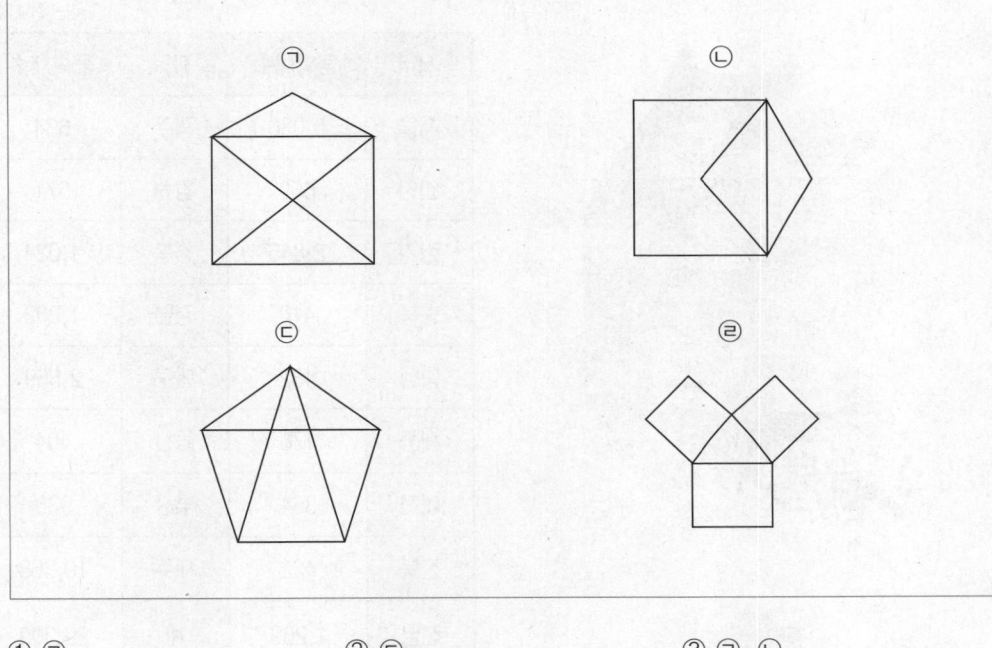

① ㉠
② ㉢
③ ㉠, ㉡
④ ㉡, ㉣
⑤ ㉢, ㉣

38. 지호는 반지름이 25cm인 굴렁쇠를 직선으로 된 도로에서 60m 굴렸다. 이때 굴렁쇠는 약 몇 번을 회전하게 되는가? (단, π는 3.14로 계산하며, 소수점 아래 첫째 자리에서 반올림한다)

① 21번
② 27번
③ 35번
④ 36번
⑤ 38번

[39 ~ 40] 다음 자료를 보고 이어지는 질문에 답하시오.

〈자료 1〉 연도별 전기차 신규등록현황

(단위 : 대)

구분	2016년	2017년	2018년	2019년	2020년	합계
전기차 수	338	753	780	1,075	2,821	5,767

〈자료 2〉 2022년 9월 지역별 전기차 신규등록현황

(단위 : 대)

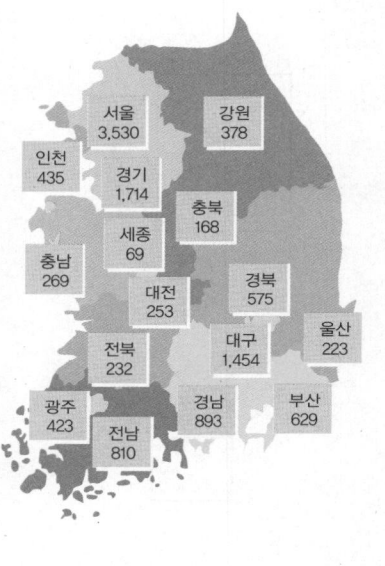

서울 3,530
강원 378
인천 435
경기 1,714
충북 168
세종 69
충남 269
대전 253
경북 575
울산 223
전북 232
대구 1,454
광주 423
경남 893
부산 629
전남 810
제주 8,281

〈자료 3〉 2023년 3월 지역별 전기차 신규등록현황

(단위 : 대)

지역	등록대수	지역	등록대수
서울	5,036	광주	634
인천	659	강원	571
경기	2,845	경북	1,024
충북	410	경남	1,202
충남	482	대구	2,569
세종	175	울산	404
대전	364	부산	935
전북	422	제주	10,368
전남	1,209	계	29,309

39. 위 자료를 바탕으로 작성한 다음 보고서의 내용 중 잘못된 것은?

> 연도별 전기차 신규등록현황을 살펴보면 ⊙ 2016년부터 2020년까지 매년 신규등록대수가 증가하는 추세를 보이고 있으며, 5년간 총 신규등록대수는 5,767대이다. 2022년 9월 지역별 전기차 신규등록현황을 살펴보면 ⓒ 제주도에 가장 많은 전기차가 신규등록된 것을 알 수 있으며, ⓒ 서울에 등록된 전기차 수의 2배 이상이 제주도에 신규등록되어 있다. 2023년 3월 지역별 전기차 신규등록현황을 살펴보면 6개월 전 대비 증가율이 가장 큰 지역은 세종시로 ⓔ 그 증가율이 약 154%에 달한다. 그리고 6개월 전 대비 증가율이 가장 작은 지역은 제주로 ⓜ 그 증가율이 약 35%이다.

① ⊙   ② ⓒ   ③ ⓒ
④ ⓔ   ⑤ ⓜ

40. 위 자료를 그래프로 나타낸 것 중 옳지 않은 것은?

① 연도별 전기차 신규등록현황

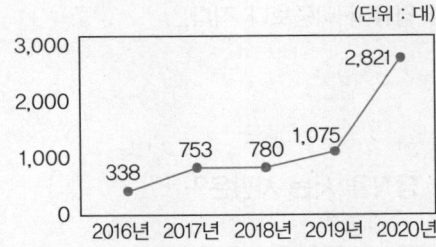

② 전년 대비 전기차 신규등록 증가율

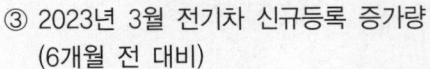

③ 2023년 3월 전기차 신규등록 증가량
(6개월 전 대비)

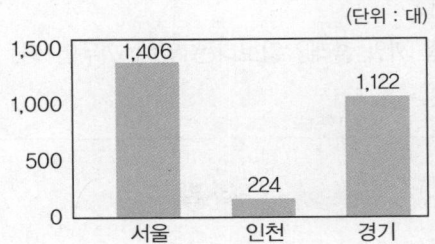

④ 2023년 3월 전기차 신규등록 증가율
(6개월 전 대비)

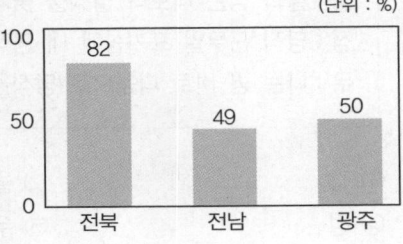

⑤ 모두 옳다.

3회 기출유형문제

01. 다음 자료에 대한 설명이 옳지 않은 것은?

구분	연간 총 주행거리(백만 km)					비중(%)			
	전체	휘발유	경유	LPG	전기	휘발유	경유	LPG	전기
20X0년	290,009	108,842	130,146	45,340	5,681	38	45	16	2
20X1년	298,323	110,341	137,434	44,266	6,282	37	46	15	2
20X2년	311,236	115,294	149,264	39,655	7,023	37	48	13	2
20X3년	319,870	116,952	156,827	37,938	8,153	37	49	12	3
20X4년	327,073	116,975	164,264	36,063	9,771	36	50	11	3

① 20X0년 대비 20X4년의 연간 총 주행거리 증가율이 가장 큰 것은 경유 자동차이다.

② LPG를 사용하는 자동차의 연간 총 주행거리는 매년 감소하고 있다.

③ 휘발유를 사용하는 자동차의 연간 총 주행거리는 매년 증가하고 있다.

④ 20X4년 기준 경유 자동차는 총 주행거리의 약 50%를 차지하고 있다.

⑤ 20X4년 휘발유와 전기의 비중을 합한 것이 경유의 비중보다 작다.

02. 다음 대화가 모두 참이라고 할 때, 세 번째로 당직을 서는 사람은?

> 갑 : 나는 을과 연달아 당직을 서지는 않아.
> 을 : 나는 갑보다 당직을 먼저 서게 되었어.
> 병 : 을과 정은 나보다 당직을 늦게 서는구나.
> 정 : 당직 근무일 표기함에 내 당직 카드 좀 끼워 줄래? 갑보다는 앞에 끼우면 돼.
> 무 : 나는 병 바로 다음으로 당직을 설래.

① 갑   ② 을   ③ 병
④ 정   ⑤ 무

03. 다음 제시된 도형을 아래로 뒤집었을 때의 도형은?

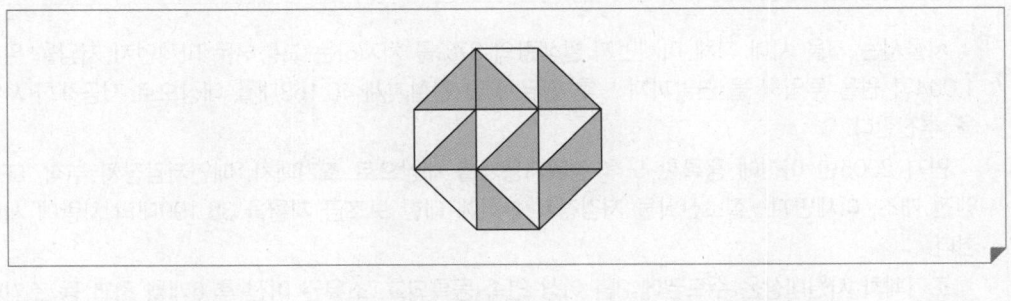

① 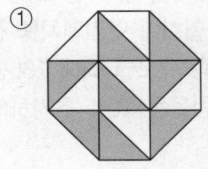 ② 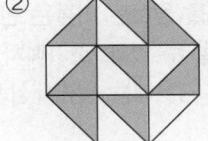 ③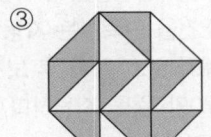

④ 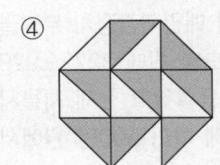 ⑤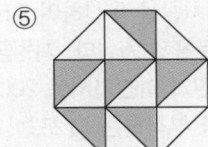

04. 다음 두 그림에서 서로 다른 부분의 개수는?

① 2개   ② 3개   ③ 4개

④ 5개   ⑤ 6개

[05 ~ 06] 다음 글을 읽고 이어지는 질문에 답하시오.

서울시는 서울 시내 자체 미세먼지 발생량의 37%를 차지하는 교통부문 미세먼지 저감을 위해 1,004억 원을 투입해 올 연말까지 노후 경유차 및 건설기계 40,163대를 대상으로 저공해화 사업을 추진한다.

먼저 2005년 이전에 등록한 노후 경유자동차를 대상으로 조기폐차, 매연저감장치 부착, LPG 엔진 개조, 미세먼지−질소산화물 저감장치 부착에 대한 보조금 지원을 38,190대의 차량에 시행한다.

조기폐차 지원대상은 수도권에 2년 이상 연속 등록되고, 소유권 이전 후 6개월 경과 등 조기폐차 지원 조건을 만족하는 자동차이다. 폐차를 원하는 이들은 한국자동차환경협회에 조기폐차를 신청한 후 폐차 말소 등록 후 보조금을 수령할 수 있다. 조기폐차 지원금은 차종 규모별 최대 165만 원에서 770만 원을 지원하며, 저소득층의 경우에는 일반대상자에 비해 지원율을 10% 추가하여 지원하고 있다.

또 2.5톤 이상 경유차량, 3.5톤 이상 대형차량을 우선하여 5,500대에 대해 매연저감장치 부착을 지원하고, 경유차 50대에 LPG 엔진 개조 등을 지원한다. 지원금은 차량 규모별 최대 327 ~ 928만 원이다. 지원대상은 노후 경유차 폐차지원과 마찬가지로 2005년 이전에 등록했고 현재 서울시에 등록되어 있는 차량이다. 매연저감장치를 부착하는 데 드는 비용은 차량에 따라 500만 원에서 1,000만 원까지 드는데 서울시는 이 금액의 약 90%를 지원하여 시민들의 자기부담은 10% 내외가 된다.

관광버스, 대형화물차와 같은 대형경유차에서 나오는 질소산화물을 저감하기 위해 미세먼지(PM)−질소산화물(NOx) 저감장치 부착도 추진한다. 금년 계획물량은 작년보다 3.1배 증가해 500대의 차량이 혜택을 받을 수 있으며, 차량 1대당 최대 1,368만 원까지 지원받는다. 질소산화물(NOx)은 물과 반응하여 질산(HNO3)을 만드는데 이는 초미세먼지와 산성비 그리고 오존층 파괴의 주요원인이 되고 있어 전문가들도 이에 대한 대책을 주문하고 있다.

미세먼지(PM)−질소산화물(NOx) 저감장치의 지원대상은 2002 ~ 2007년식 배기량 5,800 ~ 17,000cc, 출력 240 ~ 460ps 차량이다. 지원규모는 매연저감장치와 마찬가지로 전체 비용의 90%이다.

노후 경유차량뿐만 아니라 건설기계에 대한 매연저감장치 부착과 엔진교체 지원사업도 병행한다. 서울시는 전년에 비해 약 2배 이상 예산을 확대해 지원대상을 기존 1,236대에서 1,978대까지 늘렸다. 지원금은 차량 규모별 최대 935 ~ 2,527만 원이다. 지원대상 건설기계는 굴삭기, 지게차, 덤프트럭, 콘크리트 믹서트럭(레미콘), 콘크리트 펌프트럭 5개 종류다.

서울시는 지난 2017년 5월부터 시와 SH공사에서 발주하는 공사는 친환경 건설기계를 사용하도록 서울시 공사계약특수조건을 개정한 바 있고, 2018년 1월부터는 공사 규모에 관계없이 모든 공공건설공사장에서 전면 시행하고 있다.

05. 이 글을 바탕으로 작성한 자료 중 잘못된 것은?

구분	추진 대수	대상차량
매연저감장치(DPF) 부착	㉠ 5,500대	㉡ 2005년 이전 등록하고 현재 서울시에 등록되어 있는 차량 중 총중량 2.5톤 이상 경유차, 3.5톤 이상 대형차량 우선 추진
LPG 엔진 개조	50대	
조기폐차	㉢ 38,190대	㉣ 2005년 이전 등록한 경유차 중 수도권에 2년 이상 연속으로 등록, 소유권 이전 후 6개월 이상 경과 등 지원 조건을 만족한 차
PM-NOx 동시 저감장치 부착	500대	㉤ 2002 ～ 2007년식 배기량 5,800 ～ 17,000cc, 출력 240 ～ 460ps 경유 차량

① ㉠   ② ㉡   ③ ㉢

④ ㉣   ⑤ ㉤

06. 이 글을 바르게 이해한 사례를 〈보기〉에서 모두 고르면?

─────| 보기 |─────

㉠ A는 2000년 서울시에 등록한 배기량 6,000cc인 본인 소유의 차를 조기폐차 신청하여 약 900만 원 정도 지원받기를 기다리고 있다.

㉡ B는 2004년 대전시에 등록한 경유차량을 중고로 500만 원에 구입하여 운행하던 중 조기 폐차 지원대상 차라는 소식을 듣고 중고로 매각하는 것보다 지원금을 받고 폐차하는 것이 낫다고 생각했다.

㉢ 서울시에 2003년 등록한 경유차 3톤 트럭을 운행하는 C는 매연저감장치를 부착하려고 하고 있다. C는 부착하고자 하는 매연저감장치의 비용 중 10%만 부담하기로 하고 서울시에 넘기기로 했으며 서울시에서 현재 차량을 받을 수 있기를 기다리고 있다.

① ㉠   ② ㉡   ③ ㉢

④ ㉠, ㉢   ⑤ ㉡, ㉢

07. 다음 입체도형 중에서 나머지와 다른 하나는?

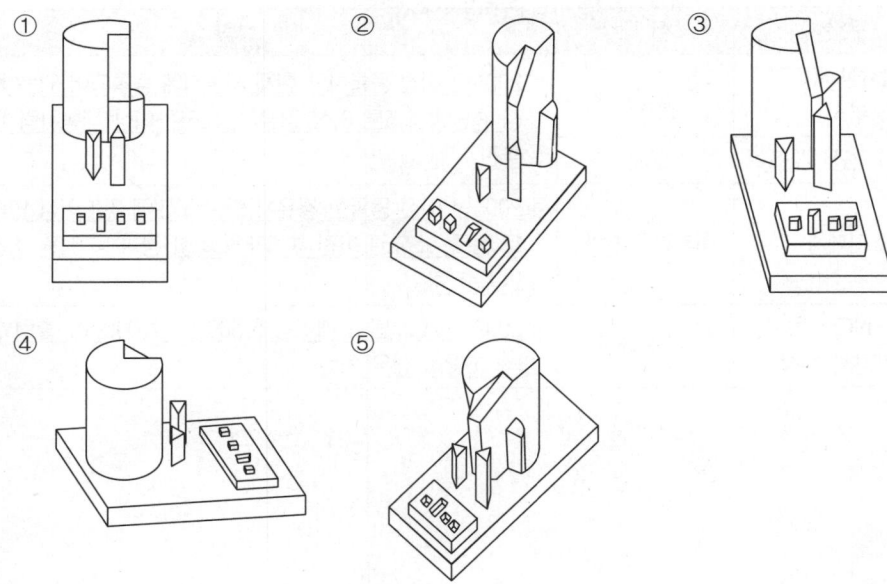

08. 다음과 같이 반지름이 $r$km인 호수가 있고, 호수의 반지름과 동일한 폭의 산책로가 호수 전체를 둘러싸고 있다. 산책로 둘레 길이는 몇 km인가?

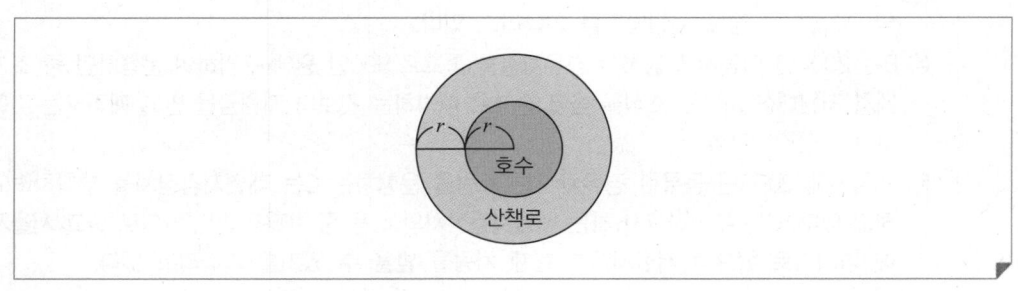

① $\frac{1}{2}\pi r$km

② $3\pi r$km

③ $5\pi r$km

④ $6\pi r$km

⑤ $7\pi r$km

09. 다음 그림과 같이 쌓기 위해 필요한 블록의 개수는? (단, 블록의 모양과 크기는 모두 동일한 정육면체이며, 보이지 않는 뒷부분의 블록은 없다)

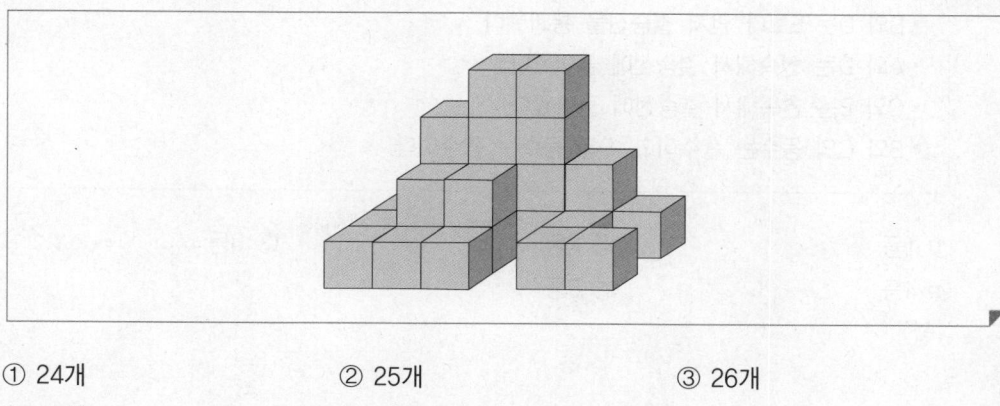

① 24개   ② 25개   ③ 26개
④ 27개   ⑤ 28개

10. 카페 원탁에 A ~ F 6명이 같은 간격으로 앉아 커피, 홍차, 콜라 중 각각 하나씩을 주문하였다. 좌석과 주문한 음료가 다음과 같을 때, 확실하게 알 수 있는 사실은?

• A 옆으로 한 좌석 건너 앉은 E는 콜라를 주문하였다.
• B의 맞은편에 앉은 사람은 D이다.
• C의 양 옆에 앉은 사람은 모두 커피를 주문하였다.

① A는 커피를 주문했다.
② B는 A 옆에 앉지 않았다.
③ E의 양 옆은 D와 F였다.
④ F는 홍차를 주문했다.
⑤ 옆에 앉은 사람끼리는 각각 다른 음료를 주문했다.

11. ○○기업 체육대회에서 A ~ E 5명이 달리기 시합을 했다. 결과가 다음과 같을 때, E의 등수는?

> • B와 D는 E보다 먼저 결승선을 통과했다.
> • A와 D는 연속해서 결승선에 들어왔다.
> • C와 E는 연속해서 결승선에 들어왔다.
> • B와 C의 등수는 홀수이고, D의 등수는 짝수이다.

① 1등   ② 2등   ③ 3등

④ 4등   ⑤ 5등

12. 다음의 전제를 읽고 알 수 있는 결론에 대한 판단으로 옳은 것은?

> [전제] • 복지가 좋은 회사는 직원들의 불만이 적다.
>   • 연봉이 높지 않은 회사는 직원들의 불만이 많다.
>   • 복지가 좋은 회사는 직원들의 여가생활을 존중한다.
>
> [결론] A : 복지가 좋은 회사가 연봉이 높은 것은 아니다.
>   B : 직원들의 여가생활을 존중하지 않는 회사는 복지가 좋지 않다.

① A만 옳다.   ② B만 옳다.   ③ A, B 모두 옳다.

④ A, B 모두 옳지 않다.   ⑤ 알 수 없다.

13. △에 17에서 25까지의 수를 넣어서 한 줄에 있는 세 수의 합이 모두 같게 하려고 한다. B에 들어갈 수 있는 수는?

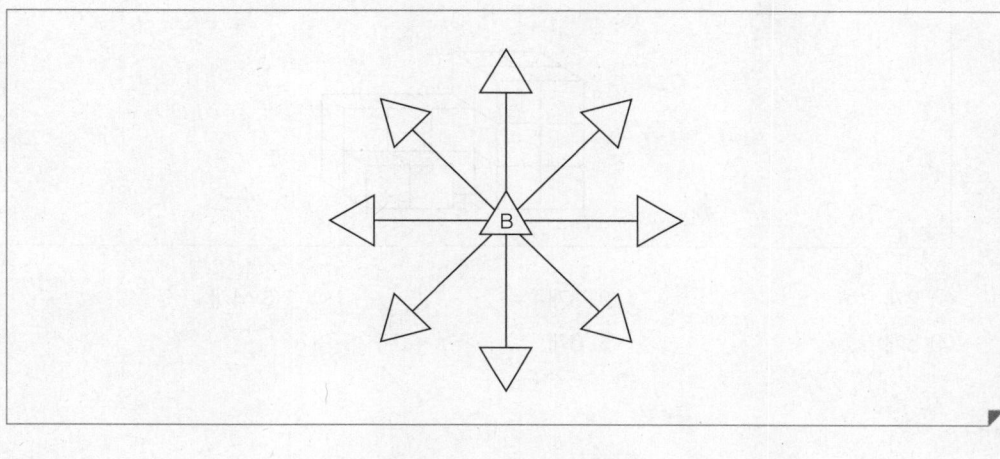

① 18   ② 19   ③ 21

④ 23   ⑤ 27

[14 ~ 15] 다음 단어와 비슷하거나 같은 뜻을 가진 단어를 고르시오.

14.

answer

① respond   ② recommend   ③ repeat

④ request   ⑤ reconcilable

15.

collect

① assume   ② suppose   ③ gather

④ garbage   ⑤ linger

16. 다음은 같은 크기의 블록을 겹쳐 쌓은 그림이다. 그림상에서 한 면도 보이지 않는 블록의 개수는?

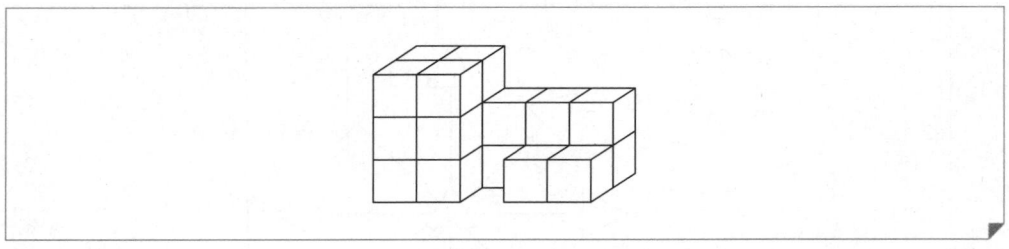

① 2개   ② 3개   ③ 4개

④ 5개   ⑤ 6개

17. 현재까지 A 기업의 누적 생산량은 800개, B 기업의 누적 생산량은 600개이다. A 기업은 한 달에 80개, B 기업은 100개의 제품을 생산한다면, B 기업이 A 기업의 누적 생산량을 추월하는데 걸리는 기간은 얼마인가?

① 7개월   ② 8개월   ③ 9개월

④ 11개월   ⑤ 13개월

18. A 톱니바퀴와 B 톱니바퀴에 연결된 C 톱니바퀴의 톱니는 모두 90개이다. C 톱니바퀴가 8번 회전하는 동안 A와 B 톱니바퀴는 각각 15회와 18회 회전하였다면 A와 B 톱니바퀴의 톱니 수의 합은?

① 80개   ② 82개   ③ 84개

④ 88개   ⑤ 91개

[19 ~ 20] 다음은 제조사별 4개 차량의 특성에 대한 자료이다. 이어지는 질문에 답하시오.

〈자동차 종류별 특성〉

제조사	차량 가격(만 원)	연료 용량(L)	연비(km/L)	연료 종류
H사	2,000	55	13	LPG
F사	2,100	60	10	휘발유
G사	1,950	55	14	LPG
S사	2,050	60	12	경유

〈종류별 연료가격〉

LPG	800원/L
휘발유	1,500원/L
경유	1,200원/L

※ 자동차 이용에 따른 총 경비는 차량 가격과 연료비의 합으로 산정하고, 5년간 연료비 변동은 없다고 가정한다.

19. 1년에 20,000km를 주행한다고 가정할 때, 위의 네 차종 중 하나를 구매하여 2년간 사용할 경우 가장 적은 경비가 소요되는 차량은? (단, 천의 자리에서 반올림한다)

① H사 차량   ② F사 차량
③ G사 차량   ④ S사 차량
⑤ H사와 G사 차량이 동일함

20. (19번과 이어짐) F사의 차량을 몇 개월 이상 사용해야 H사의 차량을 2년 사용했을 때와 같은 경비가 발생하는가? (단, 매달 주행거리는 동일하다고 가정하고, 소수점 아래 첫째 자리에서 반올림한다)

① 약 4개월   ② 약 5개월   ③ 약 6개월
④ 약 7개월   ⑤ 약 10개월

[21 ~ 22] 다음 글을 읽고 이어지는 질문에 답하시오.

'에너지 하베스팅'은 자연에서 발생되는 에너지를 전기 에너지로 변환하는 것뿐만 아니라 일상에서 발생하는 진동, 실내 조명광, 자동차에서 발생하는 열, 방송 전파 등 우리 주변에 쉽게 버려지는 에너지까지 전기 에너지로 변환하여 사용할 수 있도록 하는 기술을 말한다. 이런 에너지 하베스팅의 종류로는 신체 에너지 하베스팅, 열 에너지 하베스팅, 위치 에너지 하베스팅, 전자파 에너지 하베스팅, 진동 에너지 하베스팅이 있는데, 이 중에서 진동 에너지 하베스팅은 비교적 발전 효율이 높고 응용 범위도 넓기 때문에 향후 실용 에너지로 전망이 밝다.

진동 에너지 하베스팅의 활용은 다양한 곳에서 확인할 수 있다. 버튼을 누르는 운동 에너지를 전력으로 바꿔 건전지가 필요 없는 TV 리모컨, 아이들이 축구장을 뛰어다닐 때 발생하는 진동 에너지를 조명전력으로 전환하여 사용하는 것 등이 그 예이다. 이렇게 진동과 압력을 통해서 전기 에너지를 얻으려면 압전소자가 필요한데, 압전소자란 무엇일까?

압전소자는 압력을 가하면 전기를 생산하는 성질을 가진 것을 말하며 대표적으로 수정, 전기석, 로셀염 등이 있다. 압전소자를 이용하면 일상생활에서 잡거나 누르고 걸을 때마다 전기 에너지를 만들 수 있다. 압전소자를 물리적인 힘으로 누르면 양전하와 음전하가 나뉘는 '유전분극'이 발생하고 이러한 전하 밀도의 변화로 인해 전기가 흐르는 '압전효과'가 발생한다. 이렇게 압전효과로 압력에 변화를 줄 때마다 전기를 생산하는 압전소자는 라이터, 발광 신발, 밟을 때마다 소리가 나는 계단 등 다양한 곳에서 다른 에너지를 전기 에너지로 재생시키는 것이다. 그런데 친환경적으로 전기를 생산하는 압전소자를 만들기 위해서는 납이나 바륨과 같이 인체에 나쁜 영향을 미칠 수 있는 화학물질이 사용되는 문제점이 있다.

그러나 이미 이러한 압전소자의 문제점을 해결한 나노 압전소자를 개발했다. 나노 압전소자는 천연소재인 양파 껍질을 이용하여 생분해성이며, 생체적 합성이나 물질 합성 측면에서도 발전 가능성이 큰 것이 특징이다. 흔한 양파 껍질이 친환경 압전소자가 될 수 있었던 이유는 양파 껍질에 들어있는 셀룰로오스 섬유질 때문인데, 유리판을 쌓은 모양으로 되어 있는 셀룰로오스 섬유질의 층 내부에는 같은 수의 양전하와 음전하가 배열되어 있고 이러한 양파 껍질에 물리적 힘이 전해지면 나란히 배열되어 있던 양전하와 음전하가 이동하면서 전기가 발생하는 원리이다. 양파 껍질은 아주 약한 바람이나 작은 힘에도 전기를 생산할 수 있을 만큼 민감하고 효과적인 압전소자라 더욱 각광받고 있다.

양파 껍질처럼 아주 민감한 반응에도 전기를 생산할 수 있는 압전소자 기술을 신체나 기기에 부착한다면 걸어 다닐 때 발바닥에 발생하는 압력이나 기침과 같은 사람의 일상적인 움직임을 전기 에너지로 바꿀 수 있다. 또 도로에 압전소자를 적용하여 자동차나 사람이 지나가면서 누르는 압력으로 전기를 생산하고 주위 시설에 전기를 제공할 것으로 전망된다. 그러나 이를 위해서는 연구와 개발을 통해 압전소자의 내구성 개선과 전기발전 효율의 향상이 더 필요하다.

21. 다음 중 제시된 글을 근거로 하여 추론한 내용으로 옳지 않은 것은?

① 에너지 하베스팅이 실생활에 상용화되면 낭비되는 에너지를 모아 효율적으로 사용할 수 있다.

② 압전 에너지 하베스팅은 내구성과 효율성 등 아직 해결되지 못한 문제가 남아 있다.

③ 기존의 압전소자는 인체에 유해한 화학물질이 사용되었다.

④ 압전소자는 진동 에너지 하베스팅은 물론 열 에너지나 전자파 에너지 등에도 다양하게 활용할 수 있다.

⑤ 양파 껍질을 물리적 힘으로 누르면 압전효과가 발생한다.

22. 제시된 글과 다음 자료를 참고하여 압전 에너지 하베스팅의 원리를 바르게 이해한 것을 〈보기〉에서 모두 고르면?

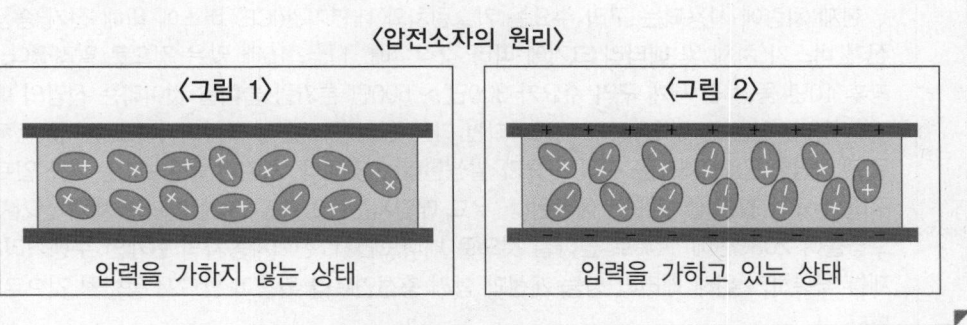

── | 보기 | ──

㉠ 〈그림 1〉은 전기를 생산하는 상태, 〈그림 2〉는 전기를 생산하지 않는 상태를 나타내는구나.

㉡ 압력을 가하면 〈그림 1〉에서 〈그림 2〉의 상태로 바뀌고, 이에 다른 전해질로의 변화를 쉽게 일으켜 전기가 발생하는 것이지.

㉢ 〈그림 2〉에서 볼 수 있는 양전하와 음전하가 분리된 현상을 유전분극이라 하는구나.

㉣ 양파를 활용할 수 있는 것은 양파 껍질의 셀룰로오스 섬유질 내부에서 양전하와 음전화가 쉽게 이동할 수 있기 때문이야.

① ㉠, ㉡   ② ㉡, ㉢   ③ ㉢, ㉣

④ ㉠, ㉢, ㉣   ⑤ ㉡, ㉢, ㉣

23. 다음 글의 제목으로 적절한 것은?

전기자동차 시장 규모가 급격하게 확대되고 있다. COVID-19 팬데믹 여파로 자동차 시장이 침체한 상황에서도 전 세계 전기자동차 판매 규모는 전년 대비 45% 급증한 294만 3,172대에 달했다. 이런 가운데 오는 2030년까지 전 세계 약 2,000만 개의 전기자동차 충전시설이 구축될 것으로 전망되며, 이에 따라 구리 수요가 폭발적으로 증가할 것으로 보인다. 최근 우드 매킨지(Wood Mackenzie)가 발표한 보고서에 따르면, 전기자동차 생산 확대보다 충전인프라 증가가 단기적으로 구리 수요 증가를 이끌 것으로 예상된다.

일반적으로 가솔린 승용차에는 주로 배선으로 약 20kg의 구리가 사용되고, 하이브리드 차에는 40kg, 완전 전기자동차에는 80kg이 사용된다. 차량의 크기가 커질수록 구리 수요량도 증가하는데, 전기 버스 보급이 늘수록 구리 사용량도 증가하게 된다. 우드 매킨지는 2040년까지 승객용 전기자동차에 매년 370만 톤 이상의 구리 소비를 유인할 것으로 내다봤다. 반면에 내연기관 차량에는 100만 톤 정도가 필요할 것으로 추산했으며 지금부터 2040년까지의 누적 수요도 내연기관차에 비해 500만 톤 많은 3,540만 톤에 달할 것으로 예상했다.

현재 차량에 사용되는 구리 수요는 가솔린차와 내연기관(ICE) 버스에 비해 전기 승용차와 전기 버스가 차체 및 배터리 크기에 따라 각각 4배, 11 ~ 16배 많은 것으로 알려졌다. 이는 향후 10년 동안 전 세계 구리 수요가 300만 ~ 500만 톤가량 늘어날 것이라는 전망의 배경이기도 하다. 일단 전기자동차가 대중화되면 다른 친환경 기술이 부각되더라도 전기자동차만으로도 상당한 양의 새로운 구리 수요가 발생한다는 것이다. 하지만 차량보다는 충전인프라용 구리 수요가 훨씬 클 것으로 예상된다. 우드 매킨지는 2019년 1%에 불과한 세계 전기자동차 보급률이 2030년에 11%로 높아질 것으로 내다보면서, 전기자동차의 한계인 주행거리의 문제를 극복하기 위해 배터리 성능 개선과 함께 충전인프라 확충이 반드시 동반될 것으로 내다봤다.

① 전기자동차 보급 확대의 배경

② 최근 국제사회의 구리 수요 변동 현황

③ 충전인프라 구축에 전력하는 전기자동차 사업

④ 자동차 산업 발전과 금속 자원 사례 변동 간의 관련 양상

⑤ 전기자동차 충전인프라 확충에 따른 구리 수요 급증 전망

24. 상반기 실적이 우수한 사원들에게 다음과 같이 순금 기념품을 제공하려고 한다. 금 한 돈이 3.75g일 때, 총 몇 kg의 금을 준비하여야 하는가?

> • 1 ~ 3등의 우수사원 세 명에게 순금 기념품을 제공할 예정이다.
> • 5돈의 순금 두꺼비를 1등 사원에게 줄 것이다.
> • 2등과 3등 사원에게는 10g의 순금 열쇠를 각각 하나씩 줄 것이다.

① 0.0187kg   ② 0.2875kg   ③ 0.03875kg
④ 10.75kg   ⑤ 38.75kg

[25 ~ 26] 다음은 같은 크기의 블록을 쌓아올린 그림이다. 이어지는 질문에 답하시오.

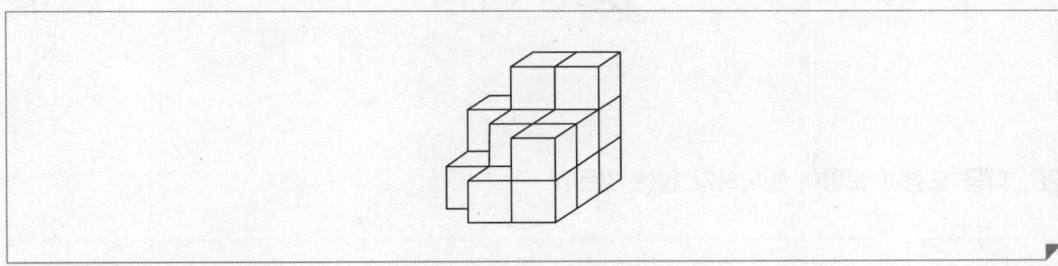

25. 그림상에서 한 면만 보이는 블록은 모두 몇 개인가?

① 6개   ② 5개   ③ 4개
④ 3개   ⑤ 2개

26. 그림의 상태에서 블록을 쌓아 정육면체를 만들려면 최소 몇 개의 블록이 더 필요한가?

① 11개   ② 9개   ③ 7개
④ 5개   ⑤ 4개

27. 다음 도형과 모양이 일치하는 것은?

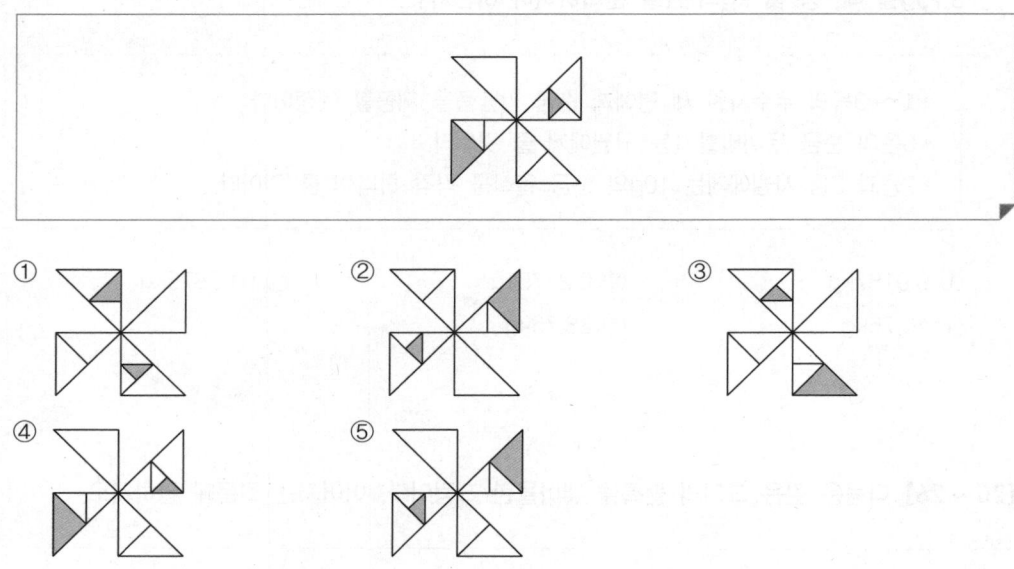

28. 다음 도형과 모양이 일치하지 않는 것은?

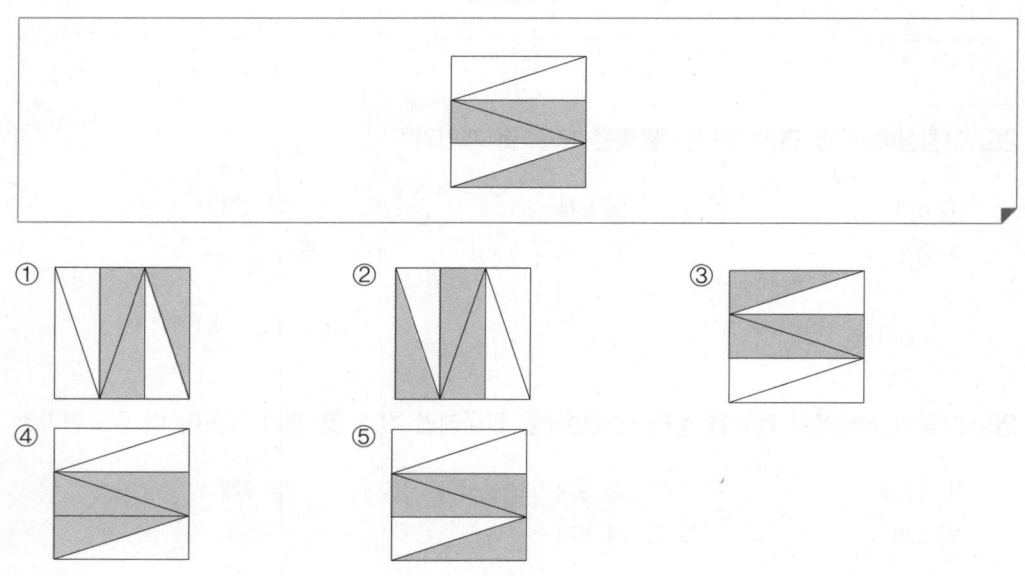

29. 다음 중 빈칸에 들어갈 알맞은 단어를 고르면?

> Please be attention (　　) what I'm saying.

① to   ② of   ③ in
④ with   ⑤ for

30. 8명이 10일 동안 우표 82개를 모을 수 있다. 만약 같은 속도로 8명이 52일 동안 우표를 모은다면 몇 개나 모을 수 있겠는가?

① 400개   ② 426개   ③ 428개
④ 430개   ⑤ 440개

31. 다음 그림과 같이 4개의 평행선과 5개의 평행선이 서로 만나고 있다. 이들 평행선으로 만들어지는 평행사변형은 모두 몇 개인가?

① 40개   ② 50개   ③ 56개
④ 60개   ⑤ 66개

32. 다음 그래프와 〈정보〉를 참고하여 A ~ D에 해당하는 업종을 바르게 짝지은 것은?

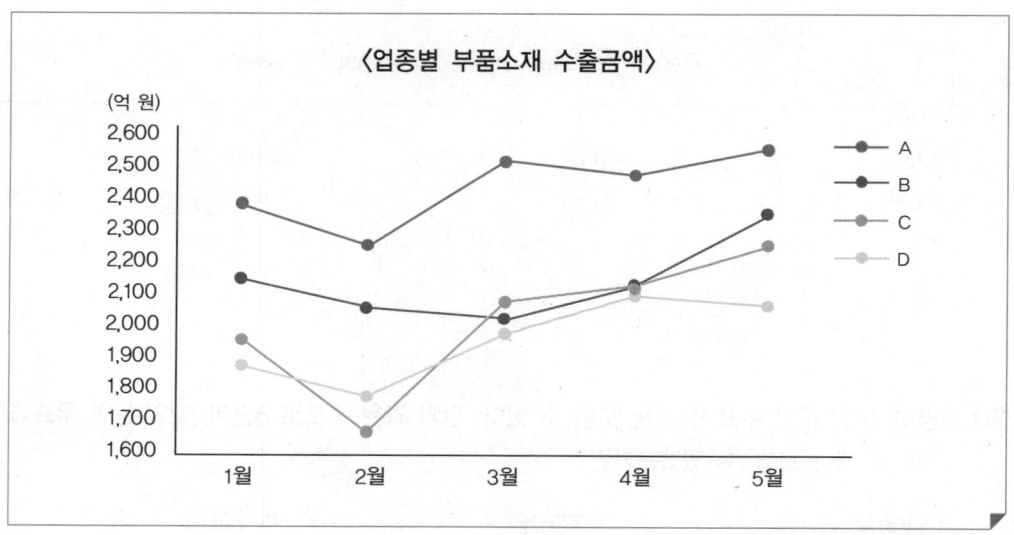

〈업종별 부품소재 수출금액〉

──────| 정보 |──────

 2월 부품소재 수출은 전 업종에서 감소세를 나타내었으나, 3월에는 제1차 금속의 수출을 제외하고는 증가세로 돌아섰다. 3월의 업종별 부품소재 수출금액의 전월 대비 증가율은 전기기계부품이 가장 컸다. 제1차 금속과 전기기계부품의 수출금액은 3월 이후 꾸준한 증가세를 나타낸 반면, 일반기계부품의 수출금액은 5월에 다시 감소세를 나타내었다. 또한, 수송기계부품은 매달 감소세와 증가세를 번갈아 나타내고 있다.

	A	B	C	D
①	제1차 금속	수송기계부품	전기기계부품	일반기계부품
②	수송기계부품	일반기계부품	제1차 금속	전기기계부품
③	수송기계부품	제1차 금속	일반기계부품	전기기계부품
④	수송기계부품	제1차 금속	전기기계부품	일반기계부품
⑤	수송기계부품	전기기계부품	일반기계부품	제1차 금속

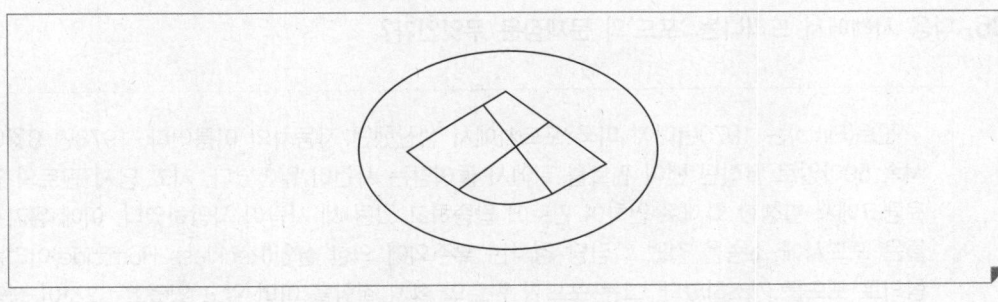

33. 다음 기호의 일정한 규칙에 따라 '?'에 들어갈 숫자는?

$$34 ◎ 90 = 1204$$
$$85 ◎ 77 = 1512$$
$$54 ◎ 15 = 609$$
$$48 ◎ 39 = (?)$$

① 717   ② 772   ③ 1217
④ 1272   ⑤ 1717

34. 다음 도형에 색을 칠하려고 한다. 색을 여러 번 사용할 수는 있으나 이웃하는 영역은 서로 다른 색으로 칠해야 한다. 빨간색, 파란색, 노란색의 세 가지 색깔을 사용할 때, 색을 칠하는 방법은 몇 가지인가?

① 4가지   ② 6가지   ③ 8가지
④ 10가지   ⑤ 12가지

35. 일렬로 배치된 501 ∼ 504호 4개의 회의실을 1 ∼ 4차로 진행되는 회의를 위해 다음 〈규칙〉에 따라 배정하려 한다. 〈보기〉 중 옳은 것을 모두 고르면?

───| 규칙 |───

- 세 회의실은 1회 사용하고, 한 회의실만 2회 사용한다.
- 연속적으로 배치된 2개의 회의실을 동시에 사용할 수 없다.
- 1차 회의만 2개의 회의실이 필요하고, 나머지 회의는 1개의 회의실이 필요하다.
- 2차 회의는 502호를 사용한다.
- 4차 회의는 2차 회의에서 사용된 회의실을 1개 이상 사용한다.

───| 보기 |───

ㄱ 1차 회의는 반드시 502호를 사용하지 않는다.
ㄴ 3차 회의는 반드시 503호를 사용한다.
ㄷ 직전 차수 회의에 사용한 회의실을 다음 차수에 사용하지 않는다.

① ㄱ ② ㄴ ③ ㄱ, ㄷ
④ ㄴ, ㄷ ⑤ ㄱ, ㄴ, ㄷ

36. 다음 사례에서 드러나는 '포드'의 문제점은 무엇인가?

핀토(Pinto)는 1970년대에 미국 포드사에서 생산했던 자동차의 이름이다. 1978년 8월에 시속 50마일로 달리던 밴이 핀토를 뒤에서 들이받는 사건이 일어났다. 사고 당시 핀토의 연료탱크에서 발생한 화재로 인하여 핀토에 탑승하고 있던 세 사람이 사망하였다. 이에 유가족들은 포드사에 소송을 걸었고 담당 검사는 부주의에 의한 살인(Reckless Homicide)이라는 혐의로 포드를 기소하였다. 그는 포드가 핀토의 설계 결함을 이미 알고 있었고, 그것이 상당한 위험을 야기할 것을 예상했지만 핀토를 계속 판매했다는 점을 주장하였다. 실제로 포드의 과학기술자들은 핀토가 20마일 정도의 후미충격으로도 화재가 발생할 수 있는 결함을 가지고 있고, 6.65달러 정도의 추가 비용을 들여 안전장치를 설치하면 사고를 예방할 수 있다는 사실을 알고 있었다고 한다. 그러나 당시 사고차량은 연료탱크 뚜껑이 열려 있었고, 그로 인해 휘발유가 새어 나와 화재 위험이 많았다는 이유를 들며 소송에서 포드가 승리했다.

① 기업의 신용 구축의 미흡 ② 소비자에 대한 믿음 부족
③ 공·사 구분의 모호 ④ 제품에 대한 편견과 차별
⑤ 사회·윤리적 직업의식의 결여

37. 다음 중 차종별 등록 현황 추이에 대한 설명으로 옳은 것은?

〈국내 차종별 자동차 등록 현황〉

(단위 : 만 대)

구분		20X3년	20X4년	20X5년	20X6년	20X7년	20X8년	20X9년
전체 등록대수		1,794	1,844	1,887	1,940	2,012	2,099	2,180
전년 대비 증감대수		61	50	43	53	72	87	81
차종별	승용차	1,363	1,414	1,458	1,508	1,575	1,656	1,734
	승합차	105	102	99	97	95	92	89
	화물차	320	323	324	329	335	343	349
	특수차	6	5	6	6	7	8	8

① 차종별 등록대수가 가장 많은 것은 승용차이며, 20X9년은 전체 등록대수의 85% 이상이다.

② 20X6년 전체 자동차 등록대수는 전년 대비 43만 대 증가한 1,930만 대이다.

③ 화물차와 특수차의 수는 20X7년까지 꾸준히 증가하다가 20X8년 감소하였다.

④ 20X9년 승용차 등록대수는 20X3년 전체 자동차 등록대수보다 많다.

⑤ 20X6년 승합차 등록대수는 97만 대로 전년 대비 2만 대 감소하였다.

38. 어느 공장에서 생산한 제품 1,200개를 대상으로 불량 여부 검사를 하고 있다. 다음 〈조건〉을 바탕으로 할 때 1,200개 제품에 대한 불량률은?

| 조건 |

• 현재 미검수율은 45%이다.

• 검사가 끝난 제품 중 20개는 불량 제품이다.

• 검사를 하지 않은 제품 중 500개는 정상 제품이다

① 3%   ② 5%   ③ 7%

④ 9%   ⑤ 11%

39. 다음 (가)와 (나)를 읽고 도출할 수 있는 결론으로 적절한 것은?

> (가) 지난해 정부에서는 정보격차 해소를 위해 저소득층 가정의 아이들에게 컴퓨터 등의 정보 통신기기를 보급하였다. 이를 통해 저소득층 아이들의 정보 접근성 및 활용능력이 향상되고 학업성적의 향상에도 도움이 될 것으로 전망하였다. 그런데 올해 정보 통신기기를 지원받은 가정의 아이들의 학업성적을 살펴본 결과, 성적이 오른 아이들은 소수에 불과하고 대부분이 전과 유사한 성적에 머물거나 오히려 하락한 경우도 나타났다.
>
> (나) 정보 통신기기의 보급은 아이들로 하여금 다양한 지식을 쉽게 얻을 수 있도록 한다는 점에서 도움이 되지만, 수업에 대한 흥미와 집중력이 낮아지고 공부를 소홀히 하는 행동 등을 유발하여 학업성적이 떨어지는 이유가 되기도 한다. 그런데 정보 통신기기로 인한 학업성적의 하락은 저소득층 가정의 아이들에게서 더 큰 폭으로 나타나는데, 이러한 결과는 부모들의 관리에서 비롯된다고 보는 견해가 있다. 대부분 고소득층의 부모들은 자녀의 기기 활용에 대해 관리와 통제를 가하지만, 저소득층의 부모들은 이러한 관리에 대해 소홀한 경향이 있다는 것이다.

① 정보 통신기기의 보급은 정보격차 해소에는 도움이 되지만 아이들의 학업수준에는 부정적인 영향을 미친다.

② 정보 통신기기의 보급을 통하여 부모들의 소득수준과 아이들의 학업수준과의 관련성을 찾아볼 수 있다.

③ 저소득층 아이들의 학업성적은 정보 통신기기의 보급에 따라 영향을 받으므로 적절한 조절을 통해 아이들의 성적향상을 도울 수 있다.

④ 저소득층의 정보 통신기기 보급률은 고소득층보다 낮은 수준으로, 이로 인한 정보수준의 격차가 아이들의 학업에 영향을 미친다.

⑤ 아이들의 학업성적은 정보 통신기기의 보급보다 기기에 대한 관리와 통제가 더 중요하게 작용한다.

40. 다음 블록 조각 중 4개를 조합하여 정육면체를 만들고자 할 때 필요 없는 조각은?

①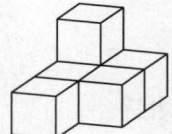

②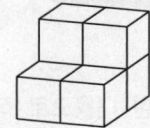

③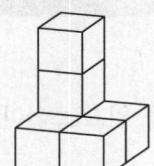

④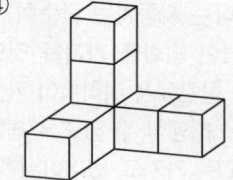

⑤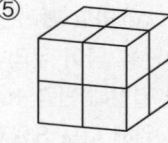

01. 다음 글을 읽고 스카이카에 대하여 판단한 내용으로 적절하지 않은 것은?

'스카이카(Sky Car)', '플라잉카(Flying Car)'라고 불리는 하늘을 나는 자동차는 단순히 도로와 하늘에서 모두 운행이 가능한 운송수단을 넘어 우리 삶에 다양한 변화를 가져올 것으로 기대되고 있다. 항공기와 자동차의 기능을 결합해 반경 10m의 좁은 공간에서 이착륙이 가능한 스카이카는 현재 항공기와의 충돌을 막기 위해 고도 8,000m 이상은 비행할 수 없도록 제한되고 있으며 스카이카 운전자는 운전면허와 비행면허 두 가지를 모두 가지고 있어야 한다.

스카이카는 교통 문제를 해결하고, 나아가 인류의 생활을 보다 발전시키기 위한 미래 교통수단이다. 일반 자동차처럼 도로 위를 마음껏 달리면서도 필요하면 얼마든지 자유롭게 하늘을 날아서 빠르게 목적지까지 이동할 수 있다. 다시 말해 스카이카는 누구나 한 번쯤은 꿈꿔봤을 미래의 모습을 현실로 만들어주는 드림머신(Dream Machine)이다.

처음에는 주로 소재와 기술의 한계를 시험하거나 단순한 호기심에서 시작한 것이었지만 현재는 부자들의 럭셔리한 운송수단 정도로 여겨지고 있다. 또한 시간이 흐를수록 점점 속도도 빨라지고 연비도 좋아졌으며 무엇보다 안전한 스카이카들이 속속 등장하고 있다.

현재까지의 스카이카 비행 방식은 크게 두 가지로 나눌 수 있는데, 자동으로 펼쳐지고 접을 수 있는 날개를 이용해 일반 비행기와 같이 날아다니는 CTOL 형태와 장착된 회전 날개를 이용해 수직이착륙이 가능한 VTOL이다. CTOL은 이륙을 위해 활주로가 꼭 필요하기 때문에 장소에 많은 제약을 받는다. 착륙 시에도 마찬가지로 활주로가 필요하므로 아무 장소에서나 비행을 하기는 어렵다. 따라서 실질적인 스카이카로서의 실용성은 수직이착륙이 가능해 아무 장소에서나 자유롭게 비행할 수 있는 VTOL이 더 높은 편이다. 하지만 VTOL은 CTOL에 비해 속도가 느리고 효율이 나쁜 단점이 있다.

① 스카이카의 등장은 운송수단으로서의 개념을 넘어 삶에 획기적인 변화를 몰고 올 것이다.
② 진정한 스카이카의 의미는 지상을 달리는 기능과 하늘을 나는 기능이 모두 있어야 한다.
③ 스카이카의 개발이 진행되면서 현재는 가격도 대중화 단계에 접어들었다.
④ 활주로가 없어도 비행이 가능한 방식은 VTOL 방식이다.
⑤ CTOL 방식은 VTOL 방식에 비해 효율이 좋다.

02. 각 스카이카의 특징에 대한 설명으로 가장 적절한 것은?

> 1926년 '자동차의 왕' 헨리 포드가 1인용 스카이카 '스카이 플라이버'를 만든 이후 하늘을 나는 자동차의 가능성을 발견한 인류는 끊임없이 스카이카 제작에 매달렸다. 1937년 에어로빌사에서 제작한 'Whatsit'와 1949년에 개발된 '테일러 에어로카' 등은 달리는 추진력을 이용하여 고안된 것으로 이때부터 비행기와 자동차 중간쯤으로 보이는 스카이카들이 나타나기 시작했다.
>
> 미국 테라퓨지아(Terrafugia)에서 만든 '트랜지션(Transition)'은 2009년 비공개 시험비행에 성공하고 2013년 공개된 시험비행을 통해 10분 비행 인증을 받은 스카이카이다. 도로에서는 100km/h, 도로 주행 중 이륙 후에는 비행속도 180km/h로 날 수 있다. 이것은 당시 사전예약판매 열기가 뜨거웠을 정도로 관심을 모았다. 또한 지난해 구글이 투자한 미국 기업 키티 호크는 1인승 비행 자동차 '키티 호크 플라이어(Kitty Hawk Flyer)'를 개발했는데, 아직 도로를 달리지는 못하지만 활주로 없이도 프로펠러를 이용한 수직이착륙이 가능하여 레저용으로 판매되고 있다. '우버(Uber)'와 '벨 헬리콥터(Bell Helicopter)'가 공동으로 개발하고 있는 '우버에어(Uber Air)'는 말 그대로 하늘을 나는 택시이다. 2023년 상용화를 목표로 현재 개발 중이며 특정 빌딩의 옥상 헬리콥터장 등 이착륙이 가능한 장소에서 비행 택시를 호출하는 서비스가 곧 이루어지게 된다고 한다. 뿐만 아니라 네덜란드 회사인 PAL-V의 '리버티(Liberty)'는 세계 최초의 생산 비행 차량이며, 유럽항공 안전국과 미연방 항공국의 인증을 받아 우버에어와 같은 상업용 비행 차량으로 활용될 예정이다.

① 헨리 포드가 만든 '스카이 플라이버'를 시작으로 사람들은 스카이카 제작에 매달리기 시작했다.

② 2009년 공개 시험비행에 성공한 스카이카는 미국 테라퓨지아에서 만든 '트랜지션'으로 이후 2013년에 있었던 시험비행으로 비행 인증을 받았다.

③ 프로펠러를 통한 수직이착륙이 가능한 '키티 호크 플라이어'는 당시에 사전예약판매 열기가 매우 뜨거웠다.

④ '리버티'는 세계 최초의 생산 비행 차량으로 도로 주행 시 100km/h, 이륙 후 비행속도는 180km/h가 된다.

⑤ '우버에어'는 우버(Uber)가 단독으로 개발하고 있는 하늘을 나는 택시이다.

03. 다음 주어진 도형을 한 번씩, 모두 사용하여 만들 수 없는 것은?

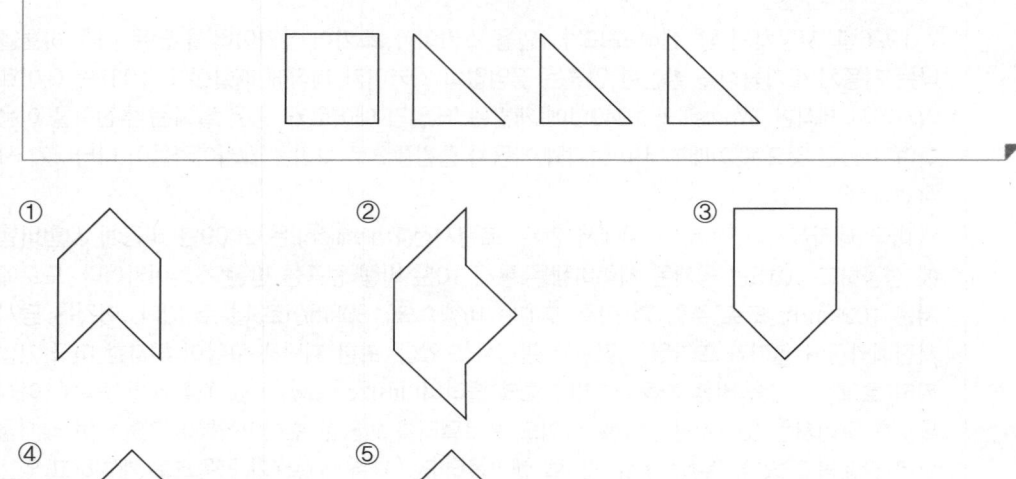

04. 대기 중에서는 상공으로 갈수록 기압이 낮아지므로 온도가 하강한다. 기온이 하강하는 비율을 기온 감률이라 하는데, 산을 오를 때 점점 시원해지는 것도 이 때문이다. 다음 제시된 체감온도 계산법에 따랐을 때 해발 고도 1,600m 지점에서 5m/s의 바람이 불고 있을 때의 체감온도는 몇 ℃인가? (단, 해발 고도 0m 지점의 기온은 5℃이다)

> 체감온도＝해발 고도 0m 지점의 기온－(해발 고도×기온 감률)－(1.6×바람의 초속)
> ※ 기온 감률은 0.7℃/100m라 가정한다.

① −14.0℃   ② −14.2℃   ③ −14.4℃
④ −14.6℃   ⑤ −14.8℃

05. 다음 조각 A ~ E 중 네 개로 우측의 평행사변형을 만들 때, 사용되지 않는 조각은?

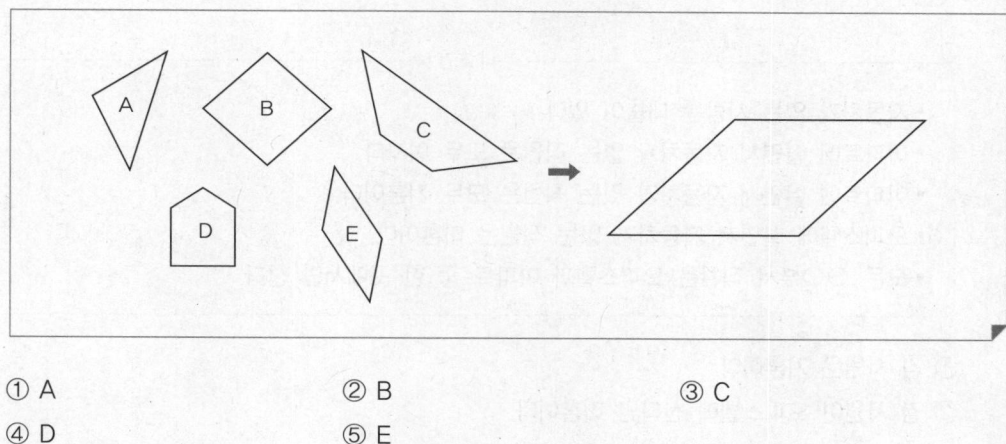

① A   ② B   ③ C

④ D   ⑤ E

06. C국의 특허출원 건수가 가장 많은 해에 D국의 특허출원 건수는 몇 건인가?

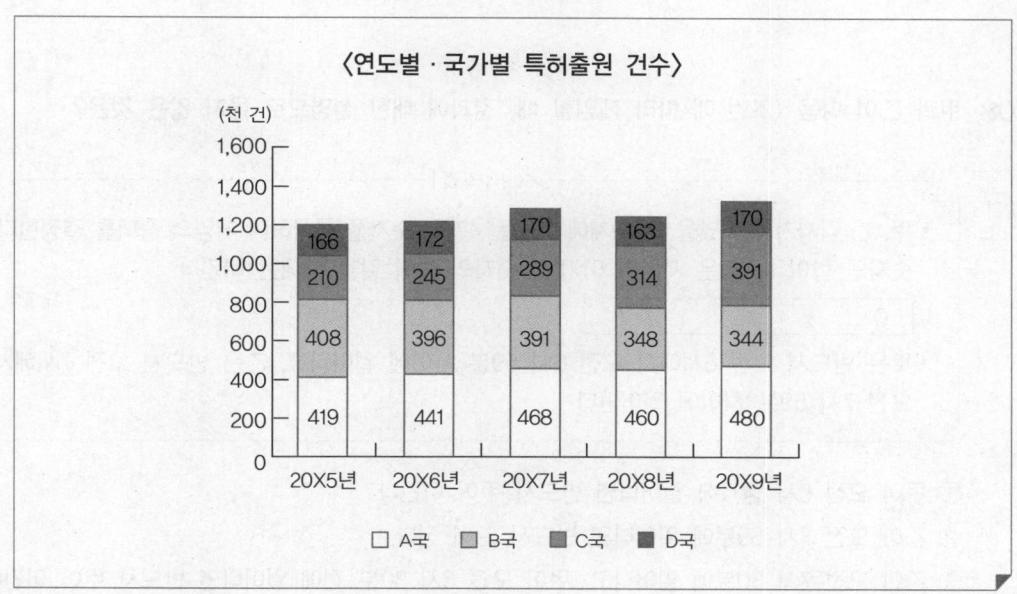

〈연도별 · 국가별 특허출원 건수〉

(천 건)

	20X5년	20X6년	20X7년	20X8년	20X9년
D국	166	172	170	163	170
C국	210	245	289	314	391
B국	408	396	391	348	344
A국	419	441	468	460	480

□ A국 ▨ B국 ▧ C국 ■ D국

① 163,000건   ② 166,000건   ③ 170,000건

④ 172,000건   ⑤ 175,000건

언어

언어별 빈출어 이론

수리

추리

공간지각

기출유형문제

1회

2회

3회

4회

5회

6회

인성 검사

면접 가이드

07. ○○부서 직원들이 다음 〈조건〉을 만족할 때, 대출이 없는 김 사원에 대한 설명으로 확실히 옳은 것은?

―| 조건 |―

• 자동차가 있는 사람은 대출이 있다.
• 아파트에 살면서 자동차가 없는 직원은 모두 여자다.
• 아파트에 살면서 자동차가 있는 직원은 모두 기혼이다.
• 오피스텔에 살면서 자동차가 없는 직원은 미혼이다.
• 모든 ○○부서 직원은 오피스텔과 아파트 중 한 곳에서만 산다.

① 김 사원은 기혼이다.
② 김 사원이 오피스텔에 산다면 미혼이다.
③ 김 사원이 아파트에 산다면 기혼이다.
④ 김 사원은 자동차를 가지고 있다.
⑤ 김 사원이 아파트에 산다면 김 사원은 남자다.

08. 甲과 乙이 다음 〈조건〉에 따라 게임할 때, 결과에 대한 설명으로 옳지 않은 것은?

―| 조건 |―

• 甲, 乙 각자가 일어났을 때 시계에 표시된 4개의 숫자를 합산하여 게임의 승패를 결정한다. 숫자의 합이 더 작은 사람이 이기고, 숫자의 합이 같을 때에는 비긴다.

| 0 | 9 | : | 1 | 5 |

• 甲은 반드시 오전 6시에서 오전 6시 59분 사이에 일어나고, 乙은 반드시 오전 7시에서 오전 7시 59분 사이에 일어난다.

① 甲이 오전 6시 정각에 일어나면 반드시 甲이 이긴다.
② 乙이 오전 7시 59분에 일어나면 반드시 乙이 진다.
③ 乙이 오전 7시 30분에 일어나고, 甲이 오전 6시 30분 전에 일어나면 반드시 甲이 이긴다.
④ 甲과 乙이 정확히 1시간 간격으로 일어나면 반드시 甲이 이긴다.
⑤ 甲과 乙이 5분 간격으로 일어나면 반드시 乙이 이긴다.

09. 다음 글을 읽고 〈보기〉의 사례에 해당하는 자율 주행 기술을 단계가 낮은 순서대로 바르게 나열한 것은?

> 자율 주행 기술은 6단계로 나누어져 있으며 레벨 0부터 레벨 5까지 완성도가 각각 다르다. 레벨 0은 온전히 인간이 하는 운전을 뜻하고 레벨 1은 현재 일반 차량에도 쉽게 적용되는 고속도로에서 앞 차량과의 자동 조절 기능이나 차선 이탈 경보장치 등을 생각하면 된다. 현재 고급 차량 중심으로 적용되는 반자율 주행 기능, 운전자 안전 보조 시스템(ADAS)은 레벨 2를 의미한다. 한산한 고속도로나 자동차 전용도로에서 잠시 운전대에서 손을 놓고 병따개를 딴다든지, 뒷좌석 등에서 물건을 집는 정도라 판단하면 된다.
>
> 우리가 여기서 언급하는 실질적인 자율주행차는 레벨 4 이상을 지칭하며 이 경우에는 사고가 발생해도 차량에 책임을 물을 수 있는 보험이 가능한, 거의 완벽한 자율 주행을 지칭한다. 레벨 4는 비상시에만 사람이 개입하고 모든 과정을 차량 내 컴퓨터가 해결한다는 뜻이며, 향후 5 ～ 6년 이후부터 적용될 가능성이 높다. 레벨 5는 완벽한 자율 주행 기능으로 핑크빛 꿈으로 생각할 수 있다. 언제 적용될 것인지는 가늠하기 어렵지만 모든 과학기술이 총합되어 구현될 것으로 판단된다. 문제는 어떠한 상황에서도 사고가 발생하지 않아야 한다는 것이다.
>
> 자율 주행 레벨 3은 올해부터 본격화된다. 자동차 제작사에서는 상대적으로 한산하고 안전한 대낮의 고속도로 등에서 손을 운전대에서 놓고 자동으로 운전하는 것을 만끽할 수 있다고 광고하고 있다. 그러나 도로교통법에는 운전자는 운전대를 잡고 전방 주시를 해야 한다는 항목이 있다. 문제가 발생하면 모든 책임은 운전자에게 있다는 뜻이다. 실제로 사고가 발생하면 모든 책임은 운전자에게 있다. 아직 이 문제와 관련한 보험도 없고 관련법도 정비가 되어 있지 않은 상태.

| 보기 |

> ㉠ 차선 변경 시 뒤의 차와 간격이 가까우면 경보가 울린다.
> ㉡ 운전자가 없이도 차가 자동으로 목적지까지 이동한다.
> ㉢ 운전자는 전방만을 주시하고 차량의 운행은 자동으로 이루어진다.
> ㉣ 차가 적은 자동차 전용도로에서 운전자가 운전대에서 손을 잠시 놓을 수 있다.
> ㉤ 비상시를 제외한 상황에서는 운전자의 개입 없이 차가 자동으로 운행된다.

① ㉠, ㉢, ㉣, ㉡, ㉤
② ㉠, ㉢, ㉤, ㉣, ㉡
③ ㉠, ㉣, ㉢, ㉤, ㉡
④ ㉣, ㉠, ㉢, ㉤, ㉡
⑤ ㉣, ㉠, ㉤, ㉢, ㉡

10. 다음은 H사 직원 350명을 대상으로 차량 보유 현황 및 운용비용을 조사한 자료이다. 이에 대한 분석으로 옳은 것은?

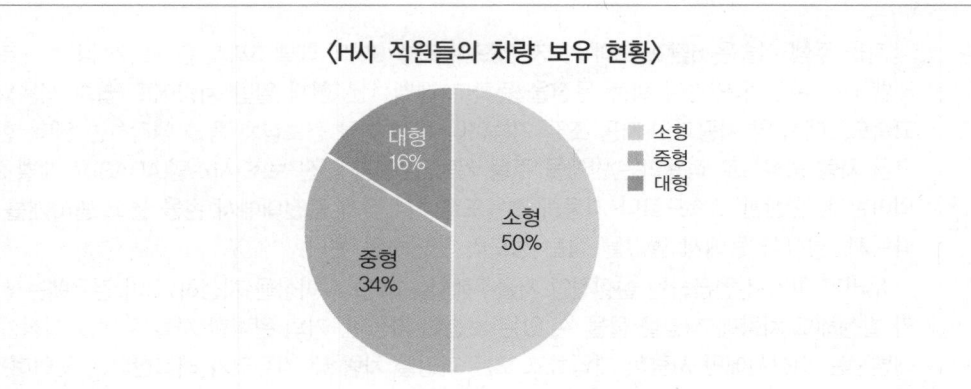

〈H사 직원들의 차량 보유 현황〉

- 소형
- 중형
- 대형

대형 16%
소형 50%
중형 34%

〈1인당 월간 교통비용〉

소형	중형	대형
30만 원	45만 원	55만 원

※ 총 교통비용(원)=1인당 월간 교통비용×직원 수

ㄱ. 중형 자동차를 보유하고 있는 직원은 100명 이상이다.
ㄴ. 소형 자동차를 보유하고 있는 직원들의 총 교통비용은 5천만 원 이하이다.
ㄷ. 한 직원이 보유하고 있던 소형차를 중형차로 바꾼다면 총 교통비용 또한 많아진다.

① ㄱ   ② ㄴ   ③ ㄱ, ㄴ
④ ㄱ, ㄷ   ⑤ ㄴ, ㄷ

11. 다음 제시된 단어와 반대의 뜻을 가진 단어를 고르면?

tiny

① major   ② rough   ③ solid
④ huge   ⑤ fancy

12. 다음 제시된 도형이 시계 방향으로 90° 회전했을 때의 모양으로 옳은 것은?

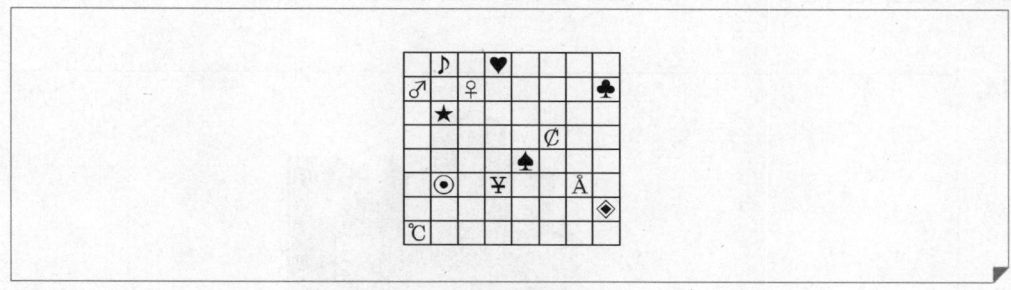

① ② ③ ④ ⑤

13. 다음 제시된 단어와 비슷하거나 같은 뜻을 가진 단어를 고르면?

terminate

① destroy ② end ③ limit
④ justify ⑤ apologize

[생산직] 인적성검사

[14 ~ 15] 다음 그림과 같이 쌓기 위해 필요한 블록의 개수를 고르시오 (단, 블록의 모양과 크기는 모두 동일한 정육면체이며, 보이지 않는 뒷부분의 블록은 없다)

14.

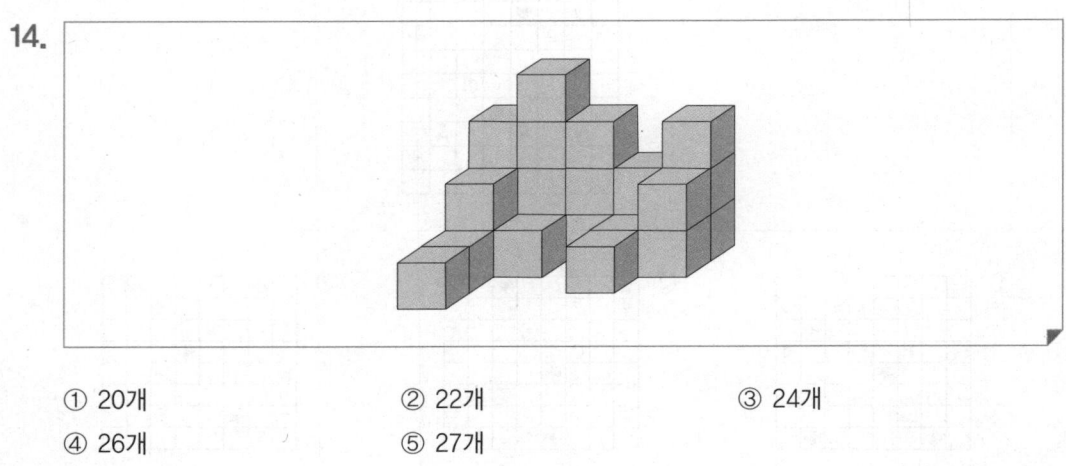

① 20개   ② 22개   ③ 24개
④ 26개   ⑤ 27개

15.

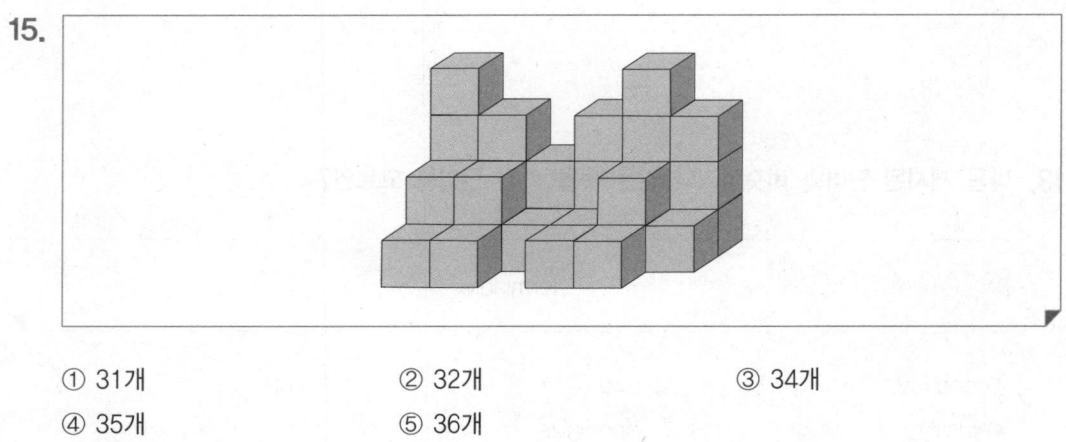

① 31개   ② 32개   ③ 34개
④ 35개   ⑤ 36개

16. 다음 글을 읽고 문맥의 흐름에 맞게 (가) ~ (라)를 순서대로 나열한 것은?

> 석유를 원료로 하는 가솔린, 디젤, LPG 자동차 등은 연료의 성분이 C_xH_y, 즉 탄소(C)와 수소(H)의 성분으로 되어 있다. 물론 이 성분 외의 다른 성분도 있지만 대부분을 차지하는 것은 탄소와 수소다. 이러한 연료가 연소된다는 의미는 공기 중의 산소와 결합한다는 것을 말한다.
>
> (가) 이러한 이유로 이산화탄소를 배출하지 않는 자동차인 전기자동차가 부상한 것이다. 전기자동차는 모터를 이용하여 자동차의 바퀴를 구동하므로 사실상 손쉬운 원리라고 할 수 있다. 따라서 전기자동차는 가솔린자동차보다 먼저 실용화되어 1880년대 후반부터 1900년대 초 · 중반에는 많이 사용되었다. 그러나 성능의 한계가 있어 점차 자취를 감추게 되었다. 전기자동차는 배터리가 매우 중요한데, 이때 사용되었던 납산 배터리는 한계가 있었던 것이다. 그러나 전기자동차의 배터리 성능이 향상되면서 지구온난화라는 명제를 해결하기 위해 전기자동차가 다시 부각되고 있다. 전기자동차에 사용되는 배터리는 리튬이온 배터리이다.
>
> (나) 만약 엔진이 연소를 시킬 때 산소가 부족하게 되면 일산화탄소(CO)가 발생되고, 연소가 안 된 상태로 배출되면 탄소와 수소의 성분인 탄화수소(HC)가 배출된다. 이산화탄소와 물로 변하는 것은 완벽하게 연소될 때를 의미하며, 불완전연소가 일어나면 일산화탄소와 탄화수소가 발생하게 된다.
>
> (다) 그러나 이처럼 완벽하게 연소시켜도 이산화탄소는 배출될 수밖에 없다. 이산화탄소는 지구온난화를 가속화하는 요인으로 알려져 있다. 따라서 석유를 쓰는 한 이산화탄소 배출로 인한 지구온난화는 피할 수 없는 것이다. 더구나 자동차는 운전조건이 까다롭고 변화가 심하기 때문에 완전연소로 이산화탄소와 물만 배출하는 것은 거의 불가능하다. 즉, 석유를 사용하지 않아야 해결될 수 있는 것이다. 이러한 이유로 석유를 사용하지 않는 자동차를 만드는 것은 매우 중요한 사명이 되었다.
>
> (라) 자동차는 엔진 내에 연료를 넣고 공기와 혼합 후 불을 붙여 연소시키는데, 이때 탄소(C)가 산소(O_2)와 결합하면 이산화탄소(CO_2)가 만들어지며, 수소(H_2)가 산소(O_2)와 결합되면 물(H_2O)이 되는 것이다. 즉, 석유계의 연료는 연소하면 이산화탄소(CO_2)와 물(H_2O)을 만든다.

① (가)-(다)-(라)-(나)   ② (다)-(라)-(나)-(가)   ③ (라)-(나)-(다)-(가)

④ (라)-(다)-(가)-(나)   ⑤ (라)-(다)-(나)-(가)

17. 다음은 여섯 친구들의 제주도 여행 참석 여부를 조사한 결과이다. 항상 참인 것은?

> • 미선 : 은수가 가면 나도 갈게.
> • 은수 : 희영이가 가지 않으면 나도 안 가.
> • 희영 : 미선이가 가면 나도 갈게.
> • 영광 : 경은이가 가면 나도 갈게.
> • 경은 : 정욱이가 간다면 난 안 갈래.
> • 정욱 : 난 아직 어떻게 할지 모르겠어.

① 미선이가 가지 않으면 영광이도 가지 않는다.
② 은수가 가면 희영이는 가지 않는다.
③ 영광이가 가면 희영이도 간다.
④ 경은이의 참가 여부는 아직 알 수 없다.
⑤ 영광이가 가면 은수도 간다.

18. 두영, 석훈, 용현, 칠선, 광수, 정신의 여섯 사람은 점심 먹기, 영화 보기, 커피 마시기, 축구하기 중 각자 두 가지씩의 활동을 했다. 다음 진술이 모두 참일 때, 다음 중 축구를 하지 않은 사람은? (단, 한 가지 활동에 둘 이상의 사람이 함께할 수 있다)

> • 두영 : 광수와 점심을 먹은 후에 칠선이와 축구를 했어.
> • 석훈 : 용현이와 영화를 본 후에 정신이와 커피를 마셨어.
> • 용현 : 석훈이를 만나서 커피를 마셨어.
> • 칠선 : 두영이와 점심을 먹고 축구도 함께 했어.
> • 광수 : 함께 점심을 먹은 친구들에 한 명을 더해 축구를 했어.

① 두영 ② 용현 ③ 칠선
④ 광수 ⑤ 정신

19. 이 대리는 사무실에서 사용할 볼펜 31개를 구매하기 위해 판매처를 알아보았다. 판매처별 가격 정보가 다음과 같을 때, 이 대리가 볼펜 구매에 지불할 최소 금액은 얼마인가?

구분	볼펜 개당 가격	택배비
판매처 A	1,560원	4,300원
판매처 B	1,550원	4,500원
판매처 C	1,540원	5,000원

① 52,480원　　　　　② 52,550원　　　　　③ 52,660원
④ 52,740원　　　　　⑤ 52,810원

20. 박 씨는 미국으로 여행을 갔다가 길거리에 있는 온도표지판을 보고 놀랐다. 대화를 참고했을 때 화씨 92도는 섭씨 몇 도인가? (단, 소수점 아래 둘째 자리에서 반올림한다)

> 가이드 : 미국은 한국과 달리 화씨온도를 사용합니다.
> 박 씨 : 그러면 화씨 92도는 섭씨로 몇 도인가요
> 가이드 : 제가 힌트를 드릴테니 한 번 맞혀보세요. 화씨 32도는 섭씨 0도이고, 화씨 212도는 섭씨 100도입니다.

① 섭씨 29.7도　　　　② 섭씨 33.3도　　　　③ 섭씨 37.4도
④ 섭씨 43.1도　　　　⑤ 섭씨 53.9도

21. 다음 두 블록을 합쳤을 때 나올 수 없는 형태를 고르면? (단, 회전은 자유롭다)

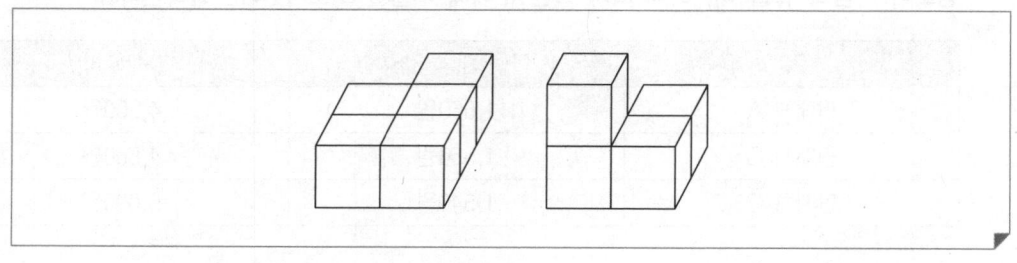

① 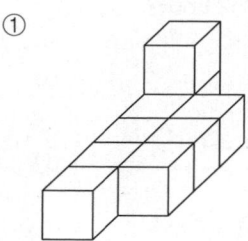　② 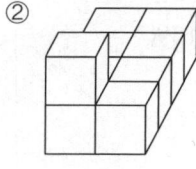　③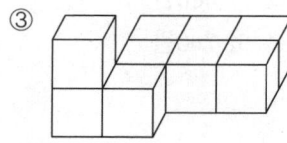

④ 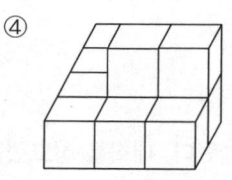　⑤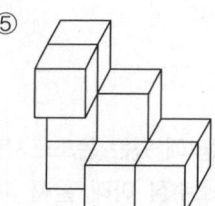

22. 어느 아파트 옥상의 수조를 비우는 데 P관은 12분, Q관은 18분, R관은 36분이 걸린다. 3개의 관을 동시에 열어 가득 찬 수조를 비우려면 몇 분이 걸리는가?

① 2분　　　　　　　② 4분　　　　　　　③ 6분
④ 10분　　　　　　⑤ 11분

23. 100보다 작은 자연수 x와 54의 최대공약수는 18이고, x와 40의 최대공약수는 4이다. x와 54의 최소공배수를 a, x와 40의 최소공배수를 b라 할 때 $a+b$를 구하면?

① 256　　　　　　　② 324　　　　　　　③ 468
④ 548　　　　　　　⑤ 552

24. 다음 제시된 도형과 동일한 것은?

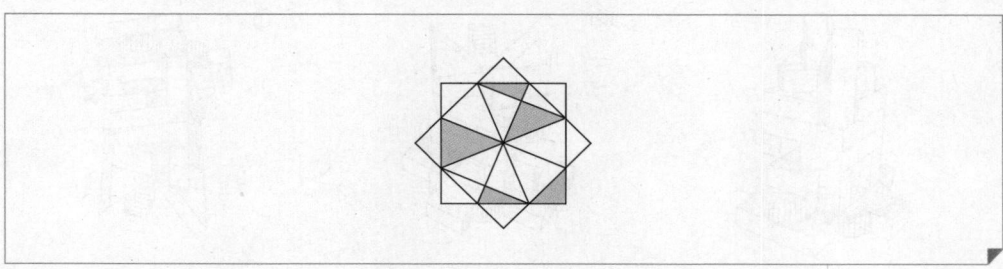

①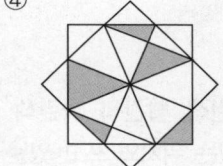

②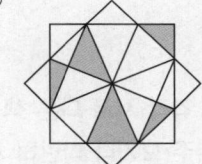

③

④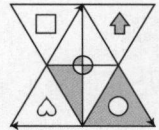

⑤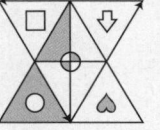

25. 다음 제시된 도형과 동일한 것은?

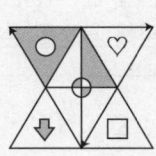

①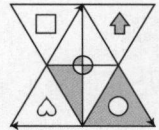

②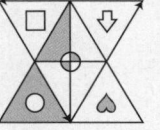

③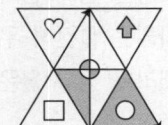

④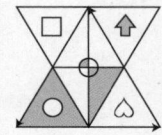

⑤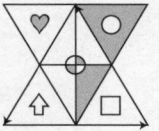

26. 다음 입체도형 중에서 나머지와 다른 하나를 고르면?

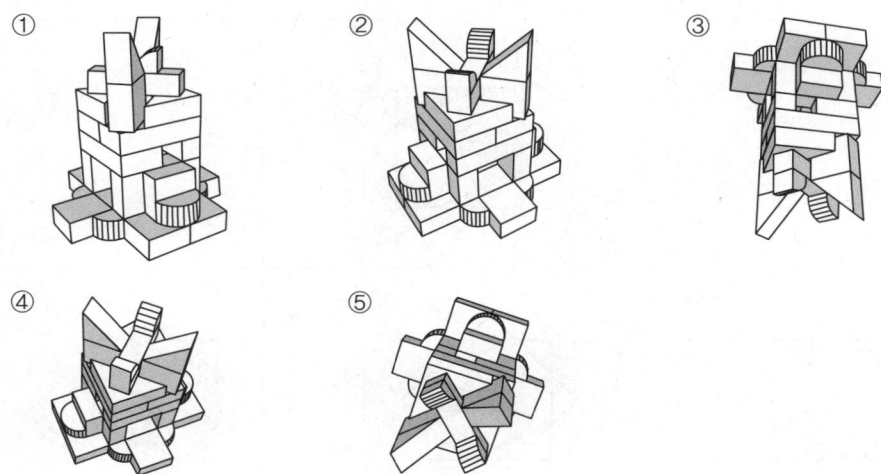

① ② ③ ④ ⑤

27. 송 차장, 김 과장, 이 대리, 정 사원이 각각 서로 다른 색상의 우산(노란색, 빨간색, 파란색, 검은색)을 쓰고 횡단보도를 사이에 두고 마주 보거나 나란히 서 있다. 서 있는 위치와 쓰고 있는 우산의 〈조건〉이 다음과 같을 때, 이에 대한 설명으로 옳은 것은?

─| 조건 |─

• 김 과장은 노란색 우산을 쓰고 있다.
• 이 대리는 맞은편에 노란색과 검은색 우산을 쓴 직원이 나란히 보인다.
• 정 사원은 맞은편에 빨간색 우산을 쓴 직원만 보인다.
• 이 대리가 볼 때 송 차장은 검은색 우산을 쓴 직원의 왼편에 있다.

① 이 대리는 검은색 우산을 쓰고 있다.
② 김 과장과 정 사원은 나란히 서 있다.
③ 송 차장은 김 과장과 마주 보고 서 있다.
④ 정 사원은 빨간색 우산을 쓰고 있다.
⑤ 이 대리와 정 사원은 나란히 서 있다.

[28 ~ 29] 다음은 20X6년 2월 동안 각 회사별로 생산한 자동차 중 친환경 자동차의 비율을 나타낸 자료이다. 이어지는 질문에 답하시오.

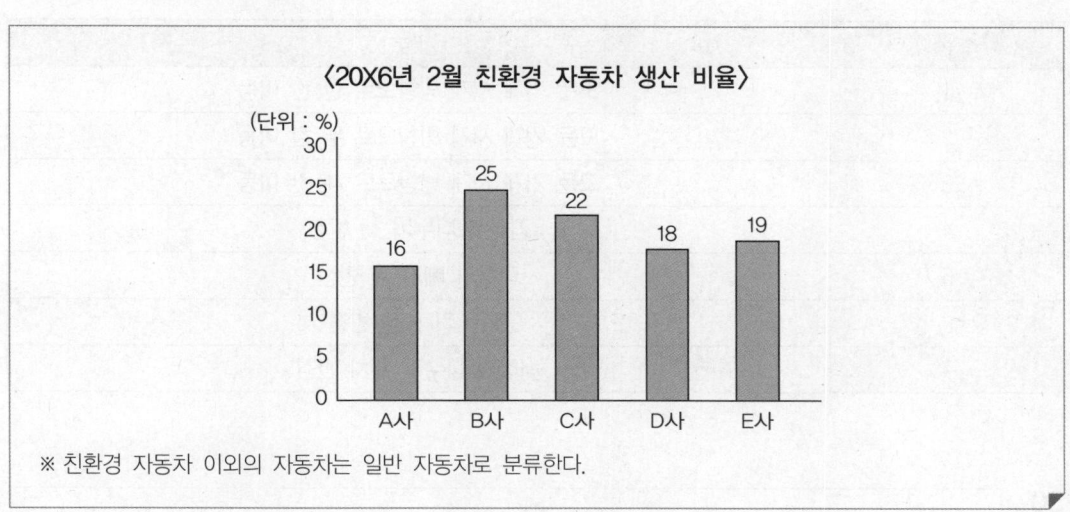

〈20X6년 2월 친환경 자동차 생산 비율〉

(단위 : %)

※ 친환경 자동차 이외의 자동차는 일반 자동차로 분류한다.

28. 일반 자동차 생산 비율 대비 친환경 자동차의 생산 비율이 25% 이상일 때 친환경 기업 코드가 부여된다. 다음 중 친환경 기업 코드를 부여받을 수 있는 회사를 모두 고른 것은?

① A사, B사　　　　② B사, C사　　　　③ B사, C사, E사
④ B사, C사, D사, E사　　　　⑤ A사, B사, C사, D사, E사

29. 20X6년 2월 동안 A사와 B사에서 생산된 자동차 수가 각각 10만 대와 8만 대일 때, 두 회사가 생산한 총 차량 수에서 친환경 자동차가 차지하는 비율은 몇 %인가?

① 20%　　　　② 21%　　　　③ 22%
④ 23%　　　　⑤ 24%

[30 ~ 31] 스위치를 두 번 눌러서 다음과 같이 바꾸었을 때, 다음 표를 참고하여 스위치를 누른 순서를 고르시오.

스위치	기능
1	모든 기계 시계 방향으로 한 칸 이동
2	모든 기계 시계 방향으로 두 칸 이동
3	모든 기계 시계 방향으로 세 칸 이동
4	곱하기 나누기 색 반전
5	더하기 빼기 색 반전
6	모든 기계 색 반전
7	더하기 나누기 위치 변경

30.

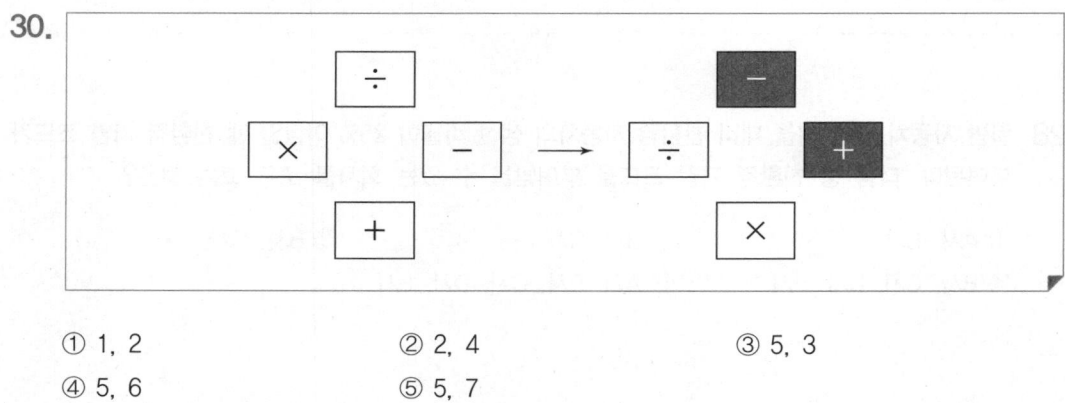

① 1, 2   ② 2, 4   ③ 5, 3

④ 5, 6   ⑤ 5, 7

31.

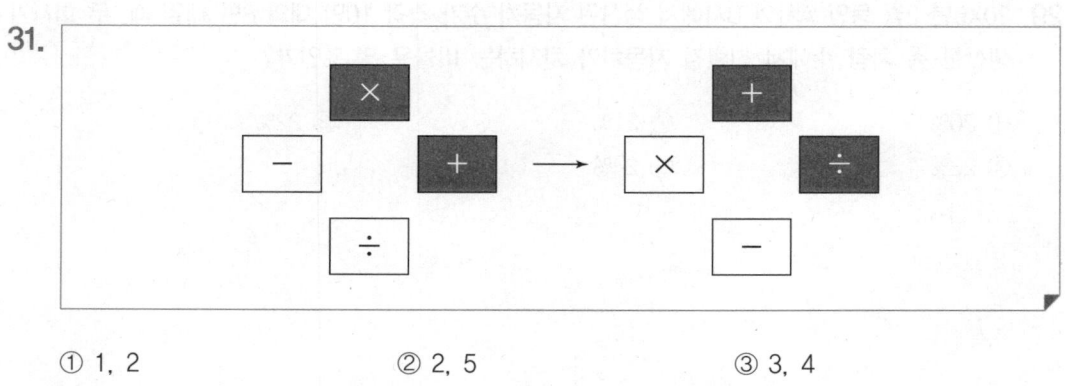

① 1, 2   ② 2, 5   ③ 3, 4

④ 4, 5   ⑤ 5, 7

32. A와 B는 회사 구내식당에서 점심을 먹고 계단 오르기 게임을 했다. 다음 내용을 토대로 할 때, 〈보기〉에서 항상 옳은 것은?

- A와 B는 10번째 계단에서 가위바위보 게임을 시작했다.
- 가위바위보를 하여 이기는 사람은 3계단을 오르고, 진 사람은 1계단을 내려가기로 했다.
- A와 B는 가위바위보를 10번 했고, 비긴 경우는 없었다.

| 보기 |

가. A가 가위바위보에서 3번 졌다면 B보다 16계단 위에 있을 것이다.
나. B가 가위바위보에서 6번 이겼다면 A보다 8계단 위에 있을 것이다.
다. B가 가위바위보에서 10번 모두 이겼다면 30번째 계단에 올라가 있을 것이다.

① 가　　　　　　　　② 나　　　　　　　　③ 다
④ 가, 나　　　　　　　⑤ 나, 다

33. 박 대리는 회의 시간에 마실 팀원들의 음료를 주문하였다. 다음 〈정보〉의 진위 여부가 확실하지 않다고 할 때, 〈보기〉에서 올바른 추론을 모두 고른 것은?

| 정보 |

정보 1. 회의 참석 인원을 통틀어 최소한 세 명 이상이 음료를 한 잔씩 주문하였다.
정보 2. 주문한 음료는 아메리카노, 카페라테, 레모네이드, 녹차 중 적어도 두 종류 이상이다.
정보 3. 아메리카노를 시킨 사람은 최소한 두 명, 카페라테를 주문한 사람은 최소 세 명이다.

| 보기 |

추론 A : 정보 1이 참이라면 정보 2도 참이다.
추론 B : 정보 2가 참이라면 정보 1도 참이다.
추론 C : 정보 3이 참이라면 정보 1도 참이다.
추론 D : 정보 3이 참이라면 정보 2도 참이다.

① 추론 A, C　　　　　② 추론 B, D　　　　　③ 추론 C, D
④ 추론 A, B　　　　　⑤ 추론 B, C

4회 기출유형문제　**161**

34. 다음 (가) ~ (라)를 문맥에 맞게 순서대로 배열한 것은?

> (가) 스마트폰의 혁신에서 스티브 잡스의 기여는 대단하다. 그는 직관적 인터페이스를 강조하여 터치스크린과 애플리케이션으로 스마트폰을 단순한 고급 휴대 전화나 소형 컴퓨터가 아닌, 사람들이 항상 휴대하거나 필수로 간직하게 되는 것으로 만들었다. 이것은 착용하는 것이라는 표현이 더 적절할 것이다.
>
> (나) 스마트폰이 성공을 거둔 것도 그것이 휴대 전화와 인터넷 단말기를 복합하여 소형화한 것이어서가 아니다. 스마트폰은 그것 자체가 하나의 문화가 되었다. 어느 누구든 항상 연결의 망 속에서 주체를 발견할 수 있다. 카카오톡이나 카카오스토리라는 파생 상품이 성공을 거둔 것도 그러한 이유이다. 어떤 기술도 인문학적 소양이나 예술적 감각이 없이는 우리 사회에서 과연 그 쓸모를 말할 수 있을까 싶을 정도로 오늘날 우리 사회는 융합이 필요하다.
>
> (다) 스마트폰이 우리 생활에서 가져온 혁신과 혁명을 일일이 거명하기란 어려울 것이다. 스마트폰은 컴퓨터이면서 전화기이고, 전화기이자 인터넷 검색기이기도 하다. 휴대 전화나 인터넷, 컴퓨터 하나하나는 이미 만들어져 있는 것이다. 스마트폰은 이것을 하나로 모아서 휴대가 가능하게 했다.
>
> (라) 스티브 잡스는 기술, 인문, 예술의 융합을 강조했다. 그가 말하는 직관적 인터페이스도 이러한 융합적 사고로부터 만들어진 산물이다. 이러한 융합적 사고나 융합적 재능은 천재적 개인의 창조적 능력에만 그치는 것은 아니다. 우리의 삶이나 생활이 이제는 융합적 사고를 하지 않고서는 안 되게 만들어지고 있다.

① (가)-(다)-(라)-(나) ② (나)-(가)-(라)-(다) ③ (다)-(가)-(나)-(라)
④ (다)-(가)-(라)-(나) ⑤ (다)-(라)-(가)-(나)

35. 〈보기〉에 제시된 영단어들의 의미에 해당하지 않는 것을 고르면?

> ─────| 보기 |─────
>
> progress, challenge, procedure, location, document

① 절차   ② 지도   ③ 문서
④ 진전   ⑤ 도전

36. 다음 글의 제목으로 가장 적절한 것은?

> 본격적인 여름이 시작되기 전 우리를 잊지 않고 찾아오는 불청객이 있다. 바로 우리의 목과 눈을 괴롭히는 오존(Ozone)이다. 오존은 특유의 냄새가 나고, 눈을 자극해서 따갑게 하고, 호흡기 질환도 일으키기 때문에 노약자, 어린이는 외출을 자제해야 할 정도로 위험하다. 이렇게 오존은 인체에 해로운 물질이다.
>
> 그러나 오존이라고 해서 모두 나쁜 것은 아니다. 기후변화와 관련된 이야기를 할 때면 항상 언급되는 것이 오존층 파괴다. 오존층은 지구 표면에서 약 10 ~ 50km 상공의 성층권에 존재한다. 인류를 포함해 지구상에 생명체가 존재할 수 있도록 태양의 자외선을 차단하는 기능을 수행한다. 태양에서 오는 강력한 자외선을 걸러 주는 필터 역할을 하여 피부암, 피부노화 등을 막아 준다.
>
> 지구상 2번째로 강한 살균력을 자랑하는 오존은 적절히만 사용하면 우리에게 더 없이 유익하다. 더러운 하수를 살균하고 악취를 제거하는 기능은 물론이고 농약 분해, 중금속 제거, 유해물질 분해, 세균 사멸, 면역 반응 증진 등에도 오존이 활용된다. 또 고도의 청결을 요하는 반도체 생산공정에도 오존이 사용되고 최근엔 오존이 세포에 산소를 공급해 면역력을 높인다는 사실이 밝혀져 의료 분야에도 응용되고 있다.
>
> 반면 대기 오염 부산물로 발생하는 오존은 인체를 비롯한 생명체에 치명적이다. 자동차 배기가스, 공장 매연으로 인한 대기 오염이 오존 생성을 촉진한다. 특히 바람 한 점 없는 무더운 날에는 오존이 더욱 잘 생성된다.
>
> 오존은 자극성 및 산화력이 강한 기체이기 때문에 감각기관이나 호흡기관에 민감한 영향을 미친다. 오존으로 가장 치명적인 손상을 입는 기관은 호흡기다. 또 호흡기를 통해 체내에 들어온 고농도 오존은 기도나 폐포 등과 접촉하게 된다. 이 조직들은 여러 물질들을 함유한 액체의 막으로 덮여 있는데, 이 막이 얇은 경우에는 오존에 의해 조직이 직접 손상을 받을 수 있다. 두꺼운 경우에는 오존이 액체와 반응하는 과정에서 2차적으로 반응성이 강한 물질들을 만들어 내 조직에 손상을 줘서 폐 기능을 약화시킬 수 있다.

① 강력한 살균기, 오존   ② 오존의 발생원인
③ 오존층이 지구에 주는 영향   ④ 오존의 두 얼굴
⑤ 오존주의보가 위험한 이유

37. 제시된 〈보기〉와 동일한 도형은?

┤ 보기 ├

①  ② 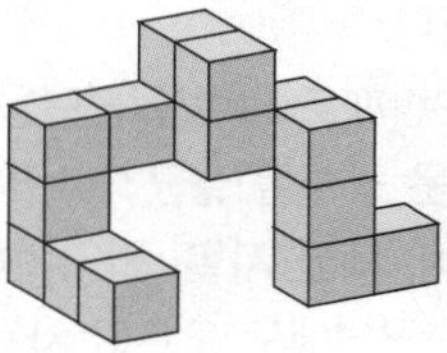 ③  ④ 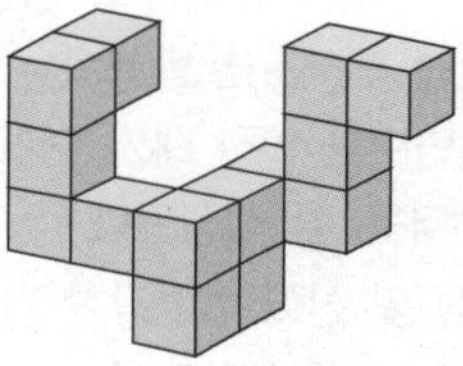 ⑤

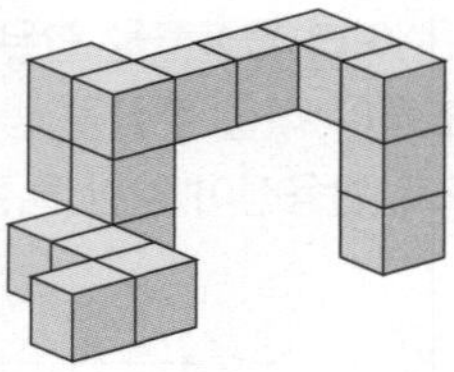

38. 어느 공장에서 사용하던 A 기계 50대 중 16대를 B 기계로 교체했다. 다음 자료로 판단할 때, 기계 교체 전후의 1일 손실액 차이는?

구분	A	B
1대당 하루 생산량(개)	5,000	8,500
불량률(%)	2	1
불량품 1개당 손실액(원)	6,000	7,000

① 80,000원　　② 80,500원　　③ 81,000원　　④ 81,500원　　⑤ 82,000원

39. 제품 A와 제품 B를 만드는 데 필요한 원재료 X와 원재료 Y의 비는 각각 3 : 4, 3 : 7이라고 한다. 제품 A와 제품 B를 7 : 5의 비로 총 4톤 생산할 때 필요한 원재료 Y는 몇 kg인가? (단, 주어진 비는 모두 질량비다)

① 1,500kg   ② 2,000kg   ③ 2,500kg
④ 3,000kg   ⑤ 3,500kg

40. 다음 두 개의 블록을 결합했을 때 나올 수 없는 형태를 고르면?

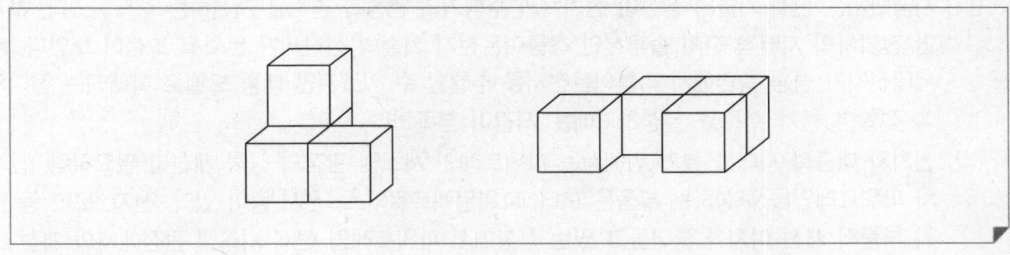

① 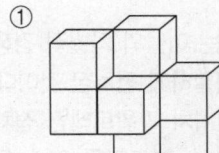   ② 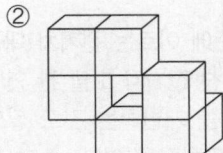   ③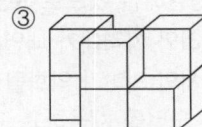

④ 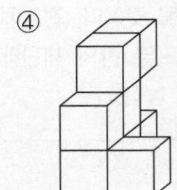   ⑤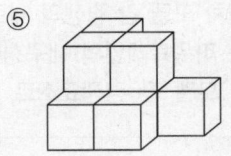

생산직 **5회 기출유형문제**

문항수 | 40문항
시험시간 | 30분

▶ 정답과 해설 31쪽

[01 ~ 02] 다음 글을 읽고 이어지는 질문에 답하시오.

(가) 지금까지 전기차는 내연기관차보다 주행거리가 짧았고 내연기관차보다 가격대가 높았다. 그러다 보니 전기차가 자동차 시장에서 점유하는 비중은 제한적이었다. 그러나 2020년대 안에는 주행거리와 가격대가 내연기관차 수준에 이를 것으로 전망된다.

(나) 여기에다 여러 국가가 정해 놓은 내연기관차 연비 규제 시기가 다가오고 있다. 2020년의 규제는 어떻게라도 피해 갈 수 있었지만 2025년의 규제를 피하려면 전기차 사업의 확대가 필요하다. 자동차 기업의 전체 판매량에서 10% 가까이를 전기차로 전환해야 막대한 벌금을 피할 수 있다. 대중 소비자를 목표로 한 보급형 전기차 모델이 쏟아지는 원인이다.

(다) 지금까지는 전지 기술의 성장이 전기차의 주행거리 연장과 원가를 개선하는 주축이었다. 하지만 전기차의 지배적 전지 솔루션인 리튬이온전지 기술의 성장세가 둔화될 조짐이 보인다. 차세대전지가 성능 측면에서 리튬이온전지를 추월할 수 있겠지만 대중 모델로 확대되는 전기차에 적합한 원가 수준을 달성하기에는 시간이 부족하다.

(라) 전기차 대중화 시대를 열기 위해서는 파워트레인 시스템 관점의 성능 개선이 필요하다. 전기차 파워트레인을 구성하는 부품은 모터, 파워일렉트로닉스, 전지 등이 있다. 전지, 모터 등 단위 부품의 개선 여지가 줄어들고 있는 상황에서 파워트레인 전체 시스템 관점에서의 개선 노력이 활발해질 것으로 보인다.

(마) 주행거리와 가격대가 내연기관차 수준에 이르는 전기차 대중화 시대에는 이들의 차별적 경쟁 요소로서의 의미가 약화될 것이다. 대신 전기차 모델 간 연비 경쟁이 치열하게 펼쳐질 것이다. 고효율 모터를 채용하고 고밀도 전지를 개발하는 것도 필요하지만, 전기차 파워트레인 전체 시스템 관점의 에너지 효율이 더 중요해질 것이다. 초기 가속성, 정숙성, 부드러운 감속 등 전기차만의 독특한 사용 경험이 전기차 모델 간 경쟁의 새로운 요소로 부각될 것이다. 전기차 부품 중에서 원가 비중이 가장 높은 파워트레인의 내구성에 따라 전기차 모델 간의 재판매 가치가 달라질 것이고, 이는 전기차 모델 간 경쟁요소로 이어질 가능성이 높다.

---

01. 내용을 구체화하기 위하여, 다음 글로 윗글의 한 문단을 대체하려 할 때, 가장 적절한 곳은?

전기차의 주행거리를 연장하는 방법은 세 가지가 있다. 연료탱크에 해당하는 전지팩 저장 용량을 늘리거나, 차체 무게를 줄이거나, 동력을 만들어 바퀴로 전달하는 역할을 하는 파워트레인 구동 효율을 높이는 것이다. 이제까지의 전기차의 성능 향상과 주행거리 연장을 위한 노력은 주로 전지팩 용량을 최대한으로 키우고, 가벼운 소재를 적용하는 데 집중되었다. 주행거리 연장 측면에서 파워트레인은 상대적으로 관심을 덜 받아 왔다.

그러나 전지의 성능 향상 속도가 둔화되고 있는 상황에서 파워트레인의 구동 효율 개선에 주목할 필요가 있다. 전기차 파워트레인의 핵심은 전지, 모터, 그리고 전기 특성을 제어하는 파워일렉트로닉스다. 우선 전지셀이 들어있는 전지팩 설계를 개선하여 파워트레인의 구동 효율을 높이는 시도가 본격화되고 있다. N사는 전지팩의 내부 구조를 개선하여 공간과 무게 효율성을 향상시킬 계획이다. T사는 전지팩 내부 공간 활용도를 높임과 동시에 무게까지 줄였다. 고효율 모터 개발도 본격적으로 진행되고 있다. G사는 고속 회전에 적합한 모터 부하 설계 기반으로 구리 밀도를 최대한으로 높인 코일을 적용하여 출력 밀도를 최적화했다.

T사는 출력 밀도 개선을 위해 모터 내부의 열적 안정성을 최대한 확보했다. 전기차 전용 인버터와 컨버터 개발은 물론 운전자 맞춤형 알고리즘 설계로 파워일렉트로닉스 효율을 높이는 사례도 나오고 있다.

① (가) ② (나) ③ (다)
④ (라) ⑤ (마)

02. 다음 중 윗글을 읽고 나타낸 반응이 적절하지 않은 사람은?

A 사원 : 정부의 규제가 사업의 방향을 바꿀 수 있다는 것을 다시 한 번 알게 되었네요. 소비자들이 최근 들어 더 많은 전기차 모델을 접하게 된 것도 이와 관련이 있어요.

B 사원 : 소비자들에게 어필하기 위해서는 각 기업이 파워트레인 시스템을 개선해서 전기차의 가격경쟁력을 높이는 것뿐 아니라 사용 측면에서 다른 모델과 차별화할 수 있는 기능을 만들기 위해 노력할 필요도 있죠.

C 사원 : 전지는 전기차의 핵심 부품이라고 할 수 있죠. 그런데 리튬이온전지 기술이 이미 초고도화된 상태이기에 전지 기술 발전을 통한 전기차의 성능 개선은 더 이상 가능하지 않을 거예요.

D 사원 : 주행거리와 원가로 인해 아직까지는 전기차가 기존의 내연기관차를 대체하기는 어렵다고 볼 수 있겠어요.

E 사원 : 개별 단위의 성능을 개선하는 것보다 시스템 전체 관점에서 접근하려는 노력이 필요한 시점이네요.

① A 사원 ② B 사원 ③ C 사원
④ D 사원 ⑤ E 사원

03. 다음 도형을 시계 방향으로 90° 돌리고, 위로 뒤집은 후 다시 반시계 방향으로 90° 돌린 모양은?

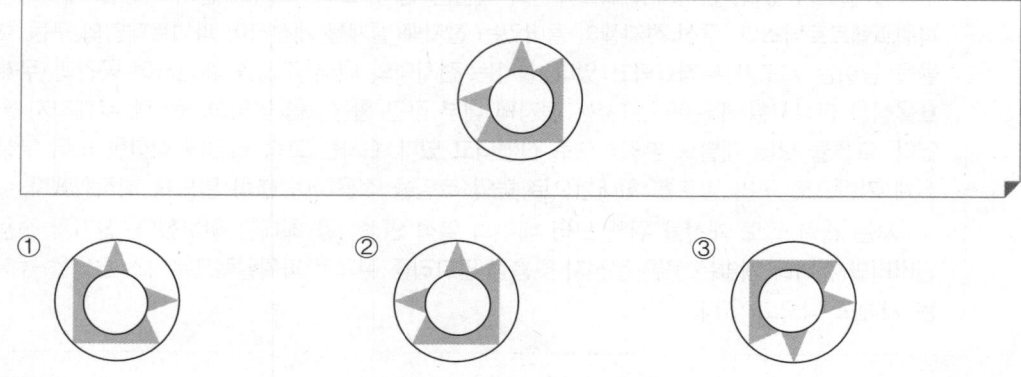

① ② ③

④ ⑤

04. 가로, 세로, 높이가 각각 112cm, 168cm, 140cm인 직육면체 모양의 적재함이 있다. 이 적재함을 최대한 큰 정육면체 박스로 채워 남는 공간이 없도록 할 때, 적재함의 가로, 세로, 높이에 각각 쌓을 수 있는 적재 수량을 순서대로 나열한 것은?

① 2개, 3개, 4개   ② 2개, 4개, 5개   ③ 3개, 4개, 5개

④ 4개, 6개, 5개   ⑤ 4개, 5개, 6개

[05 ~ 06] 다음은 같은 크기의 블록을 쌓아 올린 그림이다. 이어지는 질문에 답하시오.

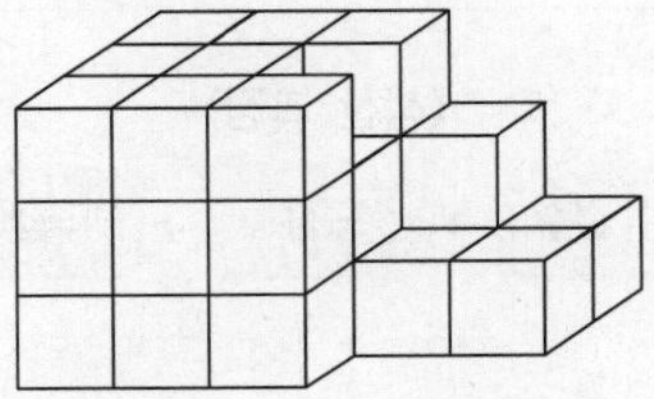

05. 블록의 개수는 모두 몇 개인가?

① 27개   ② 29개   ③ 31개

④ 33개   ⑤ 34개

06. 그림에서 두 면만 보이는 블록은 모두 몇 개인가?

① 5개   ② 6개   ③ 7개

④ 8개   ⑤ 9개

07. 각 자릿수의 합이 7인 두 자리의 자연수가 있다. 십의 자리의 숫자와 일의 자리의 숫자를 바꾸면 처음 수의 4배보다 3이 작다고 한다. 이때 처음의 수는 무엇인가?

① 16   ② 25   ③ 34

④ 43   ⑤ 45

[08 ~ 09] 다음은 한 자동차 제조업체의 생산 과정과 각 과정에서의 업무 혁신을 통한 개선 효과에 대하여 정리한 표이다. 이어지는 질문에 답하시오.

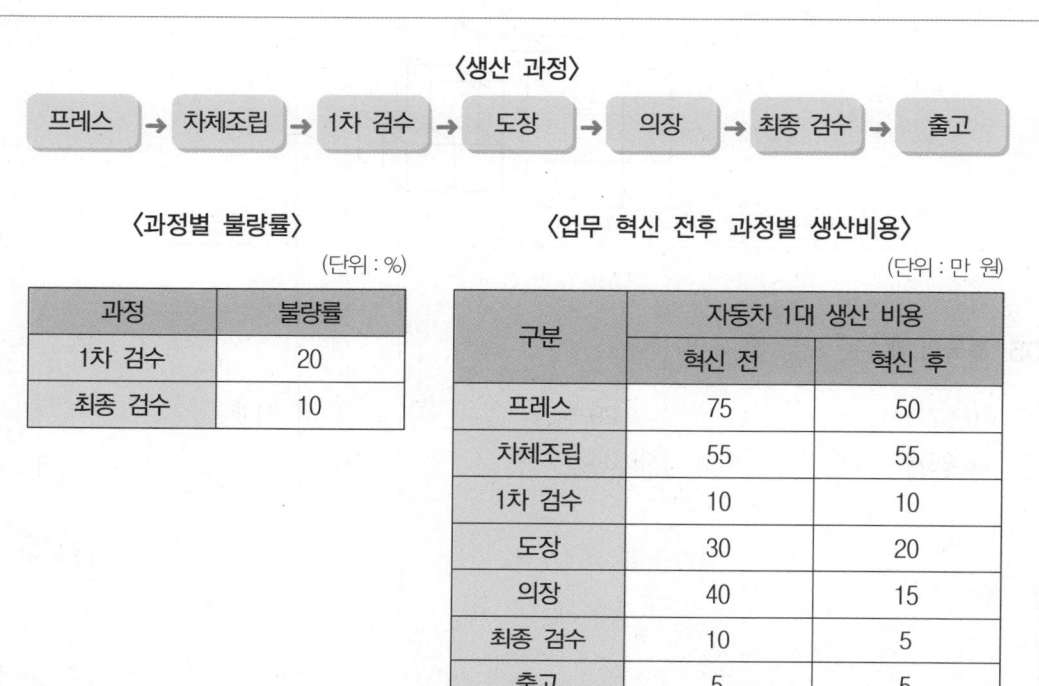

〈생산 과정〉

프레스 → 차체조립 → 1차 검수 → 도장 → 의장 → 최종 검수 → 출고

〈과정별 불량률〉

(단위 : %)

과정	불량률
1차 검수	20
최종 검수	10

〈업무 혁신 전후 과정별 생산비용〉

(단위 : 만 원)

구분	자동차 1대 생산 비용	
	혁신 전	혁신 후
프레스	75	50
차체조립	55	55
1차 검수	10	10
도장	30	20
의장	40	15
최종 검수	10	5
출고	5	5

08. 업무 혁신 후 자동차 1대를 생산하는 총비용은 혁신 전에 비해 얼마나 감소하였는가?

① 50만 원　　　　　② 55만 원　　　　　③ 60만 원
④ 65만 원　　　　　⑤ 70만 원

09. 각 과정의 혁신 성과를 생산비용 감소율에 따라 평가할 때, 적절하게 연결되지 않은 것은?

감소율	평가
76% 이상	A
51 ~ 75%	B
26 ~ 50%	C
0 ~ 25%	D

① C : 프레스　　　② D : 차체조립　　　③ C : 도장
④ B : 의장　　　　⑤ B : 최종 검수

10. H사 신입사원들의 인원수에 맞게 방을 배정하려고 한다. 신입사원들이 한 방에 6명씩 들어가면 4명이 남고, 한 방에 8명씩 들어가면 방이 3개 남으며 마지막 방에는 2명만이 들어가게 된다. 신입사원은 모두 몇 명인가?

① 88명　　　　　② 92명　　　　　③ 102명
④ 106명　　　　　⑤ 108명

11. 다음 입체도형 중 나머지와 다른 하나를 고르면?

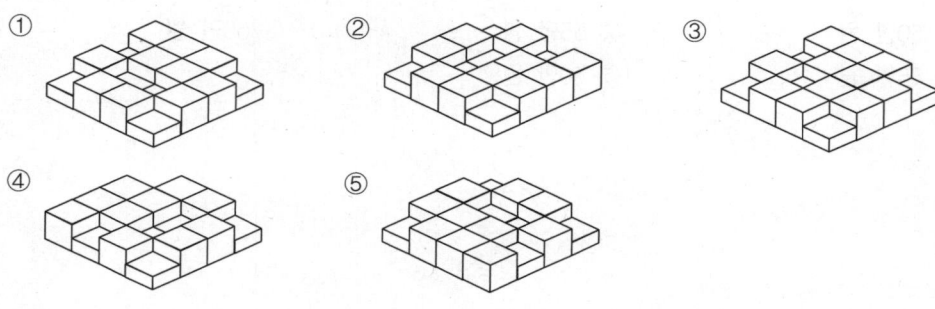

12. 다음 글을 통해 알 수 있는 사실로 적절한 것은?

세계는 화석연료의 사용으로 급속한 경제성장을 이뤘으나 기후변화, 미세먼지 등 환경문제에 직면해 있다. 지난 100년(1911 ~ 2010년) 동안 지구의 평균 기온이 0.75도 상승, 국내는 1.8도 상승했으며 세계보건기구는 세계 사망자의 16%(830만 명)가 대기오염으로 사망한다고 추정하였다.

2015년 파리협정이 체결되면서 전 지구적인 기후변화 대응이 이루어질 것으로 전망된다. 또한 국내에서는 밀양 송전탑 사건 이후로 송전탑에 대한 기피가 심해지면서 분산전원 이슈가 부각되고 있다. 원자력 발전·석탄화력 발전 등에 필요한 송전탑의 수용성이 낮아 사회적 문제가 야기되고 있기 때문이다. 반면 태양광·연료전지 등은 소비지에서 전력생산이 가능하고 고압 송전시설 문제가 없어 사회적 문제 해결에 효과적인 것으로 알려져 있다. 최근 한국 정부는 재생에너지 목표를 2030년까지 전체 발전량 대비 20%로 설정하였다. 하지만 국내 신재생에너지 발전을 위해서는 경제적·사회적·기술적으로 중요한 이슈가 존재하므로 이에 대한 정책적 해결이 필요하다.

① 세계보건기구가 추정하는 세계 사망자 수는 총 5천만 명 미만이다.
② 1911 ~ 2010년 기간 동안 우리나라는 지구 전체보다 줄곧 높은 평균 기온을 보여 왔다.
③ 정부의 충분한 예산 지원만 보장되면 신재생에너지는 국내에 본격 적용될 수 있다.
④ 2030년에도 재생에너지는 전체 발전량의 3분의 1에 미치지 못할 전망이다.
⑤ 국내 신재생에너지 발전을 위해 경제 정책이 가장 시급하다.

[13 ~ 14] 다음 도형과 일치하는 것을 고르시오.

13.

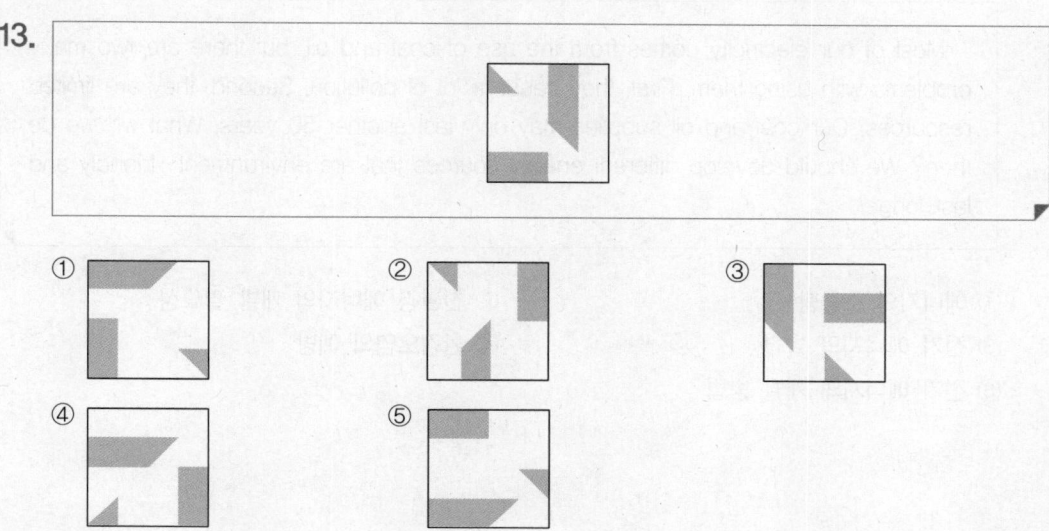

14.

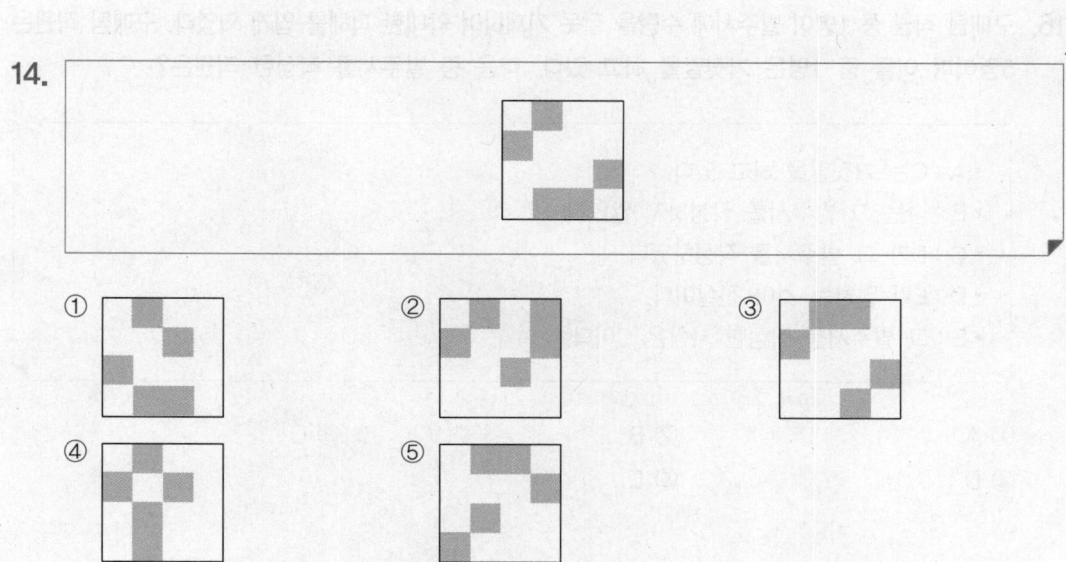

15. 다음 글의 제목으로 가장 적절한 것은?

> Most of our electricity comes from the use of coal and oil, but there are two major problems with using them. First, they cause a lot of pollution. Second, they are limited resources. Our coal and oil supplies may only last another 50 years. What will we do then? We should develop different energy sources that are environment-friendly and last longer.

① 에너지의 소중함
② 친환경 에너지의 개발 필요성
③ 전기 에너지의 발견
④ 환경오염의 예방
⑤ 전기 에너지의 개발 방법

16. 구매팀 직원 중 1명이 발주서에 수량을 잘못 기재하여 막대한 피해를 입게 되었다. 구매팀 직원은 5명이며 이들 중 1명은 거짓말을 하고 있다. 다음 중 발주서를 작성한 직원은?

> • A : C는 거짓말을 하고 있다.
> • B : 나는 그 발주서를 작성하지 않았다.
> • C : D가 그 발주서를 작성하였다.
> • D : E가 말하는 것이 진실이다.
> • E : 그 발주서를 작성한 사람은 C이다.

① A
② B
③ C
④ D
⑤ E

[17 ~ 18] 주어진 사실에 근거하여 추론할 때, 결론에 대한 판단으로 옳은 것을 고르시오.

17.

[사실] • 남학생과 여학생이 5명 있다.
　　　• 2명은 모자를 썼다.
　　　• 티셔츠를 입은 사람은 모두 남자이다.
　　　• 티셔츠를 입고 모자를 쓴 사람은 2명이다.

[결론] • A : 여자는 1명이다.
　　　• B : 모자를 쓴 사람은 모두 남자이다.

① A만 옳다.　　　　　② B만 옳다.　　　　　③ A, B 모두 옳다.
④ A, B 모두 틀리다.　　　⑤ A, B 모두 알 수 없다.

18.

[사실] • A ~ F의 여섯 명은 일렬로 줄을 섰다.
　　　• A는 D보다 앞에 섰다.
　　　• B는 D보다 뒤에서고 E는 A의 바로 다음에 섰다.
　　　• C는 가장 앞에 섰다.
　　　• F는 짝수 번째 순서로 줄을 서지 않았다.

[결론] • A : E는 앞에서 네 번째 순서로 줄을 섰다.
　　　• B : 여섯 명의 순서를 정확히 알 수 없다.

① A만 옳다.　　　　　② B만 옳다　　　　　③ A, B 모두 옳다.
④ A, B 모두 틀리다.　　　⑤ A, B 모두 알 수 없다.

 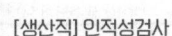
19. 한국, 미국, 영국, 일본의 국적이 서로 다른 A, B, C, D 네 사람이 모였다. 이들의 발언을 참고할 때, 네 사람의 국적을 A, B, C, D 순서로 나열한 것은? (단, A만 사실을 말하고 있으며 나머지 세 명은 거짓말을 하고 있다)

  • A : 나는 미국인이야.
  • B : 나는 한국인도 미국인도 아니야.
  • C : 나는 일본인이야.
  • D : 나는 한국인이야.

① 미국 - 한국 - 일본 - 영국   ② 미국 - 일본 - 영국 - 한국

③ 미국 - 영국 - 일본 - 한국   ④ 미국 - 한국 - 영국 - 일본

⑤ 미국 - 일본 - 한국 - 영국

20. 다음 추론이 참일 때, ㉠에 들어갈 적절한 말은?

  만약 A 기업이 B 기업으로부터 수주를 받으면, B 기업은 ○○제품을 원활하게 생산할 수 있다.
  만약 B 기업이 ○○제품을 원활하게 생산한다면, D 증권회사에서 E 기업에 투자하지 않거나 F 증권회사에서 B 기업에 투자할 것이다.
  A 기업은 B 기업으로부터 수주를 받거나 E 기업으로부터 수주를 받을 것이다.
  (㉠   )
  D 증권회사는 E 기업에 투자했다.
  따라서, F 증권회사에서 B 기업에 투자하였다.

① B 기업은 E 기업으로부터 수주를 받았다.

② A 기업은 E 기업으로부터 수주를 받지 않았다.

③ D 증권회사에서 B 기업에 투자하였다.

④ F 증권회사에서는 E 기업에 투자하지 않았다.

⑤ F 증권회사에서는 E 기업에 투자하였다.

21. 다음 도형과 다른 것은?

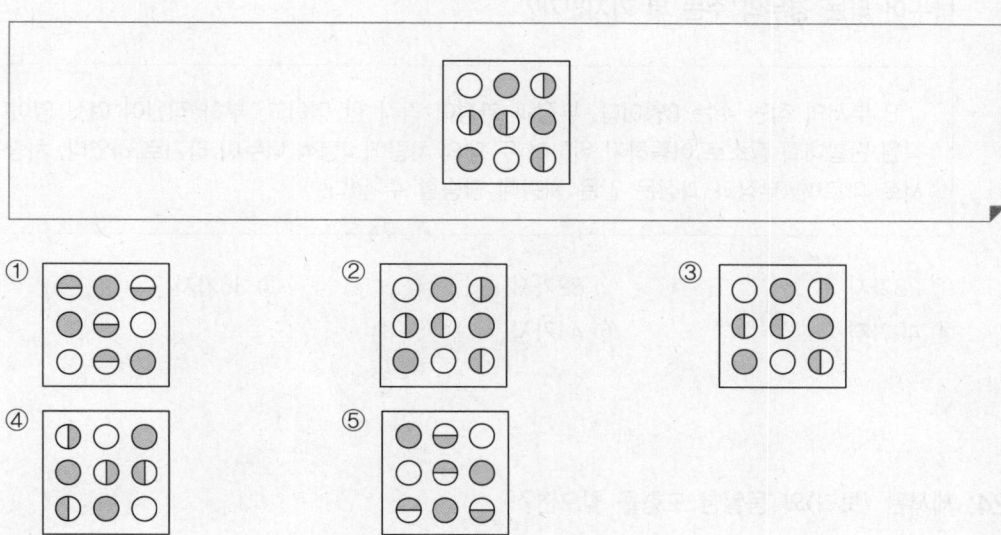

22. 다음 그림과 같은 길이 있다. A 지점에서 B 지점까지 같은 길을 2회 이상 지나가지 않고 가는 경우의 수는 몇 가지인가? (단, 최단경로로 가지 않아도 된다)

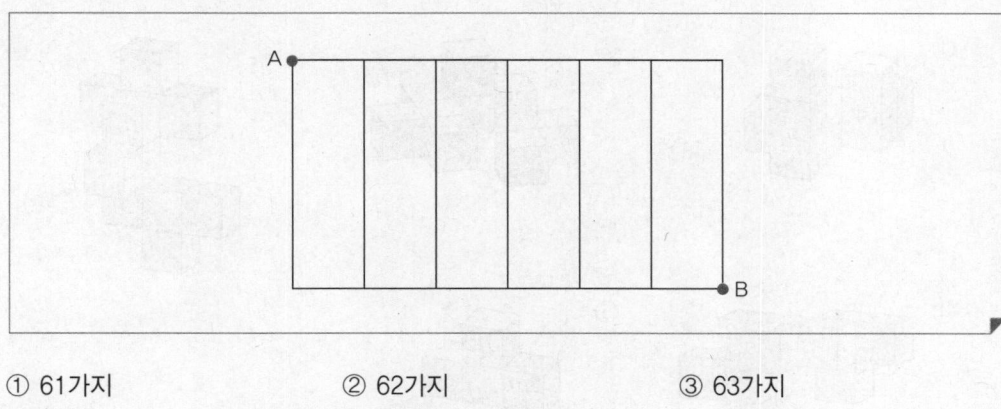

① 61가지   ② 62가지   ③ 63가지

④ 64가지   ⑤ 65가지

23. 다음은 H 기업 B 부서의 직원 단합대회 장소에 이동하는 과정이다. B 부서 직원이 차량에 나누어 타는 경우의 수는 몇 가지인가?

> B 부서의 직원 수는 8명이다. 부장과 과장이 각각 한 명이고, 부하 직원이 여섯 명이다. 직원 단합대회 장소로 이동하기 위하여 두 대의 차량에 4명씩 나누어 타기로 하였다. 차량은 서로 다르며, 부장과 과장은 같은 차량에 탑승할 수 없다.

① 28가지 ② 32가지 ③ 36가지
④ 40가지 ⑤ 44가지

24. 제시된 〈보기〉와 동일한 도형을 찾으면?

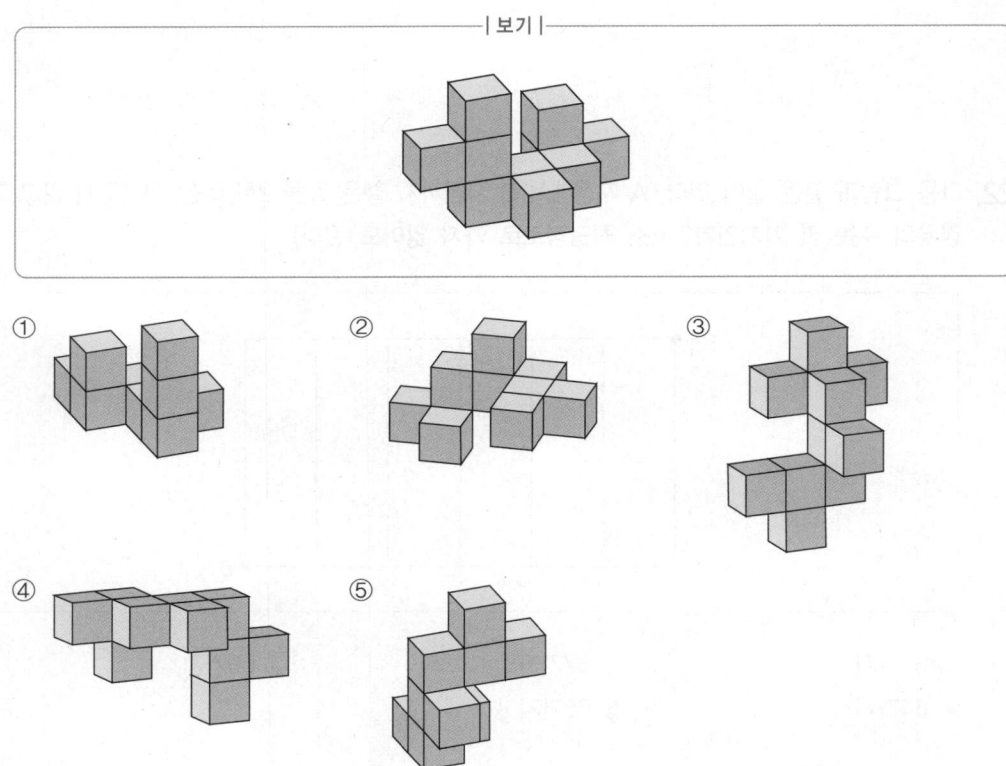

─ | 보기 | ─

① ② ③
④ ⑤

25. 이 대리는 A, B 브랜드에서 안전화와 안전모를 각각 같은 수량으로 구입하였다. x와 y의 값은 각각 몇 개인가?

> - A 브랜드에서 안전화를 100,000원에 x개, 안전모를 정가 40,000원에서 10% 할인받은 가격으로 y개 구입하였다.
> - A 브랜드에서 구입한 안전화의 총액이 안전모의 총액보다 더 컸으며, 두 총액의 차이는 1,640,000원이었다.
> - B 브랜드에서 안전화를 70,000원에 x개, 안전모를 46,000원에 y개 구입하였다.
> - B 브랜드에서 안전모와 안전화를 구입한 총액은 A 브랜드의 총 구입액보다 500,000원이 저렴했다.

	x	y		x	y		x	y
①	10개	10개	②	10개	20개	③	20개	10개
④	20개	20개	⑤	20개	25개			

26. 다음 두 블록을 합쳤을 때 나올 수 있는 형태로 알맞은 것은? (단, 회전은 자유롭다).

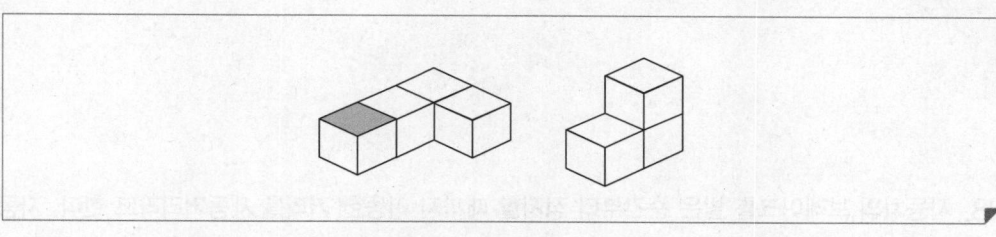

① 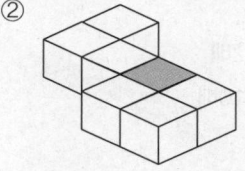   ②   ③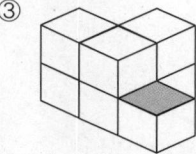

④ 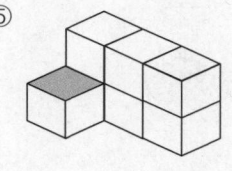   ⑤

27. 다음 표는 A, B, C 세 기업의 사원 390명의 현재 근무조건 만족도에 관한 설문조사 결과이다. ㉠ ~ ㉣ 중에서 옳은 것을 모두 고르면?

(단위 : 명)

구분	불만	어느 쪽도 아니다	만족	계
A사	29	36	47	112
B사	73	11	58	142
C사	71	41	24	136
계	173	88	129	390

㉠ 현재의 근무조건에 대해 '불만'이라고 답한 사원은 과반수가 되지 못한다.
㉡ 사원들이 현재의 근무조건에 대해 가장 많은 불만을 가진 기업은 C사이다.
㉢ '어느 쪽도 아니다'라고 답변한 사람이 가장 적은 B사의 근무조건이 가장 좋다.
㉣ '만족'이라고 답변한 사람이 가장 많은 B사의 근무조건이 가장 좋다.

① ㉠, ㉡
② ㉠, ㉢
③ ㉡, ㉢
④ ㉡, ㉣
⑤ ㉢, ㉣

28. 자동차의 브레이크를 밟은 순간부터 정지할 때까지 이동한 거리를 제동거리라고 한다. 자동차의 속력이 2배로 늘어나면 제동거리는 몇 배가 되는가? (단, 다른 조건은 동일하다고 가정한다)

① 1배
② 2배
③ 4배
④ 8배
⑤ 10배

29. 기획팀의 홍일동, 홍이동, 홍삼동, 홍사동 4명이 다음 〈조건〉과 같이 각각 3월, 6월, 9월, 12월에 출장을 간다고 할 때, 이에 대한 설명으로 확실히 옳은 것은?

───────| 조건 |───────

- 홍일동은 짝수 달에 출장을 간다.
- 홍이동은 9월에 출장을 가지 않는다.
- 홍사동은 홍일동보다 늦게 출장을 간다.
- 홍이동은 홍삼동보다 먼저 출장을 간다.

① 홍사동은 9월에 출장을 간다.

② 홍삼동은 12월에 출장을 간다.

③ 홍이동은 3월에 출장을 간다.

④ 홍일동과 홍삼동은 연속해서 출장을 간다.

⑤ 홍삼동은 홍사동보다 먼저 출장을 간다.

30. 각 부서별로 사내 시스템 접속 비밀번호가 다음 〈규칙〉에 따라 배정되어 있을 때, 다음 중 각 부서와 가능한 비밀번호가 옳게 짝지어진 것은?

───────| 규칙 |───────

- 비밀번호는 1 ~ 9까지 아홉 개의 숫자 중 네 개의 조합으로 구성되어 있다.
- 중복되는 수 없이 짝수와 홀수가 각각 2개씩 사용되었으며, 짝수와 홀수는 번갈아 사용된다.
- 네 자리 숫자 중 맨 처음 숫자는 경영부가 '2', 회계부가 '3', 기획부는 '4', 홍보부는 '5'로 시작한다.
- 마지막 숫자는 맨 처음 숫자보다 작으며 네 개의 숫자를 모두 더하면 항상 20이다.

① 경영부 : 2891   ② 회계부 : 3692   ③ 기획부 : 4952

④ 기획부 : 4943   ⑤ 홍보부 : 5472

[31 ~ 32] 다음은 핸드폰 A ~ F의 특성을 정리한 표이다. 이어지는 질문에 답하시오.

구분	A	B	C	D	E	F
성능	좋음	좋음	보통	좋음	보통	보통
디자인	보통	보통	좋음	좋음	좋음	좋음
가격	보통	높음	낮음	보통	매우 높음	매우 높음
무게	가벼움	보통	무거움	보통	가벼움	보통
화면 크기	작음	큼	큼	작음	작음	보통

※ 성능과 디자인은 평가가 나쁠수록, 가격은 높을수록, 무게는 무거울수록, 화면 크기는 작을수록 낮은 점수를 부여한다.
※ 구매자가 원하는 특성들의 합산 점수가 높을수록 좋은 선택이다.

31. 김 씨는 저렴한 가격과 가벼운 무게를 중요시한다. 어떤 핸드폰을 구매하는 것이 적절한 선택인가?

① A   ② B   ③ D
④ E   ⑤ F

32. 디자인과 무게만 고려하는 사람이 F 핸드폰을 구매했을 때, 더 나은 조건으로 선택할 수 있는 핸드폰은 어느 것인가?

① B   ② C   ③ D
④ E   ⑤ F

33. 다음 글을 읽고 잘못된 추론을 한 사람은?

> 대부분의 포유류는 손과 발에 물갈퀴가 없다. 태아기에 손·발가락 사이에서 '세포사(細胞死)'가 일어나 세포가 제거되기 때문이다. 그렇다면 세포사는 왜 일어나는 걸까. 최근 미국과 일본 연구팀이 세포사가 진행되는 진화의 과정에 대기 중 산소가 중요한 역할을 한다는 사실을 밝혀내 국제 학술지에 발표했다. 세포사는 진화 과정에서 동물이 물속에서부터 산소가 많은 육지로 올라온 것과 관계가 있으며, 이 때문에 조류와 포유류의 손발 모양을 만드는 세포사가 개구리 등 양서류 대부분에서는 일어나지 않는 것이다.

① A : 포유류라 할지라도 태아 시기에는 물갈퀴가 있었구나.
② B : 포유류의 손, 발에 물갈퀴가 없는 이유는 세포사 때문이었어.
③ C : 세포사는 대기 중 산소 농도와 연관이 있구나.
④ D : 진화가 진행되면서 많은 동물들이 육지에 적응하게 되었어.
⑤ E : 진화 초기 단계에서는 산소 농도가 매우 높아 물갈퀴가 존재했겠네.

[34 ~ 35] 각각의 〈보기〉에 제시된 영단어들의 의미에 해당하지 않는 것을 고르시오.

34.

| 보기 |
remain, accept, save, temporarily, melt

① 녹다   ② 지속적으로   ③ 구하다
④ 남다   ⑤ 수용하다

35.

| 보기 |
separate, exclude, connect, accuse, stay

① 분리하다   ② 떠나다   ③ 연결하다
④ 배제하다   ⑤ 비난하다

36. 다음 중 탄소배출권 거래중개인에게 필요한 자질과 능력으로 추론할 수 없는 것은?

2005년 온실가스를 줄이기 위한 국제 협약인 교토의정서가 발효됨에 따라 의무 감축 국가들은 2008년부터 2012년까지 1990년 대비 평균 5.2%의 온실가스를 감축할 의무를 갖게 되었다. 또한 교토의정서에서는 온실가스 배출량을 줄이기 위한 방법으로 온실가스를 배출할 권리를 사고파는 '탄소배출권 거래제'라는 제도를 도입함으로써 국가와 기업들이 다양한 온실가스 감축사업을 통해 온실가스를 줄이고, 감축한 만큼의 온실가스를 사용 또는 방출할 권리를 다른 국가나 기업에 매매할 수 있는 탄소 시장이 열리게 되었다.

호주는 사용하는 에너지의 대부분을 석탄을 이용하는 화력발전소로부터 공급하는데 석탄을 연소하면 불가피하게 대기 중으로 이산화탄소가 방출된다. 이때 사람들이 기존 전구를 에너지 절약형 전구로 교체하면 더 적은 양의 에너지를 사용하게 되므로 대기로 방출되는 이산화탄소량이 줄어든다. 따라서 기차역이나 쇼핑센터 주변에서 절전형 전구와 물 절약형 샤워헤드를 사람들에게 무료로 나눠 주는데, 이를 통해 사람들이 덜 방출한 이산화탄소가 탄소배출권(Carbon Credits)이라는 경제적 가치를 창출하게 된다. 전구와 샤워헤드 한 세트(전구 6개와 샤워헤드 1개)가 6 Carbon Credits가 되고 1 Carbon Credit은 12AUD의 가치를 가지므로 전구와 샤워헤드 한 세트는 72AUD의 가치를 가지게 된다. 이런 방식으로 국가 전체가 확보한 탄소배출권의 총량 범위 내에서 국가나 기업은 다른 나라나 기업에 탄소배출권을 판매할 수 있게 되는 것이다.

이러한 배경으로 성립된 탄소 시장에서 탄소배출권을 팔거나 사려고 하는 국가나 기업 간의 거래를 주선하는 사람이 바로 탄소배출권 거래중개인이다. 탄소배출권 거래중개인은 탄소배출권 판매자와 구매자 정보를 확보하여 온실가스 저감 사업에 대해 기업에 조언하거나 사업에 직접 관여하는 등 고객 확보를 위해 다방면의 노력을 기울인다. 판매자와 구매자가 확보되면 협상을 체결하기 위해 적절한 매매 가격 산정이나 배출권 이전 및 발행의 보증 문제 등에 대해 조율한다. 거래에 따른 위험을 관리하는 방법을 찾아 고객에게 조언하는 것도 중요한 일이다. 이렇게 모든 것이 갖추어지면 최종적으로 감축분에 대해 구매 계약을 체결하게 된다.

① 국제적인 정책, 경제의 흐름에 민감해야 한다.
② 온실가스 저감 기술에 대한 기본적인 이해가 필요하다.
③ 공식적으로 정해진 탄소배출권 가격을 정확히 파악하고 전달해야 한다.
④ 수요와 공급에 대한 경제학적 지식을 가지고 있어야 한다.
⑤ 구매 계약 체결의 법적 절차를 잘 알아야 한다.

37. 다음 글을 읽고 〈보기〉에서 옳은 것을 모두 고르면?

> "나는 언젠가 물이 연료로 쓰일 날이 오리라고 믿네. 기선의 석탄창고나 기관차의 급탄차에 수소와 산소의 압축기체가 실리게 되겠지." 쥘 베른의 소설 《신비의 섬》(1874)에 나오는 구절이다. 놀랍게도 그가 예언한 지 150년 만에 수소전기차가 상용화되고 수소경제시대가 본격 열리고 있다.
>
> 글로벌 컨설팅업체 K사는 2040년이면 세계 자동차 4대 중 1대가 수소전기차(3,500만 대)가 될 것으로 내다봤다. 수소와 산소의 화학반응에서 얻은 전기로 가는 수소차는 배출가스를 전혀 내뿜지 않는 '완전한 친환경 차'다.
>
> 수소경제는 수소전기차 보급은 물론, 수소의 생성·저장·인프라·이용에 이르는 모든 밸류 체인(Value Chain)을 포괄한다. 수소가 '산업의 혈액'으로 작용토록 만드는 것이다. 세계시장 규모는 연간 2조 5,000억 달러, 3,000만 명의 일자리를 창출할 것으로 예상된다.
>
> 이런 수소경제 선점을 위한 글로벌 경쟁이 후끈 달아오르고 있다. 유럽연합(EU)은 'EU 수소전략'을 전격 발표했다. 20억 유로 규모의 EU 수소경제 시장을 2030년까지 1,400억 유로(약 190조 원)로 육성하기 위해 '수소연합'을 창설하고 국제수소시장도 구축하겠다는 계획이다. 전기차 경쟁에선 한발 늦었지만 수소경제에선 미국, 중국을 앞질러 보겠다는 의지가 담겼다. 미국에선 수소차 성지로 떠오른 캘리포니아 주가 적극적이다. 2030년까지 수소차 100만 대 보급을 목표로 충전인프라 1,000개를 구축하고 있다. 일본에선 일반 가정에도 수소를 이용한 전력과 온수를 공급하는 시스템을 보급 중이다.
>
> 한국도 뒤지지 않는다. 2013년 세계 첫 수소전기차를 개발한 H사에서 또 한 번 세계 최초의 수소전기트럭(엑시언트) 양산에 들어갔다. 엑시언트의 보조동력원인 배터리는 S사의 제품이다. 세계 '수소패권'을 향한 '배터리 동맹'인 것이다.

──────── | 보기 | ────────

ㄱ. 오늘날 수소전기차가 상용화되고 있다.
ㄴ. 2040년이면 세계 자동차 수 중 수소전기차 수가 과반 이상을 차지할 것이다.
ㄷ. EU는 'EU 수소전략'을 통해 전기차는 물론 수소경제에서도 미국과 중국을 앞지르려고 한다.
ㄹ. 전 세계에서 첫 수소전기차를 개발한 나라는 한국이다.

① ㄱ, ㄴ   ② ㄱ, ㄹ   ③ ㄴ, ㄷ
④ ㄷ, ㄹ   ⑤ ㄱ, ㄴ, ㄷ, ㄹ

38. 다음 글의 흐름상 ㉠ ~ ㉢에 들어갈 단어로 적절하지 않은 것은?

> 자동차 시대에 살고 있는 우리에게 자동차는 살아가는 데 필수적 수단이 되었다. 이러한 자동차는 최소의 비용으로 안전하고 신속하게 목적지까지 이동할 수 있다는 장점도 있지만 불법 주 · 정차 차량 때문에 주차장을 찾기 위해 배회하는 차량들이 늘어나면서 오히려 시간 · 경제적 낭비가 발생하게 되어 통행 만족도가 저하되고 있는 실정이다.
>
> 이러한 주차 공간에 대해 이용자 측면에서 주차의 목적은 관계 법규에 위반되지 않게 접근성이 가장 양호하며 안정된 곳에서 관리하기 위함이다. 여기에는 자신의 차량에 제공되는 공간 · 설비 등을 타인이 대행해 주기를 바라는 심리를 반영하고 있는데, 이들은 주차 공간 사용에 대한 비용 지불을 허비라 여기며 당연한 (㉠)로(으로) 생각한다. 자기 차량의 주차 공간을 확보하지 않으면서 자신의 편익을 위해 타인의 (㉡)을(를) 강요한다. 반대로 운영자 측면에서는 이용자들에게 제공할 설비를 최대한 편리하게 갖추어 이윤을 추구하는 대상으로서 서비스 산업이라 여긴다. 이에 맞추어 주차장 건설에 민간 자본을 활용하는 방안을 내놓을 수 있겠으나, 우리나라 토지 이용은 사유화의 진전에 따라 공공복리의 적합성, 사회성, 공공성 등을 저하시키므로 주차 공간 증대에 많은 제약이 따른다. 이에 따라 기존 주차 공간을 효율적으로 이용해야 하는데, 구체적인 정책을 마련하기에 앞서 주차 공간을 바라보는 관점을 정립할 필요가 있다. 주차 공간에 대해 어떤 관점을 갖느냐에 따라 주차 문제의 양상이 달라질 수 있기 때문이다.
>
> 한편, 경제학에서 자원 또는 재화는 경합성과 배제성이라는 두 가지 특성을 기준으로 공유자원, 사적재, 공공재, 자연 독점 네 가지로 구분한다. 이 중 경합성이나 배제성 중 아무런 특성도 공유하지 않는 재화는 국가나 지자체 등 공공에서 제공해야 하는 공공재로 규정된다. 경합성과 배제성 중 한 가지 특성만 갖는 재화는 (㉢) 혹은 자연 독점이 발생하는 재화로, 공공의 개입이 필요하다. 그러나 주차 공간은 공급자와 수요자의 필요에 따라 상호 거래가 가능한 재화로 보고 수요를 적극 반영하여 요금을 결정할 수 있다. 따라서 본질적으로 경합성과 배제성을 갖는 사적 재화이므로 시장에서 가격이 결정되고 자율적으로 분배하도록 하는 것이 가장 효율적이라는 결론을 내릴 수 있다.
>
> 지금까지 지자체는 주차 공간을 정부에서 공급해야 하는 '인프라'로 보고 낮은 요금을 부과해 왔다. 그러나 기존 주차 공간을 효율적으로 활용하기 위해서는 주차 공간의 이용 대가를 (㉣)이(가) 지불하는 방향으로 나아가야 하며, 주차 공간을 (㉤)(으)로 인식하고 다루는 관점은 근본적으로 변화해야 할 것이다.

① ㉠ : 권리   ② ㉡ : 희생   ③ ㉢ : 공유 자원

④ ㉣ : 지자체   ⑤ ㉤ : 공공재

[39 ~ 40] 다음은 같은 크기의 블록을 쌓아올린 그림이다. 이어지는 질문에 답하시오.

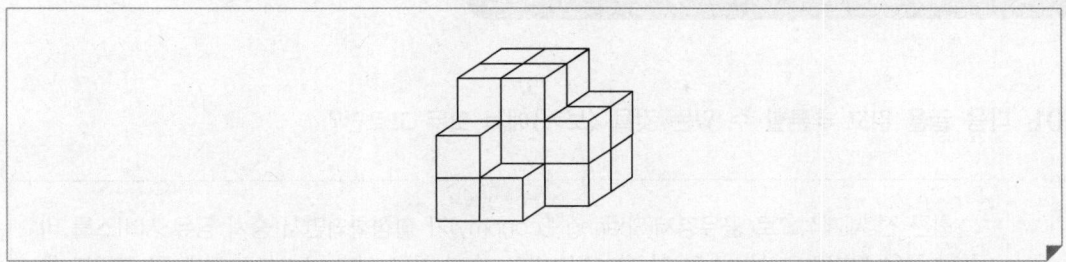

39. 그림에서 두 개의 면만 보이는 블록은 모두 몇 개인가?

① 1개   ② 2개   ③ 3개
④ 4개   ⑤ 5개

40. 그림의 상태에서 블록을 쌓아 정육면체를 만들려면 최소 몇 개의 블록이 더 필요한가?

① 4개   ② 8개   ③ 12개
④ 16개   ⑤ 17개

01. 다음 글을 읽고 추론할 수 있는 것을 〈보기〉에서 모두 고르면?

> 최근 전 세계적으로 공유경제(Sharing Economy)가 활성화되면서 승차 공유 서비스를 비롯한 공유 모빌리티 서비스가 활성화되고 있다. 승차 공유 서비스는 시간 단축 및 절약과 함께 친환경적인 장점이 있는 교통수단으로 알려져 있다. 본 보고서에서는 최근 연구 동향을 파악해 승차 공유 서비스가 실제로 친환경적인 교통수단인지를 알아보고 환경에 미치는 부정적인 영향을 개선하기 위해 어떤 노력을 해야 하는지를 논하고자 한다. 승차 공유 서비스는 우버(Uber)와 리프트(Lyft) 같은 차량 공유 서비스뿐만 아니라, 공유 자전거 서비스 및 공유 전동 스쿠터도 포함한다.
>
> 공유 모빌리티는 4차 산업혁명이라 불리는 혁신적인 디지털 기술을 기반으로 이용의 편의성을 제공하며 이를 필요로 하는 사람들의 수요에 따라 운영되고 환경 친화적인 서비스를 운영한다는 특성을 가진다. 버스나 철도 등 전통적인 대중교통의 경우와 비교해 보면 상대적으로 적은 시설 투자비 및 운영비로 이용자의 다양한 통행 수요에 융통성 있게 대응이 가능하다. 또한 이런 공유 모빌리티가 도입될 경우 차량구매수요가 감소되는 효과를 보이고 있다.
>
> 카셰어링은 업체가 회원들에게 단기적으로 승용차를 대여해 주는 서비스로서, 보통 1시간 이내의 짧은 단위로 차량을 대여할 수 있다. 합리적인 가격 구조, 집에서 가까운 카셰어링 스테이션의 존재, 대중교통 역의 인접성 등이 카셰어링 이용률을 높이는 핵심 요인으로 파악된다. 해외의 설문조사 결과 카셰어링의 평균 통행거리는 약 15km로 승용차보다는 짧고, 지선 버스나 공공자전거에 비해 긴 것으로 파악되었다.
>
> 공유 모빌리티 서비스는 크게 라이드소싱과 라이드스플리팅, 그리고 카헤일링 서비스로 분류할 수 있다. 라이드소싱 서비스는 스마트폰 애플리케이션으로 승객을 목적지까지 운전이 가능한 다른 차량과 연결해 주는 서비스를 말한다. 라이드스플리팅은 유사한 기종점을 가진 둘 이상의 승객이 요금을 공유 또는 부담하는 서비스를 말한다. 그리고 카헤일링 서비스는 택시 기반의 승차 공유 서비스이다. 이 서비스는 택시회사 또는 플랫폼 기반의 수요 공급 네트워크 공급자에 의하여 택시와 이용승객의 대기시간을 절감시킬 수 있는 효과가 있다. 여객 기반의 공유 모빌리티는 전통적인 고정된 대중교통과 다른 수요통일형 대중교통 서비스로, 개인 승용차 기반의 라이드스플리팅 서비스를 다인승 승합차 또는 버스 기반으로 한 승차 공유 서비스로 볼 수 있다.

㉠ 공유 모빌리티는 탑승자의 수요에 기반하여 운영한다.

㉡ 라이드스플리팅은 다양한 대중교통수단을 이용하여 비용을 절감하는 서비스이다.

㉢ 공유 모빌리티 서비스의 특징은 환경에도 긍정적 영향을 미칠 것으로 예상된다.

㉣ 카셰어링은 공급자와 수요자가 1 대 1의 관계로 승용차를 공유하는 서비스이다.

① ㉠, ㉡   ② ㉠, ㉢   ③ ㉡, ㉢
④ ㉡, ㉣   ⑤ ㉢, ㉣

02. 다음 A, B, C, D와 함께 조합해 하나의 큰 정사각형을 만들 수 있는 도형은?

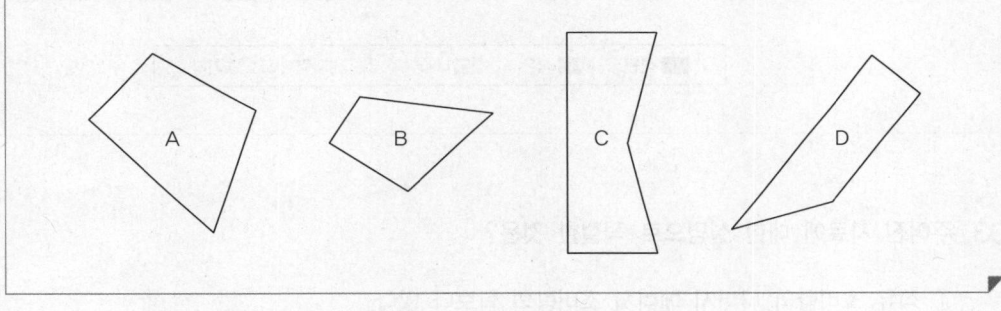

①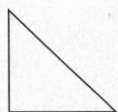

②

③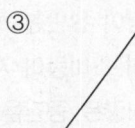

④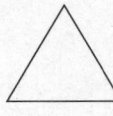

⑤

[03 ~ 04] 다음은 우리나라 1차 에너지 소비량 자료이다. 이어지는 질문에 답하시오.

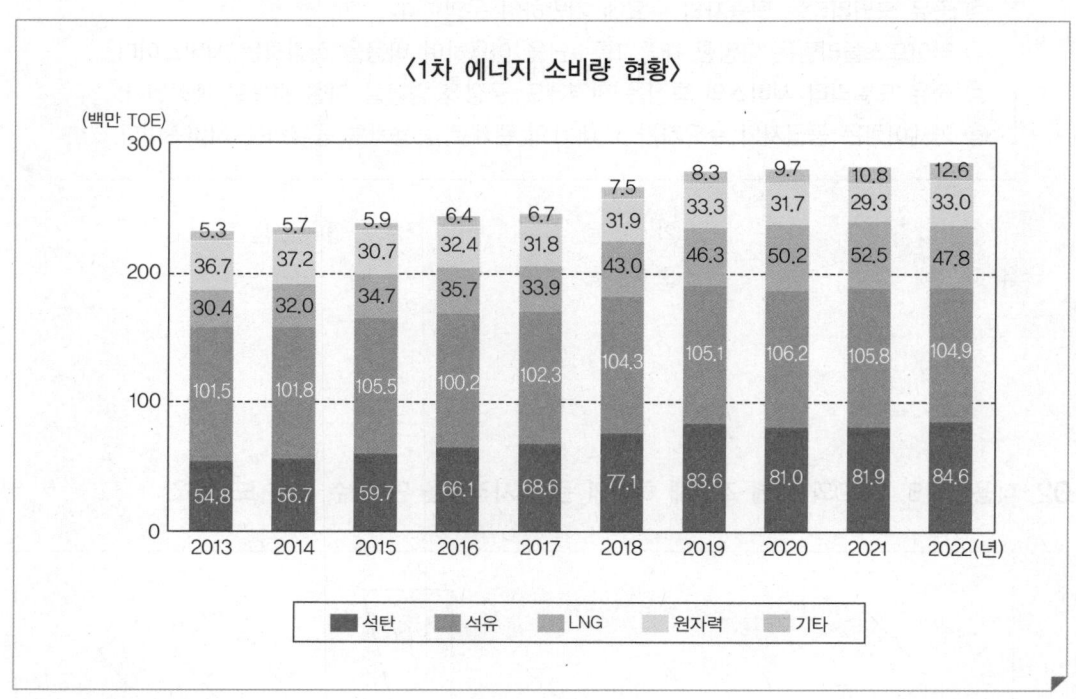

〈1차 에너지 소비량 현황〉

03. 주어진 자료에 대한 설명으로 적절한 것은?

① 석유 소비량이 나머지 에너지 소비량의 합보다 많다.
② 석탄 소비량이 완만한 하락세를 보이고 있다.
③ 기타 에너지 소비량이 지속적으로 감소하는 추세이다.
④ 원자력 소비량은 증감을 거듭하고 있다.
⑤ 최근 LNG 소비량의 증가 추세는 그 정도가 심화되었다.

04. 자료를 토대로 분석한 결과로 바르지 않은 것은?

① 우리나라 1차 에너지 소비량은 꾸준한 증가세를 보이고 있다.
② 1차 에너지 소비량에서 원자력이 차지하는 비중은 10% 이상이다.
③ 기타 에너지에서 재생에너지가 차지하는 비중은 알 수 없다.
④ 석탄 사용량의 증가폭이 가장 큰 연도는 2018년이다.
⑤ 1차 에너지 소비량의 증가가 가장 많은 연도는 2022년이다.

05. 다음 도형을 점 A를 중심으로 반시계 방향으로 45° 회전시킨 후 왼쪽으로 뒤집은 것은?

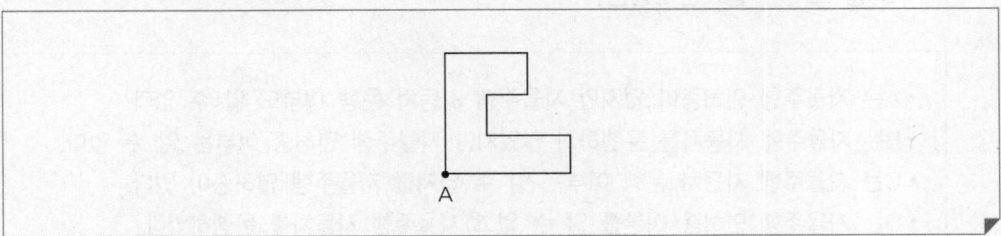

①

②

③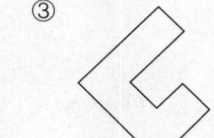

④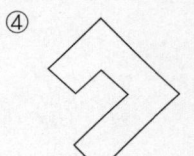

⑤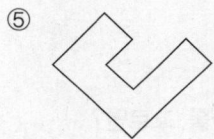

06. 다음 명제를 통해 추론할 수 있는 결론은?

- 성공한 모든 사업가는 존경받는다.
- 합리적인 어떤 사업가는 존경받지 못한다.

① 합리적이지 않은 모든 사업가는 성공한다.

② 합리적인 어떤 사업가는 성공하지 못한다.

③ 합리적인 모든 사업가는 존경받는다.

④ 성공한 모든 사업가는 합리적이다.

⑤ 성공하지 못한 어떤 사업가는 존경받지 못한다.

07. 자율주행 자동차를 운행하기 위해서는 자율주행 면허증이 있어야 한다는 법이 신설되었을 때, A ~ D 중 조사가 필요한 2명은?

> • A는 자율주행 면허증이 없지만 자율주행 자동차 운행 여부도 알 수 없다.
> • B는 자율주행 자동차를 운행하지 않았지만 자율주행 면허증 여부는 알 수 없다.
> • C는 자율주행 자동차 운행 여부는 알 수 없지만 자율주행 면허증이 있다.
> • D는 자율주행 면허증 여부를 알 수 없고 자율주행 자동차를 운행하였다.

① A, B   ② A, D   ③ B, C
④ B, D   ⑤ C, D

08. 다음 입체도형 중 나머지와 다른 하나를 고르면?

①
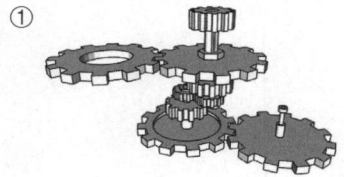

②
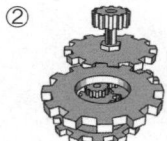

③
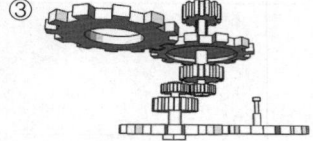

④

⑤

09. 4시 32분에 시침과 분침이 이루는 작은 각의 크기는 몇 도인가?

① 50°   ② 52°   ③ 54°

④ 56°   ⑤ 58°

10. 다음 중 나머지와 다른 하나는?

①
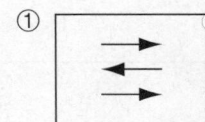

②
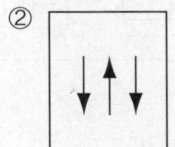

③
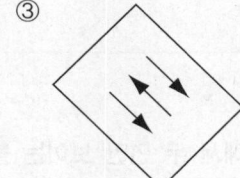

④
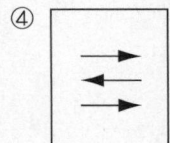

⑤
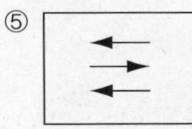

11. 다음과 같은 평행사변형 abcd가 있다. 각 변의 중심점이 e, f, g, h일 때, 중앙의 빗금 친 도형은 평행사변형 abcd의 몇 배인가?

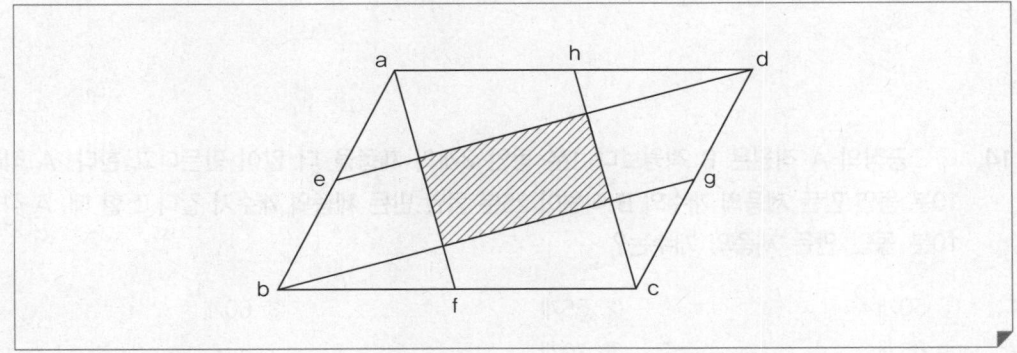

① $\frac{1}{5}$배   ② $\frac{2}{5}$배   ③ $\frac{3}{5}$배

④ $\frac{1}{3}$배   ⑤ $\frac{1}{2}$배

[12 ~ 13] 다음은 같은 크기의 블록을 쌓아올린 그림이다. 이어지는 질문에 답하시오.

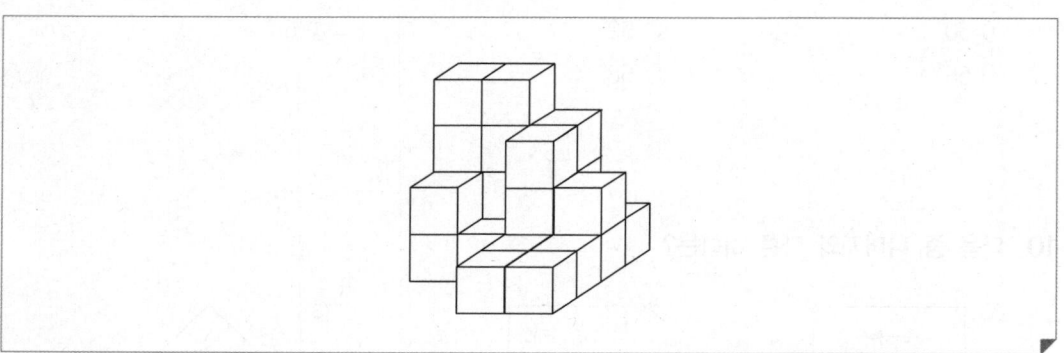

12. 그림에서 두 면만 보이는 블록의 개수는?

① 4개   ② 5개   ③ 6개
④ 7개   ⑤ 8개

13. 바닥에 직접 접촉하고 있는 블록의 개수는?

① 6개   ② 8개   ③ 10개
④ 12개   ⑤ 13개

14. ○○공장의 A 직원은 B 직원보다 1분 동안 3개의 제품을 더 많이 만든다고 한다. A 직원이 10분 동안 만든 제품의 개수와 B 직원이 25분 동안 만든 제품의 개수가 같다고 할 때, A 직원이 10분 동안 만든 제품의 개수는?

① 50개   ② 55개   ③ 60개
④ 65개   ⑤ 70개

15. 다음 글의 내용과 일치하는 것은?

> 한 나라의 경제가 안정적으로 성장하기 위해서는 일자리만큼 중요한 것은 없다. 일자리가 있어야만 국민에게 소득이 발생하고 이를 통해 소비해야 경제가 활성화되는 등 경제가 선순환할 수 있다. 즉, 경제가 성장하기 위해서는 양질의 일자리 창출이 반드시 뒷받침되어야 한다.
> 고성장기업(High-Growth Firms)은 일정 기간에 고용 또는 매출액, 수익 등에서의 성장률이 여타 기업들보다 현저히 높은 기업을 뜻한다. 여기서 현저히 높은 정도는 나라별 · 학자별로 다양하며 가장 많이 준용되는 것은 OECD의 정의이다. OECD는 종업원 수가 10인 이상인 기업 중에서 고용 또는 매출액이 3년간 연속적으로 20% 이상 증가한 기업을 고성장기업으로 정의하였다. 가젤(Gazelles) 기업은 작지만 빠른 성장을 보이는 기업의 미국식 표현이며, 보통 고성장기업 중에서 창업한 지 5년이 지나지 않은 신생기업을 말한다.
> 고성장기업을 주목하는 주된 이유는 신규 일자리 창출에 대한 기여도가 매우 높기 때문이다. 국내외 연구들을 살펴보면 나라별 · 산업별 전체 기업 중에서 고성장기업은 매우 적은 비중을 차지하지만 소수의 고성장기업이 전체 신규 일자리에서 상당한 비중을 창출하는 것으로 나타났다.

① 양질의 일자리 창출을 위해서는 고성장기업보다 탄탄한 중견기업의 역할이 더 중요하다.
② 고성장기업은 지나치게 빠른 성장으로 인해 경제의 선순환에 악영향을 준다.
③ 양질의 신규 일자리를 창출하는 데 있어서 고성장기업의 비중은 상당히 높다.
④ OECD의 정의에 따르면 매출액이 상위 20% 안에 포함되는 기업을 고성장기업이라 칭한다.
⑤ 고성장기업은 가젤 기업에 비해 일자리 창출 효과가 높다.

16. 다음은 같은 크기의 블록을 쌓아놓은 것이다. 밑에서 볼 때 보이는 블록의 개수는?

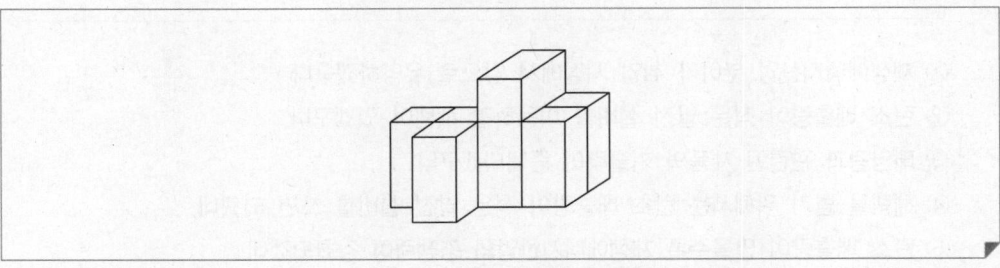

① 5개   ② 6개   ③ 7개
④ 8개   ⑤ 9개

17. (가) ~ (마)를 문맥에 맞게 배열한 것은?

> (가) 하지만 한번 결합된 목재들은 분해가 불가능할 정도로 아주 튼튼하게 맞물린다.
>
> (나) 쇠못으로 결합하는 방법은 쉽고 간단하지만 결합 부위가 오래 견디지 못하고 삐걱거리게 된다.
>
> (다) 그에 비해 짜 맞춤 기법은 서로 모양을 맞추는 정교한 작업 때문에 많은 시간이 필요하다.
>
> (라) 목재와 목재를 연결하는 기술에는 쇠못으로 결합하는 방법과 목재들을 서로 물리도록 깎아 결합하는 짜 맞춤 기법이 있다.
>
> (마) 이러한 짜 맞춤 기법에는 목재의 재질이나 만들고자 하는 제품의 종류(집, 가구 등)에 따라 '심장부 짜임', '연귀촉 짜임'과 같은 다양한 기법이 있다.

① (나)-(다)-(마)-(가)-(라)　　② (나)-(다)-(라)-(가)-(마)

③ (라)-(마)-(나)-(가)-(다)　　④ (라)-(나)-(다)-(가)-(마)

⑤ (라)-(나)-(마)-(가)-(다)

18. 다음 현상을 종합하여 추론한 것으로 가장 적절하지 않은 것은?

> • 정부가 태양광·풍력 등 재생에너지산업 경쟁력을 강화해 오는 2030년까지 관련 산업에서 신규 고용을 창출하고 100억 달러를 수출하겠다는 목표를 세웠다.
>
> • 이를 위해 태양광과 풍력 등 재생에너지 발전사업자들이 생산 과정 등에서 탄소 배출량이 적은 발전 설비를 활용하면 인센티브를 주는 탄소 인증제가 도입된다.
>
> • 태양광 모듈의 최저효율 기준을 만들어 고효율 제품을 우대하는 방안도 마련된다.

① 재생에너지산업 분야가 취업 시장에서 앞으로 유망하겠구나.

② 탄소 배출량이 적은 발전 설비를 이용하면 혜택이 있겠구나.

③ 태양광과 관련된 제품의 기술력이 증대되겠구나.

④ 혜택을 받기 위해서는 탄소 배출량이 적은 발전 설비를 쓰면 되겠네.

⑤ 탄소 배출량이 많을수록 재생에너지산업의 경쟁력이 강화되겠네.

19. 다음 현상을 종합하여 추론한 것으로 적절하지 않은 것은?

> • 최악의 미세먼지로 소비행태도 변화하고 있다.
> • 배달 애플리케이션 활성화 등에 힘입어 외식 대신 배달음식으로 끼니를 해결하는 경우가 급증했으며 그 규모는 1년 새 2배 가까이 늘었다.
> • 그뿐만 아니라 온라인으로 공기청정기와 의류관리기를 구매하는 액수도 매우 증가했다.

① 미세먼지가 소비행태를 바꾸기도 하는구나.
② 배달 애플리케이션들이 이전보다 많이 활성화되었구나.
③ 예전보다 실내 공기 정화를 위해 쓰는 비용이 늘었겠어.
④ 배달음식 시장 규모가 외식 시장 규모를 넘어섰겠구나.
⑤ 미세먼지로 인해 매출이 증가한 기업들이 있겠어.

20. A ~ E는 마라톤 경기 중이다. 다음 〈조건〉을 바탕으로 할 때, 최종 순위가 2등인 사람은? (단, 주어진 조건 외 변동사항은 없다)

> | 조건 |
> • 출발 직후 1등은 C이며, B와 C 사이에 두 명이 있다.
> • A는 B보다 앞서 있으며 가장 먼저 반환점을 통과했고, E는 D보다 먼저 반환점을 통과했다.

① A　　　　　② B　　　　　③ C
④ D　　　　　⑤ E

21. 1 ~ 100 사이의 수 중 홀수인 1, 3, 5, 7, 9, …, 97, 99를 컴퓨터로 입력하는데 숫자는 한 자리 숫자 한 개당 0.2초, 쉼표는 한 개당 0.1초가 걸린다고 한다. 총 몇 초가 걸리겠는가?

① 14.9초　　　　② 21.9초　　　　③ 22.9초
④ 23.9초　　　　⑤ 25.9초

22. 다음 주어진 도형을 이용하여 만들 수 없는 것은? (단, 제시된 도형이 모두 들어가야 하며, 한 번씩
만 이용되어야 한다)

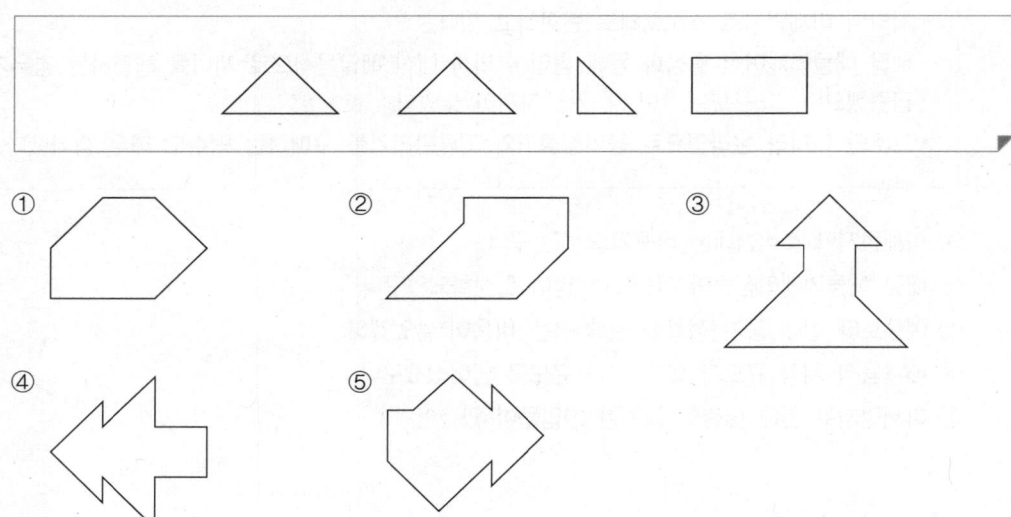

23. 다음 주어진 도형을 이용하여 만들 수 없는 것은? (단, 제시된 도형이 모두 들어가야 하며, 한 번씩
만 이용되어야 한다)

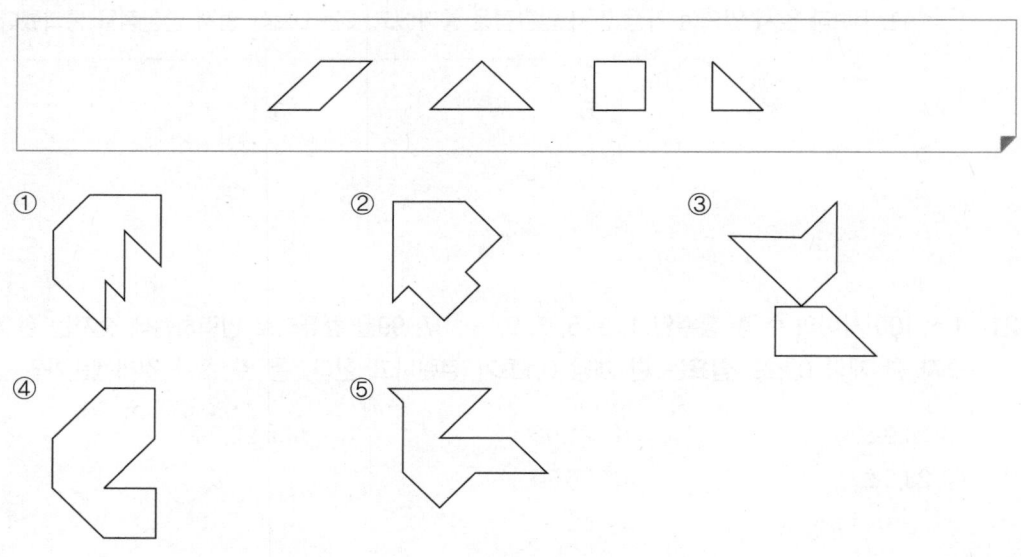

24. 다음 블록에서 밑면을 제외하고 페인트를 칠할 때 칠할 수 있는 블록 면의 개수는? (단, 일부분만 칠할 수 있는 블록 면은 제외한다)

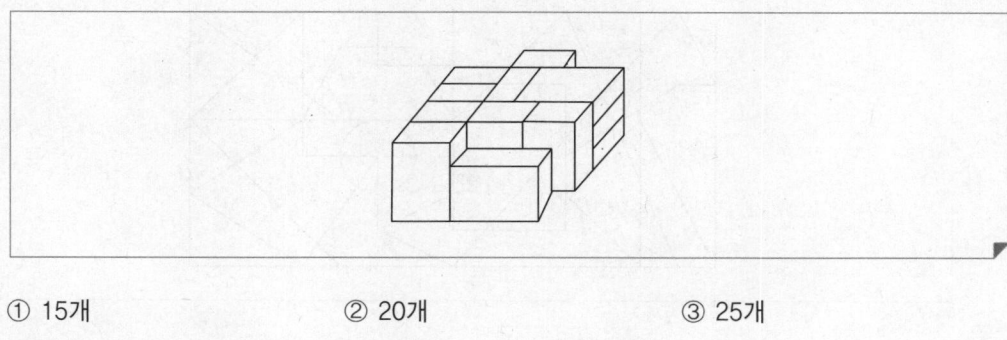

① 15개   ② 20개   ③ 25개
④ 30개   ⑤ 35개

25. 다음 글을 읽고 추론한 내용으로 적절하지 않은 것은?

> 알코올이 뇌에 흡수되면 뇌의 보상중추(Reward Center) 속 신경세포를 자극해 신경전달물질인 도파민(Dopamine)이 분출된다고 한다. 보상을 담당하고 있는 화학물질인 도파민이 VTA(Ventral Tegmental Area ; 복측 피개영역)에 도달하면 신경세포의 활동이 급격히 증가하면서 활발해진다.
>
> 과학자들이 이번에 도파민이 VTA에 도달하는 경로를 밝혀냈다. 연구결과에 따르면 뇌에 들어간 알코올 성분이 'KCNK13'이란 명칭이 붙여진 이 채널에 도달해 도파민 분비를 촉진하도록 압박을 가하는 것으로 밝혀졌다.
>
> 미국의 연구팀은 이번 연구를 위해 'KCNK13 채널'의 크기와 활동량이 보통 쥐보다 15% 축소된 쥐를 유전자 복제했다. 그리고 알코올을 투입한 결과 보통의 쥐보다 30%나 더 많은 양의 알코올을 폭음하기 시작했다.

① 'KCNK13 채널'의 활동량이 적은 쥐일수록 더 많은 도파민 분비를 위해 더 많은 알코올을 원하게 된다.
② 뇌는 알코올을 보상으로 인식한다.
③ 위와 같은 사실을 일상에 적용시킬 경우 알코올 중독자의 치료에 도움을 줄 수 있다.
④ 'KCNK13 채널'이 축소된 쥐는 같은 양의 알코올을 섭취했을 때, 보통의 쥐보다 VTA의 신경세포 활동이 더 활발해질 것이다.
⑤ 이번 연구결과 이전에는 도파민이 VTA에 도달하는 경로를 알지 못했다.

26. 다음 그림에 나타나 있지 않은 조각은? (단, 조각을 뒤집거나 회전하지 않는다)

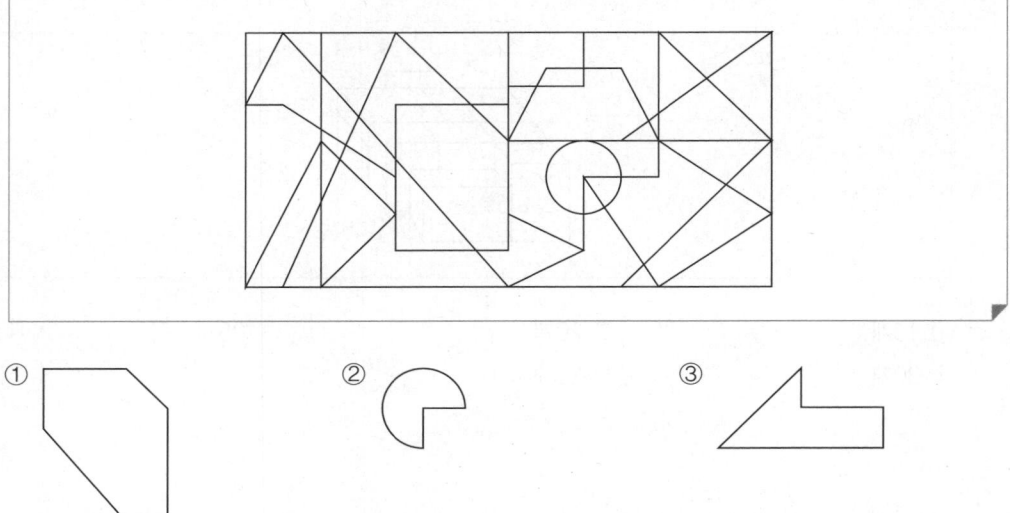

① 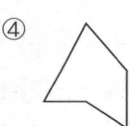　② 　③

④ 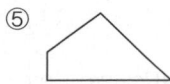　⑤

27. 체질량 지수(BMI)가 높은 사람부터 낮은 사람 순으로 바르게 나열한 것은? (단, 체질량 지수는 몸무게(kg)를 키(m)의 제곱으로 나눈 값이다)

구분	키(cm)	몸무게(kg)
민아	168	47
예슬	165	44
지섭	182	73
동근	178	71
설현	167	44

① 민아 – 예슬 – 지섭 – 동근 – 설현　　② 민아 – 설현 – 예슬 – 지섭 – 동근

③ 설현 – 민아 – 예슬 – 지섭 – 동근　　④ 지섭 – 동근 – 예슬 – 민아 – 설현

⑤ 동근 – 지섭 – 민아 – 예슬 – 설현

28. 다음 글의 빈칸 ㉠에 들어갈 내용으로 알맞은 것은?

열역학 제1법칙은 아래와 같이 표현된다.

"계(system)의 내부에너지 변화는 계가 흡수한 열과 계가 한 일의 차이이다. 즉, 계의 내부에너지는 열이 형태로 더해지면 증가하고, 계가 일을 하면 감소한다."

열이 이동함에 따라 계 내부의 에너지는 변한다. 이때 열에너지 또한 변하는데, 이 에너지는 계 내부의 원자·분자의 역학적 에너지 등을 일컫는다. 일반적으로 어떤 계에 어떤 에너지가 외부로부터 가해지면 계의 에너지는 그만큼 증가한다. 이와 같이 물체에 열을 가하면 가해진 열에너지만큼 그 물체의 내부에너지 역시 증가한다. 또한 물체에 역학적인 일이 더해지는 경우에도 내부에너지는 더해진 일의 양만큼 증가한다. 따라서 물체에 열과 일이 동시에 가해졌을 때, 물체의 내부에너지는 가해진 열과 일의 양만큼 증가하게 된다. 이것을 열역학 제1법칙이라고 한다.

열역학 제1법칙에 따르면 에너지는 그 형태가 변할 수 있을 뿐 새로 만들어지거나 없어질수 없다. 우주의 에너지 총량은 시간이라는 개념이 시작된 때부터 종말에 이르기까지 일정하게 고정되어 있는 것이다. 즉, 일정량의 열을 일로 바꾸었을 때 그 열은 소멸된 것이 아니라다른 장소로 이동하였거나 다른 형태의 에너지로 바뀌었을 뿐이다. 이렇게 에너지는 새로 창조되거나 소멸될 수 없고 단지 한 형태로부터 다른 형태로 변환될 뿐이다.

따라서 열역학 제1법칙은 보다 일반화된 (㉠   )의 표현인 셈이다.

① 일정 성분비의 법칙   ② 작용·반작용의 법칙   ③ 에너지 보존의 법칙

④ 관성의 법칙   ⑤ 질량 보존의 법칙

29. 다음 블록에서 밑면을 제외하고 페인트를 칠할 때 3개의 면이 칠해지는 블록의 개수는? (단, 일부분만 칠할 수 있는 면은 제외한다)

① 5개   ② 7개   ③ 9개

④ 11개   ⑤ 12개

30. 다음 투상도에 해당하는 입체도형을 고르면? (단, 화살표 방향은 정면을 의미한다)

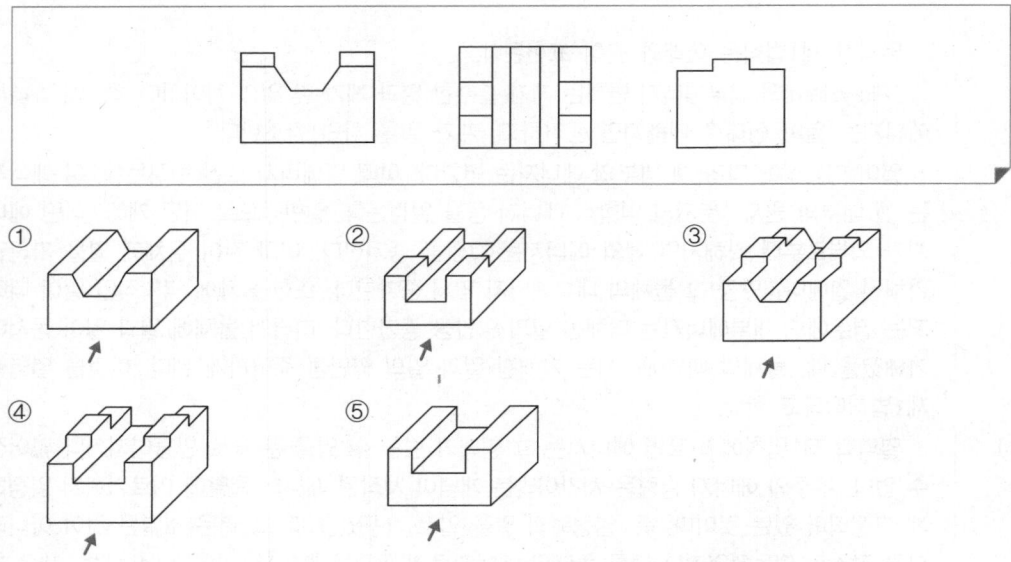

31. 다음 글과 관련된 속담으로 가장 적절한 것은?

> Have you seen geese flying in a 'V' shape? According to bird scientists, birds flying in a 'V' can fly farther than a bird alone. When the lead goose gets tired, another goose leads the group. They also cheer up each other to keep up their speed. In this way, they can get where they are going quicker and easier.

① Pie in the sky.　　　　　　　② Practice makes perfect.
③ No news is good news.　　　　④ Out of sight, out of mind.
⑤ Two heads are better than one.

32. 다음과 같은 5×5 바둑판을 좌측의 블록 2개로 채웠다. 나머지 칸을 블록 A ~ E 중 4개의 조각으로 알맞게 채울 경우 '?' 위치에 놓일 블록은?

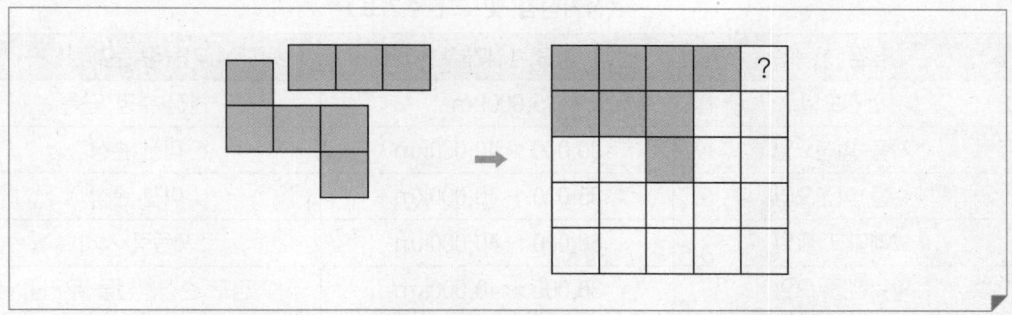

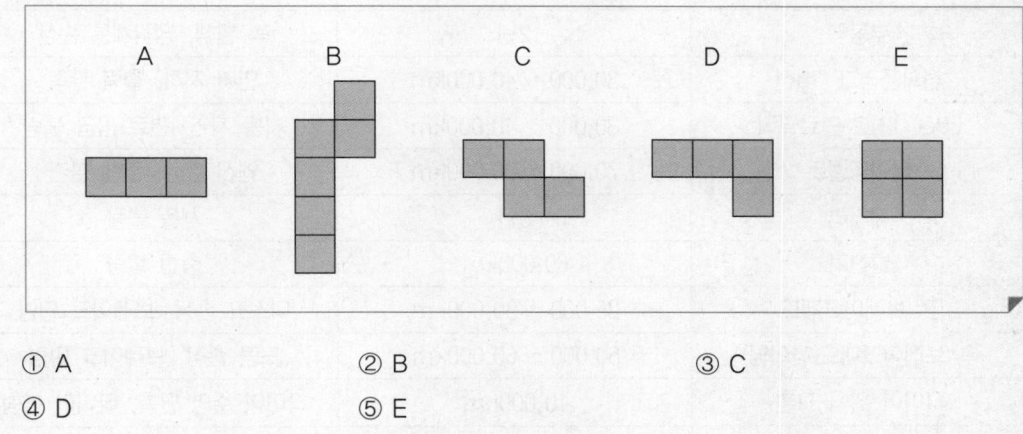

① A   ② B   ③ C
④ D   ⑤ E

33. 다음 글의 내용과 일치하는 것은?

> The Aztecs believed that chocolate made people intelligent. Today, we do not believe this. But chocolate has a special chemical called phenylethylamine. This is the same chemical the body makes when a person is in love. Which do you prefer eating chocolate or being in love?

① 사람들은 초콜릿을 먹는 것보다 사랑하는 것을 더 좋아한다.
② 사랑에 빠진 사람의 신체에서는 화학물질이 분비된다.
③ 초콜릿을 먹으면 똑똑해진다는 연구결과가 발표되었다.
④ 아즈텍 사람들은 초콜릿이 인간에게 해롭다고 믿었다.
⑤ 사랑에 빠지면 초콜릿이 먹고 싶어진다.

언어 / 수리 / 추리 / 공간지각 / 영역별 빈출이론 / 1회 / 2회 / 3회 / 4회 / 5회 / 6회 / 기출유형문제 / 인성검사 / 면접가이드

[34 ~ 35] 다음은 사내 차량 관리를 위한 주행 거리에 따른 자동차 부품들의 정기점검 및 교환시기와 기능상 문제점을 정리한 것이다. 이어지는 질문에 답하시오.

〈정기점검 및 교환주기표〉

점검 항목	점검 및 교환시기(주행 거리)	기능상 문제점
엔진오일	5,000km	엔진 수명 단축
자동 미션오일	30,000 ~ 40,000km	미션 손상
수동 미션오일	35,000 ~ 40,000km	미션 손상
브레이크 오일	30,000 ~ 40,000km	제동력 저하
파워핸들 오일	30,000 ~ 40,000km	펌프 손상, 핸들 무거움
연료필터	40,000km	연료 공급 불량
부동액	2년	녹 발생, 냉각계통 손상
점화플러그 · 배선	30,000 ~ 40,000km	연비 저하, 출력 부족
LPG · LNG 연료필터	30,000 ~ 40,000km	시동 지연, 연료 공급 불량
타이밍벨트	70,000 ~ 80,000km	엔진 손상, 주행 불가
배터리	3년	시동 불량
발전기	80,000km	충전 불량
전 브레이크패드	25,000 ~ 30,000km	디스크 손상, 브레이크 밀림
후 브레이크패드(라이닝)	50,000 ~ 60,000km	드럼 손상, 브레이크 밀림
타이어 위치 교환	10,000km	타이어 수명 단축, 타이어 변형
휠 얼라인먼트	20,000km	타이어 편마모, 핸들 쏠림
타이어 공기압	수시 점검	연비 저하, 승차감 불량
에어컨 항균 필터	10,000km	실내공기 오염, 성능 저하
LPI 인젝터 클리닝	20,000 ~ 30,000km	인젝터 막힘, 시동 지연
CRDI 인젝터 클리닝	40,000km	시동 지연, 출력 부족
오일라인 플러싱	20,000km	엔진 수명 단축

34. 자료에 대한 설명으로 옳지 않은 것은?

① 타이밍벨트를 제 시기에 교환하지 않으면 주행이 불가능해질 수 있다.

② 전 브레이크패드는 주행 거리 25,000 ~ 30,000km 정도의 시기에 점검 · 교환해야 한다.

③ 후 브레이크패드를 제때 교환하지 않으면 브레이크 밀림과 디스크 손상이 생길 수 있다.

④ 오일라인 플러싱은 주행 거리 20,000km 정도 시기에 교환해야 엔진 수명 단축을 막을 수 있다.

⑤ 타이어 공기압을 수시로 점검하지 않으면 연비에 문제가 생길 수 있다.

35. 윤 과장은 오늘 오전 업무 차량을 이용하려 하였는데 시동에 문제가 생겼다. 점검해 보아야 할 항목이 아닌 것은?

① 부동액   ② 배터리   ③ CRDI 인젝터 클리닝

④ LPG · LNG 연료필터   ⑤ LPI 인젝터 클리닝

36. 〈보기〉에 제시된 영단어들의 의미에 해당하지 않는 것은?

───────| 보기 |───────

maintenance, clean, recycle, conserve, reserve

① 보존하다   ② 유지   ③ 재활용하다

④ 창조하다   ⑤ 예약하다

[37 ~ 38] 다음 표를 참고하여 이어지는 질문에 답하시오.

스위치	기능	스위치	기능
♡	1번과 2번 180° 회전	♥	1번과 3번 180° 회전
♤	2번과 3번 180° 회전	♠	3번과 4번 180° 회전

37. 처음 상태에서 스위치를 두 번 눌렀더니 다음과 같은 상태로 바뀌었다. 어떤 스위치를 눌렀는가?

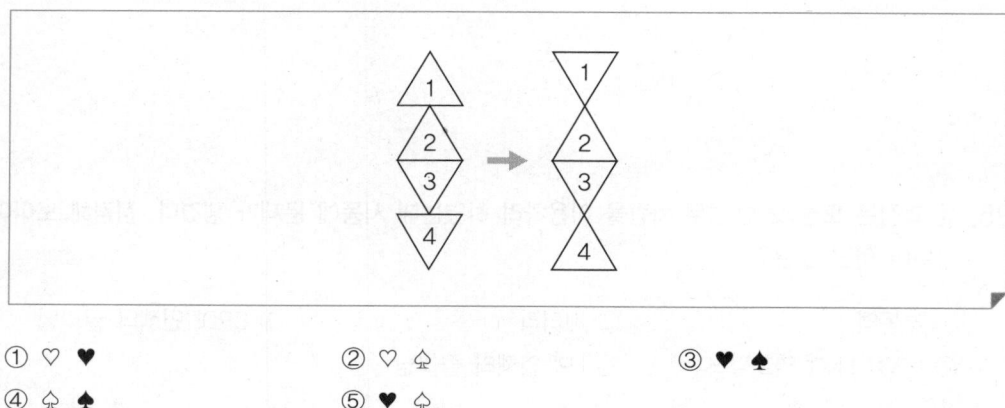

① ♡ ♥   ② ♡ ♤   ③ ♥ ♠
④ ♤ ♠   ⑤ ♥ ♤

38. 처음 상태에서 스위치를 두 번 눌렀더니 다음과 같은 상태로 바뀌었다. 어떤 스위치를 눌렀는가?

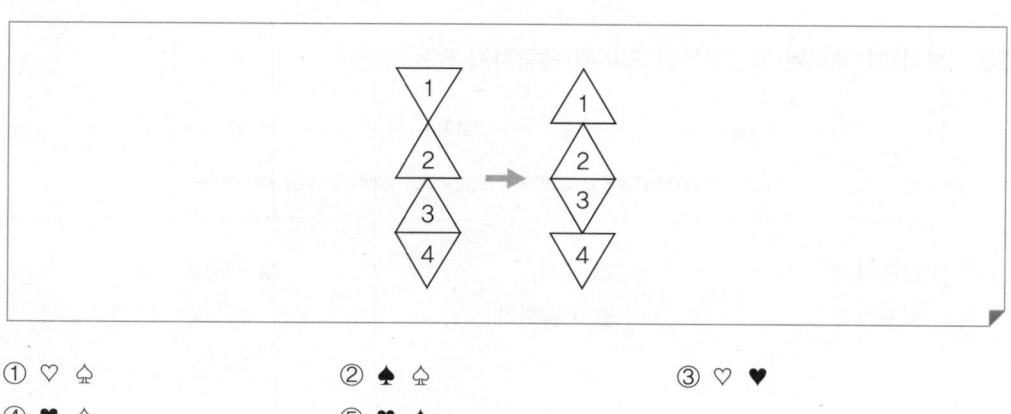

① ♡ ♤   ② ♠ ♤   ③ ♡ ♥
④ ♥ ♤   ⑤ ♥ ♠

[39 ~ 40] 다음은 ○○렌트카 회사의 차종별 주간 대여요금과 주행요금을 나타낸 표이다. 이어지는 질문에 답하시오.

(단위 : 원)

요금 차종	대여요금(주간)		주행요금
	주간 10분	1일	1km당
경차	790	48,000	140
소형차	800	50,100	150
준중형차	850	51,000	160
중형차	940	53,500	160
대형차	1,050	55,000	160
승합차	1,150	64,600	170
SUV	1,100	63,000	160
외제차	1,200	66,000	200

※ 야간은 주간 대여요금의 50%를 적용한다.
※ 이용요금은 대여요금과 주행요금을 합하여 산정한다.
※ 주간 : 05 : 00 ~ 19 : 00 / 야간 : 19 : 00 ~ 05 : 00

39. 오후 5시부터 오후 10시까지 준중형차를 대여하여 200km를 운행하려고 한다. 동일한 속도로 운행한다고 가정했을 때 이용요금은 얼마인가?

① 47,850원   ② 49,850원   ③ 52,400원
④ 53,000원   ⑤ 58,500원

40. 자료에 대한 설명으로 옳지 않은 것은?

① 야간에 외제차를 5시간 빌리면 대여요금이 30,000원을 넘지 않는다.
② 중형차를 주간에 10시간 이상 대여한다면 1일 대여요금이 더 싸다.
③ 이용요금은 SUV가 대형차보다 비싸다.
④ 대형차를 주간요금으로 9시간 대여하면 1일 대여요금보다 싸다.
⑤ 1일 사용 기준 외제차를 제외한 가장 비싼 차종은 승합차이다.

고시넷 현대자동차 생산직 인적성검사 최신기출유형모의고사

파트 3 인성검사

01 인성검사의 이해

1 인성검사, 왜 필요한가?

채용기업은 지원자가 '직무적합성'을 지닌 사람인지를 인성검사와 직무적성검사를 통해 판단한다. 인성검사에서 말하는 인성(人性)이란 그 사람의 성품, 즉 각 개인이 가지는 사고와 태도 및 행동 특성을 의미한다. 인성은 사람의 생김새처럼 사람마다 다르기 때문에 몇 가지 유형으로 분류하고 이에 맞추어 판단한다는 것 자체가 억지스럽고 어불성설일지 모른다. 그럼에도 불구하고 기업들의 입장에서는 입사를 희망하는 사람이 어떤 성품을 가졌는지 정보가 필요하다. 그래야 해당 기업의 인재상에 적합하고 담당할 업무에 적격한 인재를 채용할수 있기 때문이다.

지원자의 성격이 외향적인지 아니면 내향적인지, 어떤 직무와 어울리는지, 조직에서 다른 사람과 원만하게 생활할 수 있는지, 업무 수행 중 문제가 생겼을 때 어떻게 대처하고 해결할 수 있는지에 대한 전반적인 개성은 자기소개서를 통해서나 면접을 통해서도 어느 정도 파악할 수 있다. 그러나 이것들만으로 인성을 충분히 파악할 수 없기 때문에 객관화되고 정형화된 인성검사로 지원자의 성격을 판단하고 있다.

채용기업은 필기시험을 높은 점수로 통과한 지원자라 하더라도 해당 기업과 거리가 있는 성품을 가졌다면 탈락시키게 된다. 일반적으로 필기시험 통과자 중 인성검사로 탈락하는 비율이 10% 내외가 된다고 알려져 있다. 물론 인성검사를 탈락하였다 하더라도 특별히 인성에 문제가 있는 사람이 아니라면 절망할 필요는 없다. 자신을 되돌아보고 다음 기회를 대비하면 되기 때문이다. 탈락한 기업이 원하는 인재상이 아니었다면 맞는 기업을 찾으면 되고, 경쟁자가 많았기 때문이라면 자신을 다듬어 경쟁력을 높이면 될 것이다.

2 인성검사의 특징

우리나라 대다수의 채용기업은 인재개발 및 인적자원을 연구하는 한국행동과학연구소(KIRBS), 에스에이치알(SHR), 한국사회적성개발원(KSAD), 한국인재개발진흥원(KPDI) 등 전문기관에 인성검사를 의뢰하고 있다.

이 기관들의 인성검사 개발 목적은 비슷하지만 기관마다 검사 유형이나 평가 척도는 약간의 차이가 있다. 또 지원하는 기업이 어느 기관에서 개발한 검사지로 인성검사를 시행하는지는 사전에 알 수 없다. 그렇지만 공통으로 적용하는 척도와 기준에 따라 구성된 여러 형태의 인성검사지로 사전 테스트를 해 보고 자신의 인성이 어떻게 평가되는가를 미리 알아보는 것은 가능하다.

인성검사는 필기시험 당일 직무능력평가와 함께 실시하는 경우와 직무능력평가 합격자에 한하여 면접과 함께 실시하는 경우가 있다. 인성검사의 문항은 100문항 내외에서부터 최대 500문항까지 다양하다. 인성검사에 주어지는 시간은 문항 수에 비례하여 30~100분 정도가 된다.

문항 자체는 단순한 질문으로 어려울 것은 없지만 제시된 상황에서 본인의 행동을 정하는 것이 쉽지만은 않다. 문항 수가 많을 경우 이에 비례하여 시간도 길게 주어지지만 단순하고 유사하며 반복되는 질문에 방심하여 집중하지 못하고 실수하는 경우가 있으므로 컨디션 관리와 집중력 유지에 노력하여야 한다. 특히 같거나 유사한 물음에 다른 답을 하는 경우가 가장 위험하다.

3 인성검사 척도 및 구성

1 미네소타 다면적 인성검사(MMPI)

MMPI(Minnesota Multiphasic Personality Inventory)는 1943년 미국 미네소타 대학교수인 해서웨이와 매킨리가 개발한 대표적인 자기 보고형 성향 검사로서 오늘날 가장 대표적으로 사용되는 객관적 심리검사중 하나이다. MMPI는 약 550여 개의 문항으로 구성되며 각 문항을 읽고 '예(YES)' 또는 '아니오(NO)'로 대답하게 되어 있다.

MMPI는 4개의 타당도 척도와 10개의 임상척도로 구분된다. 500개가 넘는 문항들 중 중복되는 문항들이 포함되어 있는데 내용이 똑같은 문항도 10문항 이상 포함되어 있다. 이 반복 문항들은 응시자가 얼마나 일관성 있게 검사에 임했는지를 판단하는 지표로 사용된다.

구분	척도명	약자	주요 내용
타당도 척도 (바른 태도로 임했는지, 신뢰할 수 있는 결론인지 등을 판단)	무응답 척도 (Can not say)	?	응답하지 않은 문항과 복수로 답한 문항들의 총합으로 빠진 문항을 최소한으로 줄이는 것이 중요하다.
	허구 척도 (Lie)	L	자신을 좋은 사람으로 보이게 하려고 고의적으로 정직하지 못한 답을 판단하는 척도이다. 허구 척도가 높으면 장점까지 인정받지 못하는 결과가 발생한다.
	신뢰 척도 (Frequency)	F	검사 문항에 빗나간 답을 한 경향을 평가하는 척도로 정상적인 집단의 10% 이하의 응답을 기준으로 일반적인 경향과 다른 정도를 측정한다.
	교정 척도 (Defensiveness)	K	정신적 장애가 있음에도 다른 척도에서 정상적인 면을 보이는 사람을 구별하는 척도로 허구 척도보다 높은 고차원으로 거짓 응답을 하는 경향이 나타난다.
임상척도 (정상적 행동과 그렇지 않은 행동의 종류를 구분하는 척도로, 척도마다 다른 기준으로 점수가 매겨짐)	건강염려증 (Hypochondriasis)	Hs	신체에 대한 지나친 집착이나 신경질적 혹은 병적 불안을 측정하는 척도로 이러한 건강염려증이 타인에게 어떤 영향을 미치는지도 측정한다.
	우울증 (Depression)	D	슬픔·비관 정도를 측정하는 척도로 타인과의 관계 또는 본인 상태에 대한 주관적 감정을 나타낸다.
	히스테리 (Hysteria)	Hy	갈등을 부정하는 정도를 측정하는 척도로 신체 증상을 호소하는 경우와 적대감을 부인하며 우회적인 방식으로 드러내는 경우 등이 있다.
	반사회성 (Psychopathic Deviate)	Pd	가정 및 사회에 대한 불신과 불만을 측정하는 척도로 비도덕적 혹은 반사회적 성향 등을 판단한다.
	남성-여성특성 (Masculinity-Feminity)	Mf	남녀가 보이는 흥미와 취향, 적극성과 수동성 등을 측정하는 척도로 성에 따른 유연한 사고와 융통성 등을 평가한다.

	편집증 (Paranoia)	Pa	과대 망상, 피해 망상, 의심 등 편집증에 대한 정도를 측정하는 척도로 열등감, 비사교적 행동, 타인에 대한 불만과 같은 내용을 질문한다.
	강박증 (Psychasthenia)	Pt	과대 근심, 강박관념, 죄책감, 공포, 불안감, 정리정돈 등을 측정하는 척도로 만성 불안 등을 나타낸다.
	정신분열증 (Schizophrenia)	Sc	정신적 혼란을 측정하는 척도로 자폐적 성향이나 타인과의 감정 교류, 충동 억제불능, 성적 관심, 사회적 고립 등을 평가한다.
	경조증 (Hypomania)	Ma	정신적 에너지를 측정하는 척도로 생각의 다양성 및 과장성, 행동의 불안정성, 흥분성 등을 나타낸다.
	사회적 내향성 (Social introversion)	Si	대인관계 기피, 사회적 접촉 회피, 비사회성 등의 요인을 측정하는 척도로 외향성 및 내향성을 구분한다.

2 캘리포니아 성격검사(CPI)

CPI(California Psychological Inventory)는 캘리포니아 대학의 연구팀이 개발한 성검사로 MMPI와 함께 세계에서 가장 널리 사용되고 있는 인성검사 툴이다. CPI는 다양한 인성 요인을 통해 지원자가 답변한 응답 왜곡 가능성, 조직 역량 등을 측정한다. MMPI가 주로 정서적 측면을 진단하는 특징을 보인다면, CPI는 정상적인 사람의 심리적 특성을 주로 진단한다.

CPI는 약 480개 문항으로 구성되어 있으며 다음과 같은 18개의 척도로 구분된다.

구분	척도명	주요 내용
제1군 척도 (대인관계 적절성 측정)	지배성(Do)	리더십, 통솔력, 대인관계에서의 주도권을 측정한다.
	지위능력성(Cs)	내부에 잠재되어 있는 내적 포부, 자기 확신 등을 측정한다.
	사교성(Sy)	참여 기질이 활달한 사람과 그렇지 않은 사람을 구분한다.
	사회적 자발성(Sp)	사회 안에서의 안정감, 자발성, 사교성 등을 측정한다.
	자기 수용성(Sa)	개인적 가치관, 자기 확신, 자기 수용력 등을 측정한다.
	행복감(Wb)	생활의 만족감, 행복감을 측정하며 긍정적인 사람으로 보이고자 거짓 응답하는 사람을 구분하는 용도로도 사용된다.
제2군 척도 (성격과 사회화, 책임감 측정)	책임감(Re)	법과 질서에 대한 양심, 책임감, 신뢰성 등을 측정한다.
	사회성(So)	가치 내면화 정도, 사회 이탈 행동 가능성 등을 측정한다.
	자기 통제성(Sc)	자기조절, 자기통제의 적절성, 충동 억제력 등을 측정한다.
	관용성(To)	사회적 신념, 편견과 고정관념 등에 대한 태도를 측정한다.
	호감성(Gi)	타인이 자신을 어떻게 보는지에 대한 민감도를 측정하며, 좋은 사람으로 보이고자 거짓 응답하는 사람을 구분한다.
	임의성(Cm)	사회에 보수적 태도를 보이고 생각 없이 적당히 응답한 사람을 판단하는 척도로 사용된다.

제3군 척도 (인지적, 학업적 특성 측정)	순응적 성취(Ac)	성취동기, 내면의 인식, 조직 내 성취 욕구 등을 측정한다.
	독립적 성취(Ai)	독립적 사고, 창의성, 자기실현을 위한 능력 등을 측정한다.
	지적 효율성(Le)	지적 능률, 지능과 연관이 있는 성격 특성 등을 측정한다.
제4군 척도 (제1~3군과 무관한 척도의 혼합)	심리적 예민성(Py)	타인의 감정 및 경험에 대해 공감하는 정도를 측정한다.
	융통성(Fx)	개인적 사고와 사회적 행동에 대한 유연성을 측정한다.
	여향성(Fe)	남녀 비교에 따른 흥미의 남향성 및 여향성을 측정한다.

3 SHL 직업성격검사(OPQ)

OPQ(Occupational Personality Questionnaire)는 세계적으로 많은 외국 기업에서 널리 사용하는 CEB 사의 SHL 직무능력검사에 포함된 직업성격검사이다. 4개의 질문이 한 세트로 되어 있고 총 68세트 정도 출제되고 있다. 4개의 질문 안에서 '자기에게 가장 잘 맞는 것'과 '자기에게 가장 맞지 않는 것'을 1개씩 골라 '예', '아니오'로 체크하는 방식이다. 단순하게 모든 척도가 높다고 좋은 것은 아니며, 척도가 낮은 편이 좋은 경우도 있다.

기업에 따라 척도의 평가 기준은 다르다. 희망하는 기업의 특성을 연구하고, 채용 기준을 예측하는 것이 중요하다.

척도	내용	질문 예
설득력	사람을 설득하는 것을 좋아하는 경향	- 새로운 것을 사람에게 권하는 것을 잘한다. - 교섭하는 것에 걱정이 없다. - 기획하고 판매하는 것에 자신이 있다.
지도력	사람을 지도하는 것을 좋아하는 경향	- 사람을 다루는 것을 잘한다. - 팀을 아우르는 것을 잘한다. - 사람에게 지시하는 것을 잘한다.
독자성	다른 사람의 영향을 받지 않고, 스스로 생각해서 행동하는 것을 좋아하는 경향	- 모든 것을 자신의 생각대로 하는 편이다. - 주변의 평가는 신경 쓰지 않는다. - 유혹에 강한 편이다.
외향성	외향적이고 사교적인 경향	- 다른 사람의 주목을 끄는 것을 좋아한다. - 사람들이 모인 곳에서 중심이 되는 편이다. - 담소를 나눌 때 주변을 즐겁게 해 준다.
우호성	친구가 많고, 대세의 사람이 되는 것을 좋아하는 경향	- 친구와 함께 있는 것을 좋아한다. - 무엇이라도 얘기할 수 있는 친구가 많다. - 친구와 함께 무언가를 하는 것이 많다.
사회성	세상 물정에 밝고 사람 앞에서도 낯을 가리지 않는 성격	- 자신감이 있고 유쾌하게 발표할 수 있다. - 공적인 곳에서 인사하는 것을 잘한다. - 사람들 앞에서 발표하는 것이 어렵지 않다.

겸손성	사람에 대해서 겸손하게 행동하고 누구라도 똑같이 사귀는 경향	– 자신의 성과를 그다지 내세우지 않는다. – 절제를 잘하는 편이다. – 사회적인 지위에 무관심하다.
협의성	사람들에게 의견을 물으면서 일을 진행하는 경향	– 사람들의 의견을 구하며 일하는 편이다. – 타인의 의견을 묻고 일을 진행시킨다. – 친구와 상담해서 계획을 세운다.
돌봄	측은해 하는 마음이 있고, 사람을 돌봐 주는 것을 좋아하는 경향	– 개인적인 상담에 친절하게 답해 준다. – 다른 사람의 상담을 진행하는 경우가 많다. – 후배의 어려움을 돌보는 것을 좋아한다.
구체적인 사물에 대한 관심	물건을 고치거나 만드는 것을 좋아하는 경향	– 고장 난 물건을 수리하는 것이 재미있다. – 상태가 안 좋은 기계도 잘 사용한다. – 말하기보다는 행동하기를 좋아한다.
데이터에 대한 관심	데이터를 정리해서 생각하는 것을 좋아하는 경향	– 통계 등의 데이터를 분석하는 것을 좋아한다. – 표를 만들거나 정리하는 것을 좋아한다. – 숫자를 다루는 것을 좋아한다.
미적가치에 대한 관심	미적인 것이나 예술적인 것을 좋아하는 경향	– 디자인에 관심이 있다. – 미술이나 음악을 좋아한다. – 미적인 감각에 자신이 있다.
인간에 대한 관심	사람의 행동에 동기나 배경을 분석하는 것을 좋아하는 경향	– 다른 사람을 분석하는 편이다. – 타인의 행동을 보면 동기를 알 수 있다. – 다른 사람의 행동을 잘 관찰한다.
정통성	이미 있는 가치관을 소중히 여기고, 익숙한 방법으로 사물을 대하는 것을 좋아하는 경향	– 실적이 보장되는 확실한 방법을 취한다. – 낡은 가치관을 존중하는 편이다. – 보수적인 편이다.
변화 지향	변화를 추구하고, 변화를 받아들이는 것을 좋아하는 경향	– 새로운 것을 하는 것을 좋아한다. – 해외여행을 좋아한다. – 경험이 없더라도 시도해 보는 것을 좋아한다.
개념성	지식에 대한 욕구가 있고, 논리적으로 생각하는 것을 좋아하는 경향	– 개념적인 사고가 가능하다. – 분석적인 사고를 좋아한다. – 순서를 만들고 단계에 따라 생각한다.
창조성	새로운 분야에 대한 공부를 하는 것을 좋아하는 경향	– 새로운 것을 추구한다. – 독창성이 있다. – 신선한 아이디어를 낸다.
계획성	앞을 생각해서 사물을 예상하고, 계획적으로 실행하는 것을 좋아하는 경향	– 과거를 돌이켜보며 계획을 세운다. – 앞날을 예상하며 행동한다. – 실수를 돌아보며 대책을 강구하는 편이다.

치밀함	정확한 순서를 세워 진행하는 것을 좋아하는 경향	– 사소한 실수는 거의 하지 않는다. – 정확하게 요구되는 것을 좋아한다. – 사소한 것에도 주의하는 편이다.
꼼꼼함	어떤 일이든 마지막까지 꼼꼼하게 마무리 짓는 경향	– 맡은 일을 마지막까지 해결한다. – 마감 시한은 반드시 지킨다. – 시작한 일은 중간에 그만두지 않는다.
여유	평소에 릴랙스하고, 스트레스에 잘 대처하는 경향	– 감정의 회복이 빠르다. – 분별없이 함부로 행동하지 않는다. – 스트레스에 잘 대처한다.
근심 · 걱정	어떤 일이 잘 진행되지 않으면 불안을 느끼고, 중요한 일을 앞두면 긴장하는 경향	– 예정대로 잘되지 않으면 근심 · 걱정이 많다. – 신경 쓰이는 일이 있으면 불안하다. – 중요한 만남 전에는 기분이 편하지 않다.
호방함	사람들이 자신을 어떻게 생각하는지를 신경 쓰지 않는 경향	– 사람들이 자신을 어떻게 생각하는지 그다지 신경 쓰지 않는다. – 상처받아도 동요하지 않고 아무렇지 않은 태도를 취한다. – 사람들의 비판에 크게 영향받지 않는다.
억제력	감정을 표현하지 않는 경향	– 쉽게 감정적으로 되지 않는다. – 분노를 억누른다. – 격분하지 않는다.
낙관적	사물을 낙관적으로 보는 경향	– 낙관적으로 생각하고 일을 진행시킨다. – 문제가 일어나도 낙관적으로 생각한다.
비판적	비판적으로 사물을 생각하고, 이론 · 문장 등의 오류에 신경 쓰는 경향	– 이론의 모순을 찾아낸다. – 계획이 갖춰지지 않은 것이 신경 쓰인다. – 누구도 신경 쓰지 않는 오류를 찾아낸다.
행동력	운동을 좋아하고, 민첩하게 행동하는 경향	– 동작이 날렵하다. – 여가를 활동적으로 보낸다. – 몸을 움직이는 것을 좋아한다.
경쟁성	지는 것을 싫어하는 경향	– 승부를 겨루게 되면 지는 것을 싫어한다. – 상대를 이기는 것을 좋아한다. – 싸워 보지 않고 포기하는 것을 싫어한다.
출세 지향	출세하는 것을 중요하게 생각하고, 야심적인 목표를 향해 노력하는 경향	– 출세 지향적인 성격이다. – 곤란한 목표도 달성할 수 있다. – 실력으로 평가받는 사회가 좋다.
결단력	빠르게 판단하는 경향	– 답을 빠르게 찾아낸다. – 문제에 대한 빠른 상황 파악이 가능하다. – 위험을 감수하고도 결단을 내리는 편이다.

🔍 4 인성검사 합격 전략

1 포장하지 않은 솔직한 답변

"다른 사람을 험담한 적이 한 번도 없다.", "물건을 훔치고 싶다고 생각해 본 적이 없다."

이 질문에 당신은 '그렇다', '아니다' 중 무엇을 선택할 것인가? 채용기업이 인성검사를 실시하는 가장 큰 이유는 '이 사람이 어떤 성향을 가진 사람인가'를 효율적으로 파악하기 위해서이다.

인성검사는 도덕적 가치가 빼어나게 높은 사람을 판별하려는 것도 아니고, 성인군자를 가려내기 위함도 아니다. 인간의 보편적 성향과 상식적 사고를 고려할 때, 도덕적 질문에 지나치게 겸손한 답변을 체크하면 오히려 솔직하지 못한 것으로 간주되거나 인성을 제대로 판단하지 못해 무효 처리가 되기도 한다. 자신의 성격을 포장하여 작위적인 답변을 하지 않도록 솔직하게 임하는 것이 예기치 않은 결과를 피하는 첫 번째 전략이 된다.

2 필터링 함정을 피하고 일관성 유지

앞서 강조한 솔직함은 일관성과 연결된다. 인성검사를 구성하는 많은 척도는 여러 형태의 문장 속에 동일한 요소를 적용해 반복되기도 한다. 예컨대 '나는 매우 활동적인 사람이다'와 '나는 운동을 매우 좋아한다'라는 질문에 '그렇다'고 체크한 사람이 '휴일에는 집에서 조용히 쉬며 독서하는 것이 좋다'에도 '그렇다'고 체크한다면 일관성이 없다고 평가될 수 있다.

그러나 일관성 있는 답변에만 매달리면 '이 사람이 같은 답변만 체크하기 위해 이 부분만 신경 썼구나'하는 필터링 함정에 빠질 수도 있다. 비슷하게 보이는 문장이 무조건 같은 내용이라고 판단하여 똑같이 답하는 것도 주의해야 한다. 일관성보다 중요한 것은 솔직함이다. 솔직함이 전제되지 않은 일관성은 허위 척도 필터링에서 드러나게 되어 있다. 유사한 질문의 응답이 터무니없이 다르거나 양극단에 치우치지 않는 정도라면 약간의 차이는 크게 문제되지 않는다. 중요한 것은 솔직함과 일관성이 하나의 연장선에 있다는 점을 명심하자.

3 지원한 직무와 연관성을 고려

다양한 분야의 많은 계열사와 큰 조직을 통솔하는 대기업은 여러 사람이 조직적으로 움직이는 만큼 각 직무에 걸맞은 능력을 갖춘 인재가 필요하다. 그래서 기업은 매년 신규채용으로 입사한 신입사원들의 젊은 패기와 참신한 능력을 성장 동력으로 활용한다.

기업은 사교성 있고 활달한 사람만을 원하지 않는다. 해당 직군과 직무에 따라 필요로 하는 사원의 능력과 개성이 다르기 때문에, 지원자가 희망하는 계열사나 부서의 직무가 무엇인지 제대로 파악하여 자신의 성향과 맞는지에 대한 고민은 반드시 필요하다. 같은 질문이라도 기업이 원하는 인재상이나 부서의 직무에 따라 판단 척도가 달라질 수 있다.

4 평상심 유지와 컨디션 관리

역시 솔직함과 연결된 내용이다. 한 질문에 오래 고민하고 신경 쓰면 불필요한 생각이 개입될 소지가 크다. 이는 직관을 떠나 이성적 판단에 따라 포장할 위험이 높아진다는 뜻이기도 하다. 긴 시간 생각하지 말고 자신의 평상시 생각과 감정대로 답하는 것이 중요하며, 가능한 건너뛰지 말고 모든 질문에 답하도록 한다. 300 ～ 400개 정도 문항을 출제하는 기업이 많기 때문에, 끝까지 집중하여 임하는 것이 중요하다.

특히 적성검사와 같은 날 실시하는 경우, 적성검사를 마친 후 연이어 보기 때문에 신체적 · 정신적으로 피로한 상태에서 자세가 흐트러질 수도 있다. 따라서 컨디션을 유지하면서 문항당 7 ～ 10초 이상 쓰지 않도록 하고, 문항 수가 많을 때는 답안지에 바로바로 표기하자.

02 인성검사 연습

인성검사 Tip

1. 응시 전 스스로를 돌아보며 나는 어떤 사람인가를 생각하는 시간을 가진다.
2. 지원한 분야의 직무에 적합한 요소에 대해 생각해 본다.
3. 많이 고민하기보다는 직관적으로 풀어 나간다.
4. 일관성을 유지하기 위해 노력한다.
5. 누가 보아도 비상식적인 답안을 선택하지 않도록 주의한다.

문항 군 개별 항목 체크형

현대자동차 생산직 인성검사는 320문항에 50분이 배정된다. 제시된 질문을 읽고 자신의 성향과 동의 정도에 따라 '전혀 그렇지 않다', '그렇지 않다', '그렇다', '매우 그렇다' 중 해당되는 것 하나를 선택하는 유형이다.

이어지는 모의 검사는 320문항으로 구성되었으며, 실제 시험과 같이 주어진 시간(50분) 내에 검사를 마칠 수 있도록 연습하는 것이 좋다.

| 01~320 | 다음 문항을 읽고 자신의 성격, 가치관, 태도 등에 비추어보았을 때 동의하는 정도에 따라 '전혀 그렇지 않다', '그렇지 않다', '그렇다', '매우 그렇다' 중에 표시하여 주십시오.

번호	문항	응답			
		전혀 그렇지 않다	그렇지 않다	그렇다	매우 그렇다
001	고객을 만족시키기 위해서 거짓말을 할 수 있다.	①	②	③	④
002	일을 통해 나의 지식과 기술로 후대에 기여하고 싶다.	①	②	③	④
003	내 의견을 이해하지 못하는 사람은 상대하지 않는다.	①	②	③	④
004	사회에서 인정받을 수 있는 사람이 되고 싶다.	①	②	③	④
005	착한 사람은 항상 손해를 보게 되어 있다.	①	②	③	④
006	내가 잘한 일은 남들이 꼭 알아줬으면 한다.	①	②	③	④
007	나와 다른 의견도 끝까지 듣는다.	①	②	③	④
008	어떤 말을 들을 때 다른 생각이 자꾸 떠오른다.	①	②	③	④
009	조직에서 될 수 있으면 비중 있는 일을 담당하려 노력한다.	①	②	③	④
010	싸운 후 다시 화해하는 데까지 시간이 많이 걸린다.	①	②	③	④
011	인정에 이끌려 내 생각을 변경한 적이 많다.	①	②	③	④
012	상처를 잘 받지 않고 실패나 실수를 두려워하지 않는다.	①	②	③	④

013	나만의 공간에 다른 사람이 침범하는 것을 싫어한다.	①	②	③	④
014	약속을 잊어버려 당황할 때가 종종 있다.	①	②	③	④
015	정해진 내용과 범위에 따라 일하는 것을 좋아한다.	①	②	③	④
016	지시를 받기 전에 먼저 일을 찾아서 하는 성향이다.	①	②	③	④
017	내 뜻에 맞지 않으면 조목조목 따진다.	①	②	③	④
018	하고 싶은 말이 있으면 꼭 해야만 마음이 편하다.	①	②	③	④
019	일 때문에 다른 것을 포기할 때가 많다.	①	②	③	④
020	상대방을 격려하고 고무시키는 일을 잘 못한다.	①	②	③	④
021	잘못을 저질렀을 때 요령 있게 상황을 잘 넘긴다.	①	②	③	④
022	문제를 많이 가지고 있는 사람일수록 덜 행복할 것이다.	①	②	③	④
023	현실에서 벗어나고 싶다는 생각이 들 때가 많다.	①	②	③	④
024	주변에는 감사할 일들이 별로 없다.	①	②	③	④
025	어떤 경우라도 남을 미워하지 않는다.	①	②	③	④
026	미래를 예측하거나 추상적인 개념 정립을 좋아한다.	①	②	③	④
027	회사의 일거리를 집에까지 가져가서 일하고 싶지는 않다.	①	②	③	④
028	웬만해서는 자신의 감정을 표현하지 않는다.	①	②	③	④
029	약속을 한 번도 어긴 적이 없다.	①	②	③	④
030	지루하거나 심심한 것은 잘 못 참는다.	①	②	③	④
031	자신의 논리와 법칙에 따라 행동한다.	①	②	③	④
032	옳다고 생각하면 다른 사람과 의견이 달라도 끝까지 의견을 고수한다.	①	②	③	④
033	확실하지 않은 것은 처음부터 시작하지 않는다.	①	②	③	④
034	성공할 것이라고 생각되는 확실한 계획만 실행에 옮긴다.	①	②	③	④
035	지인이나 친구의 부탁을 쉽게 거절하지 못한다.	①	②	③	④
036	잘못한 상대와는 다시 상대하지 않는 편이다.	①	②	③	④
037	나는 무슨 일이든지 잘할 수 있다.	①	②	③	④
038	양보와 타협보다 내 이익이 우선이다.	①	②	③	④
039	속고 사는 것보다 차라리 남을 속이는 것이 좋다.	①	②	③	④
040	새로운 유행이 시작되면 먼저 시도해 본다.	①	②	③	④
041	내 의견과 다르더라도 집단의 의견과 결정에 순응한다.	①	②	③	④
042	사람이 많이 모인 곳에 나가기가 어렵다.	①	②	③	④
043	기분에 따라 행동하는 경우는 거의 없다.	①	②	③	④
044	문제를 해결할 때 제일 먼저 떠오른 생각에 따른다.	①	②	③	④

045	작은 기쁨에도 지나치게 기뻐한다.	①	②	③	④
046	세상에는 감사할 일들이 너무 많다.	①	②	③	④
047	조심스럽게 운전하는 사람을 보면 짜증이 난다.	①	②	③	④
048	타고난 천성은 근본적으로 변화시킬 수 없다.	①	②	③	④
049	혼자보다 함께 일할 때 더 신이 난다.	①	②	③	④
050	식사 전에는 꼭 손을 씻는다.	①	②	③	④
051	문제가 생겼을 때 그 원인을 남에 비해 쉽게 알아낸다.	①	②	③	④
052	세상은 부정부패로 가득 차 있다.	①	②	③	④
053	하고 싶은 일을 하지 않고는 못 배긴다.	①	②	③	④
054	에너지가 넘친다는 말을 자주 듣는다.	①	②	③	④
055	거래처를 방문할 때 조그마한 선물 준비는 기본 예의다.	①	②	③	④
056	타인이 나를 비판하는 것을 견디지 못한다.	①	②	③	④
057	다른 사람의 일에는 절대 참견하지 않는다.	①	②	③	④
058	경제적 이득이 없더라도 인맥 구축을 위해 모임에 참석한다.	①	②	③	④
059	많은 사람의 도움이 없었다면 지금의 나도 없었을 것이다.	①	②	③	④
060	기분파라는 말을 자주 듣는다.	①	②	③	④
061	상대방을 생각해서 하고 싶은 말을 다 못할 때가 많다.	①	②	③	④
062	수줍음이 많아 앞에 잘 나서질 못한다.	①	②	③	④
063	내키지 않는 약속이라도 철저히 지킨다.	①	②	③	④
064	모임에서 함께 어울려 놀기보다 조용히 구경하는 것을 더 좋아한다.	①	②	③	④
065	조그마한 소리에도 잘 놀란다.	①	②	③	④
066	부자와 가난한 사람의 주된 차이는 운이다.	①	②	③	④
067	다양한 사람을 만나 소통하는 것을 좋아한다.	①	②	③	④
068	먼저 뛰어 들기보다 남들이 하는 것을 우선 관찰해본다.	①	②	③	④
069	살아있는 하루하루에 대해 감사함을 느낀다.	①	②	③	④
070	다른 사람에 비해 열등감을 많이 느낀다.	①	②	③	④
071	국제적, 정치적 문제에 보수적인 태도를 취한다.	①	②	③	④
072	깊이 생각하는 문제보다 쉽게 다룰 수 있는 문제를 선호한다.	①	②	③	④
073	통제하는 것보다 통제받는 것을 더 선호한다.	①	②	③	④
074	우선순위가 상황에 따라 자주 바뀐다.	①	②	③	④
075	주위 환경이 나를 괴롭히거나 불행하게 만든다.	①	②	③	④

076	좋고 싫음에 대해 내색을 잘하지 못한다.	①	②	③	④
077	갈등이 생기면 간접적이고 우회적으로 접근한다.	①	②	③	④
078	필요하다면 어떤 상대도 내 편으로 만들 수 있다.	①	②	③	④
079	남이 시키는 일을 하는 것이 편하다.	①	②	③	④
080	미래의 비전보다는 구체적인 현안 해결을 중시한다.	①	②	③	④
081	순간적인 기분으로 행동할 때가 많다.	①	②	③	④
082	사소한 법이라도 어긴 적이 없다.	①	②	③	④
083	누군가 나를 감시(미행)하고 있다는 느낌이 들 때가 있다.	①	②	③	④
084	현재의 나는 그렇게 행복한 삶을 살고 있지 않다.	①	②	③	④
085	상대에게 상처가 되더라도 진실을 이야기한다.	①	②	③	④
086	내가 행복해지려면 주변의 많은 것들이 변해야 한다.	①	②	③	④
087	일이나 타인의 부탁에 대해 끊고 맺음이 분명하다.	①	②	③	④
088	성격이 급하다는 말을 자주 듣는다.	①	②	③	④
089	아무 이유 없이 눈물이 나기도 한다.	①	②	③	④
090	다른 사람의 사랑 없이 나는 행복해질 수 없다.	①	②	③	④
091	조직의 이익보다는 내 입장이 우선이다.	①	②	③	④
092	본인에게 중요하지 않은 대화는 안 하는 편이다.	①	②	③	④
093	상대방이 불편해 하면 비위를 맞추려고 노력한다.	①	②	③	④
094	관심 있는 세미나나 강연회가 있으면 열심히 찾아가서 듣는다.	①	②	③	④
095	살아갈수록 감사할 일들이 많아진다.	①	②	③	④
096	사고하는 문제보다 쉽게 풀 수 있는 문제를 좋아한다.	①	②	③	④
097	눈치가 빠르며 상황을 빨리 파악하는 편이다.	①	②	③	④
098	현재의 나에 대해 매우 만족한다.	①	②	③	④
099	자존심이 상하면 화를 잘 참지 못한다.	①	②	③	④
100	부담을 주는 상대는 되도록 피한다.	①	②	③	④
101	일의 성사를 위해 연고(지연, 학연, 혈연 등)관계를 적극 활용할 필요가 있다.	①	②	③	④
102	어떤 일에 집중하느라 약속을 잊어버릴 때가 가끔 있다.	①	②	③	④
103	자진해서 발언하는 일이 별로 없다.	①	②	③	④
104	쓸데없는 잔걱정이 끊이질 않는다.	①	②	③	④
105	공정과 정의보다 사랑과 용서가 더 중요하다.	①	②	③	④
106	의사결정을 할 때 주도적 역할을 한다.	①	②	③	④
107	다툼을 피하기 위해 상대에게 져주는 편이다.	①	②	③	④
108	갈등이나 마찰을 피하기 위해 대부분 양보하는 편이다.	①	②	③	④

109	무엇이든 직선적으로 대응하는 방식을 선호한다.	①	②	③	④
110	자료를 분석하고 예측하는 일을 잘한다.	①	②	③	④
111	행운이 없이는 능력 있는 지도자가 될 수 없다.	①	②	③	④
112	뜻을 정하면 좀처럼 흔들리지 않는다.	①	②	③	④
113	혁신적이고 급진적인 사고방식에 거부감이 있다.	①	②	③	④
114	완벽한 능력이 있고, 성공을 해야만 내 가치를 인정받을 수 있다.	①	②	③	④
115	세상일은 절대로 내 뜻대로 되지 않는다.	①	②	③	④
116	조금은 엉뚱하게 생각하곤 한다.	①	②	③	④
117	불편한 상황은 그대로 넘기지 않고 시시비비를 따지는 편이다.	①	②	③	④
118	아무 목적 없이 여행하고 방랑했던 기억이 몇 차례 있다.	①	②	③	④
119	남들이 생각하지 못한 독특한 의견을 개진하곤 한다.	①	②	③	④
120	사람들과 헤어질 때 불안을 느낀다.	①	②	③	④
121	과거의 영향에서 벗어난다는 것은 거의 불가능하다.	①	②	③	④
122	세상에서 행복해지려면 반드시 돈이 많아야 한다.	①	②	③	④
123	상대방의 의견에 잘 맞추어 행동한다.	①	②	③	④
124	이롭지 않은 약속은 무시할 때가 종종 있다.	①	②	③	④
125	새롭게 느껴지는 문제를 해결하는 것을 좋아한다.	①	②	③	④
126	궂은일이나 애로사항이 생기면 도맡아서 처리한다.	①	②	③	④
127	다른 사람이 한 말의 숨은 뜻을 쉽게 알아차릴 수 있다.	①	②	③	④
128	잘못된 규정이라도 일단 확정되면 규정에 따라야 한다.	①	②	③	④
129	새로운 것을 보면 그냥 지나치지 못한다.	①	②	③	④
130	다시 태어나도 현재와 같은 삶을 살고 싶다.	①	②	③	④
131	나와 맞지 않다고 생각되는 사람하고는 굳이 친해지려고 하지 않는다.	①	②	③	④
132	양심적으로 살면 불이익을 당하는 경우가 많다.	①	②	③	④
133	가까운 사람에게 선물을 주는 것을 좋아한다.	①	②	③	④
134	남들이 당연하게 여기는 것도 의문을 품는 경향이 있다.	①	②	③	④
135	어렵고 힘든 일을 자진해서 떠맡는 편이다.	①	②	③	④
136	주변 환경이나 사물에 별로 관심이 없다.	①	②	③	④
137	나는 모든 사람으로부터 사랑받고 인정받아야 한다.	①	②	③	④
138	마음이 안심될 때까지 확인한다.	①	②	③	④
139	정서적으로 예민하고 유행에 민감하다.	①	②	③	④
140	조직이 원한다면 많은 희생을 감수할 수 있다.	①	②	③	④

141	다른 사람에 비해 유행이나 변화에 민감하지 못한 편이다.	①	②	③	④
142	명절에 거래처에서 주는 상품권이나 선물은 금액이 많지 않다면 받아도 된다.	①	②	③	④
143	질문을 많이 하고 의문을 많이 가진다.	①	②	③	④
144	감수성이 풍부하고 감정의 기복이 심하다.	①	②	③	④
145	공정한 사람보다 인정 많은 사람으로 불리고 싶다.	①	②	③	④
146	목표 달성을 위해서라면 사소한 규칙은 무시해도 된다.	①	②	③	④
147	남이 부탁하면 거절하지 못하고 일단 맡아 놓고 본다.	①	②	③	④
148	나의 미래는 희망으로 가득 차 있다.	①	②	③	④
149	기존의 방법과 다른 방향으로 생각하려 노력한다.	①	②	③	④
150	아무리 바빠도 시간을 내서 독서를 한다.	①	②	③	④
151	내 생각과 달라도 어른이나 상사의 행동이나 지시를 잘 따르는 편이다.	①	②	③	④
152	나와 관련 없는 것은 관심을 갖지 않는다.	①	②	③	④
153	항상 스스로 실수를 인정한다.	①	②	③	④
154	발이 넓고 활동적이어서 늘 바쁘다.	①	②	③	④
155	시간이 지난 후에야 어떤 일이나 사람에 대해 감사함을 느끼게 된다.	①	②	③	④
156	다른 사람들보다 옳고 그름에 대해 엄격한 편이다.	①	②	③	④
157	세세한 것에 신경 쓰다 큰 그림을 놓치는 경향이 있다.	①	②	③	④
158	사정에 따라 우선순위를 자주 바꾸는 경향이 있다.	①	②	③	④
159	흥분을 잘하지만 또 금방 풀어진다.	①	②	③	④
160	세상은 그저 스쳐지나가는 것이라는 느낌이 자주 든다.	①	②	③	④
161	내 근심을 덜어 줄 사람은 아무도 없다.	①	②	③	④
162	하고 싶은 말을 잘 참지 못한다.	①	②	③	④
163	위험을 회피하고 확실한 길만 간다.	①	②	③	④
164	내 주장이 맞다고 생각하면 양보하지 않는다.	①	②	③	④
165	분노를 표현하는 데 주저하지 않는다.	①	②	③	④
166	나는 주는 것보다 받은 것이 너무 많다.	①	②	③	④
167	특별한 용건이 없는 한 사람들을 잘 만나지 않는다.	①	②	③	④
168	인생은 허무하고 공허할 뿐이다.	①	②	③	④
169	상대 잘못으로 갈등이 생겨도 먼저 가서 화해를 청한다.	①	②	③	④
170	나에 대한 가치는 다른 사람의 평가에 달려 있다.	①	②	③	④
171	다른 사람의 일까지 맡아서 하는 경우가 많다.	①	②	③	④

172	다른 사람들과 똑같은 생각이나 행동을 하기 싫다.	①	②	③	④
173	내키지 않는 하찮은 일을 하기가 어렵다.	①	②	③	④
174	지배당하는 것보다 지배하는 삶이 훨씬 가치 있다.	①	②	③	④
175	문제가 생기면 해결사 역할을 도맡아 한다.	①	②	③	④
176	꼼꼼히 하는 것보다 빨리하는 것을 좋아한다.	①	②	③	④
177	나는 언제나 잘될 것이라고 생각한다.	①	②	③	④
178	남을 의심해 본 적이 없다.	①	②	③	④
179	도전해 볼 만한 일이라면 실패 위험을 감수한다.	①	②	③	④
180	어찌 됐든 규정을 어겼다면 처벌을 받아야 한다.	①	②	③	④
181	다른 사람의 좋은 점을 말하고 칭찬하기를 좋아한다.	①	②	③	④
182	미래가 암담하게 느껴질 때가 많다.	①	②	③	④
183	다른 사람이 선뜻 나서지 않는 문제를 먼저 자원해서 해결한다.	①	②	③	④
184	세상의 모든 불공정한 일에 대해 생각할 때 괴롭다.	①	②	③	④
185	일과 사람(공과 사)의 구분이 명확하다.	①	②	③	④
186	조그마한 실수나 결점에 매우 민감하다.	①	②	③	④
187	복잡하고 어려운 문제에 도전하는 것이 재미있다.	①	②	③	④
188	종종 내 삶은 무의미한 것 같다.	①	②	③	④
189	서로 대립할 때 중재 역할을 잘 못한다.	①	②	③	④
190	협력하는 일보다 개인 중심 업무를 선호한다.	①	②	③	④
191	다른 사람이 참견하고 간섭하는 것을 싫어한다.	①	②	③	④
192	개인 활동보다 팀 활동을 선호한다.	①	②	③	④
193	건물에 들어가면 비상구를 항상 확인해 둔다.	①	②	③	④
194	어떤 경기든 홈그라운드의 이점은 있어야 한다.	①	②	③	④
195	상대가 공격해오면 곧바로 되받아친다.	①	②	③	④
196	상대방이 실수를 해도 싫은 말을 잘 못한다.	①	②	③	④
197	확인되고 증명된 것만을 믿는다.	①	②	③	④
198	나의 일상은 흥미진진한 일들로 가득 차 있다.	①	②	③	④
199	회사에 지장을 주지 않는 선에서 다른 일을 겸하는 것은 문제되지 않는다.	①	②	③	④
200	좋은 소식은 물론 나쁜 소식도 솔직하게 공유한다.	①	②	③	④
201	우울해지면 며칠 혹은 몇 주 동안 아무것도 못하고 보내 버린다.	①	②	③	④
202	사람을 접대하고 응대하는 일을 잘한다.	①	②	③	④
203	일이나 생활에서 정해진 시간에 맞춰 일하는 것을 잘 못한다.	①	②	③	④

204	무슨 일이든 빨리 해결하려는 경향이 있다.	①	②	③	④
205	정보나 감정을 나누는 데 서툰 편이다.	①	②	③	④
206	사소한 잘못은 지혜롭게 변명하고 넘어간다.	①	②	③	④
207	나에게는 좋지 못한 습관이 있다.	①	②	③	④
208	정직한 사람은 평생 가난하게 산다.	①	②	③	④
209	개인의 목표보다 조직의 목표가 우선이다.	①	②	③	④
210	어떤 현상에 대해 비판적 시각으로 접근한다.	①	②	③	④
211	내 생각과 견해가 다른 규칙(또는 규정)은 따르기가 어렵다.	①	②	③	④
212	남들과 다른 방식으로 생각하기를 좋아한다.	①	②	③	④
213	자신을 잘 드러내지 않고 사적인 이야기를 거의 하지 않는다.	①	②	③	④
214	정해진 틀(규정이나 절차) 안에서 움직이길 싫어한다.	①	②	③	④
215	주변의 조그만 변화도 빨리 알아챈다.	①	②	③	④
216	항상 나 자신이 만족스럽다.	①	②	③	④
217	관심이나 관련 없는 지루한 말도 끝까지 잘 들어준다.	①	②	③	④
218	격식의 틀을 싫어하고 구속받는 것을 싫어한다.	①	②	③	④
219	사람을 사귈 때 어느 정도 거리를 두고 사귄다.	①	②	③	④
220	앞에 나서기보다 뒤에서 도와주는 역할을 선호한다.	①	②	③	④
221	다소 원칙을 벗어나도 결과가 좋으면 다 해결된다.	①	②	③	④
222	남에게 일을 가르치거나 지도하기를 좋아한다.	①	②	③	④
223	상대가 불쾌한 자극을 주어도 잘 참는 편이다.	①	②	③	④
224	남과 어울려서 일하면 집중이 잘 안 된다.	①	②	③	④
225	한 자리에 오랫동안 앉아있지 못한다.	①	②	③	④
226	좋고 나쁨에 대한 감정을 확실히 표현하며 잘 흥분한다.	①	②	③	④
227	모든 것이 현실이 아닌 것처럼 느껴질 때가 종종 있다.	①	②	③	④
228	자신의 이익을 주장하지 못하는 것은 무능한 것이다.	①	②	③	④
229	느린 속도의 안정보다 빠른 속도의 변화를 선호한다.	①	②	③	④
230	다른 사람들이 나를 이해하지 못하는 것 같다.	①	②	③	④
231	급한 성격 탓에 작은 실수를 범하곤 한다.	①	②	③	④
232	의견이 서로 다를 때 대부분 양보하는 편이다.	①	②	③	④
233	남이 잘되는 것을 보고 시샘한 적이 없다.	①	②	③	④
234	타인의 느낌이나 관심에 민감하다.	①	②	③	④
235	나와 다른 의견을 가진 사람들을 설득하는 것을 잘한다.	①	②	③	④
236	약속을 겹치게 잡는 경우가 종종 있다.	①	②	③	④

237	다른 사람의 비판에 매우 민감한 편이다.	①	②	③	④
238	좋아하는 사람과 싫은 사람의 경계가 분명하다.	①	②	③	④
239	내 자신이 초라하게 느껴질 때가 종종 있다.	①	②	③	④
240	살아있는 것이 기적이라고 생각한다.	①	②	③	④
241	기분이 상황에 따라 자주 바뀐다.	①	②	③	④
242	회사 규정을 준수하는 것보다 고객 만족이 우선이다.	①	②	③	④
243	주변에 못마땅해 보이는 사람들이 많다.	①	②	③	④
244	나는 절대로 욕을 하지 않는다.	①	②	③	④
245	미래에 일어날 일들에 대해 많은 걱정을 한다.	①	②	③	④
246	인정을 받으려면 항상 일을 잘해야만 한다.	①	②	③	④
247	흥정이나 협상하는 일을 잘한다.	①	②	③	④
248	경기에서 편파 판정은 어느 정도 인정하고 가야 한다.	①	②	③	④
249	나는 항상 밝은 면을 보려고 노력한다.	①	②	③	④
250	다른 사람과 너무 다르거나 이상한 주장은 피하고 싶다.	①	②	③	④
251	타인의 비판에 적극적으로 대응한다.	①	②	③	④
252	덜렁거리고 신중하지 못한 경향이 있다.	①	②	③	④
253	나는 내 자신의 실수와 실패를 용납할 수 없다.	①	②	③	④
254	원하지 않는 일이라도 모든 일에 잘 적응한다.	①	②	③	④
255	불편함이 있으면 곧바로 자신의 감정을 표현한다.	①	②	③	④
256	상사 부모님의 부고를 협력사에 알리는 것은 기업 윤리에 위배된다.	①	②	③	④
257	애교가 별로 없고 표정 관리를 잘 못한다.	①	②	③	④
258	주변 사람들의 의논이나 상담 상대를 자주 해준다.	①	②	③	④
259	사람들이 도전하지 않는 새로운 분야에 뛰어들고 싶다.	①	②	③	④
260	대부분 새로운 일보다 익숙한 일에 집중한다.	①	②	③	④
261	즉흥적으로 결정을 내리는 일은 거의 없다.	①	②	③	④
262	다시 태어나도 나는 지금처럼 살아갈 것이다.	①	②	③	④
263	청렴하게 살면 오히려 손해를 보게 된다고 생각한다.	①	②	③	④
264	쉬운 일(분야)보다 어렵고 힘든 일(분야)에 더 매력을 느낀다.	①	②	③	④
265	충동구매를 잘하는 편이다.	①	②	③	④
266	나 자신에 대해 불평한 적이 없다.	①	②	③	④
267	현실적 환경보다는 미래의 삶에 대해 더 많이 고민한다.	①	②	③	④
268	호기심이 많고 관찰하고 분석하기를 좋아한다.	①	②	③	④

269	매사에 확인하고 또 확인해야만 마음이 놓인다.	①	②	③	④
270	상대가 원하면 마음에 안 들어도 따라주는 편이다.	①	②	③	④
271	한번 싫으면 영원히 싫다.	①	②	③	④
272	욱하는 감정 때문에 후회할 때가 종종 있다.	①	②	③	④
273	세상의 법과 제도에 대해 반발과 저항감을 느낄 때가 많다.	①	②	③	④
274	친한 사이라도 사적인 이야기는 거의 하지 않는다.	①	②	③	④
275	사소한 일이라도 항상 완벽을 기하려고 한다.	①	②	③	④
276	직급보다 성과를 많이 내는 직원이 보수를 많이 받는 것은 당연하다.	①	②	③	④
277	확실하지 않은 일은 가능하면 안 하는 편이다.	①	②	③	④
278	다양한 분야에 관심을 갖기보다 특정 분야에 집중하고 싶다.	①	②	③	④
279	나쁜 행동을 한 사람은 반드시 처벌을 받아야 한다.	①	②	③	④
280	보수는 각자가 기여한 정도에 따라 달리 받아야 한다.	①	②	③	④
281	특별한 대가나 혜택이 없다면 거래처로부터 접대나 향응을 받을 수 있다.	①	②	③	④
282	다른 사람의 필요에 대해 민감하다.	①	②	③	④
283	경험해보지 못한 다양한 문화와 언어를 익히길 좋아한다.	①	②	③	④
284	언제나 계획한 대로 실천한다.	①	②	③	④
285	머릿속에서 정리되지 않으면 결코 행동하지 않는다.	①	②	③	④
286	다른 사람들이 무심코 넘기는 것에도 관심을 갖는다.	①	②	③	④
287	권위나 관습에 따르는 것을 싫어한다.	①	②	③	④
288	다른 사람의 느낌이 어떤가에 별로 관심이 없다.	①	②	③	④
289	완벽한 해결책보다는 실용적인 해결책을 찾는 것이 더 낫다.	①	②	③	④
290	이리저리 옮겨 다니며 사는 것이 좋다.	①	②	③	④
291	새로운 일보다 내가 잘 아는 일을 하기를 좋아한다.	①	②	③	④
292	사람을 감동시키는 재주가 있다.	①	②	③	④
293	잘할 수 없는 일은 무조건 피하는 게 현명하다.	①	②	③	④
294	일주일에 몇 번씩 나에게 끔찍한 일이 일어날 것 같은 느낌이 든다.	①	②	③	④
295	도전적인 분야보다 비교적 검증되고 안정된 분야를 선호한다.	①	②	③	④
296	성급하게 결정을 내려 후회할 때가 많다.	①	②	③	④
297	타인의 표정을 통해 마음을 읽을 수 있다.	①	②	③	④

298	내 생활 여건은 아주 좋은 편이다.	①	②	③	④
299	부정적인 말을 들으면 정말 싫다.	①	②	③	④
300	오래된 진부한 자료나 물건이라도 쉽게 버리지 못한다.	①	②	③	④
301	세상에는 남을 속이려는 사람들이 더 많다.	①	②	③	④
302	주변 사람들을 위해 시간을 잘 낸다.	①	②	③	④
303	악착같다는 말을 자주 듣는다.	①	②	③	④
304	점이나 사주를 믿는 편이다.	①	②	③	④
305	화가 나면 언성이 높아진다.	①	②	③	④
306	진행하던 일을 홧김에 그만둔 적이 있다.	①	②	③	④
307	사람을 차별하지 않는다.	①	②	③	④
308	창이 있는 레스토랑에 가면 창가에 자리를 잡는다.	①	②	③	④
309	다양한 분야에 관심이 있다.	①	②	③	④
310	내 주위에서는 즐거운 일들이 자주 일어난다.	①	②	③	④
311	다른 사람의 행동을 내가 통제하고 싶다.	①	②	③	④
312	내 친구들은 은근히 뒤에서 나를 비웃는다.	①	②	③	④
313	나는 자신감이 부족하다.	①	②	③	④
314	먼저 말을 건넨다.	①	②	③	④
315	감동적인 영화를 보면 눈물을 잘 흘린다.	①	②	③	④
316	주어진 모든 일을 성실하게 한다.	①	②	③	④
317	자율적으로 일을 한다.	①	②	③	④
318	평소 잠을 잘 때는 모든 잡념을 잊고 금세 잠이 드는 편이다.	①	②	③	④
319	나와 다른 의견이라고 하더라도 따를 수 있다.	①	②	③	④
320	세상은 착한 사람들에게 불리하다.	①	②	③	④

파트 4 면접가이드

01 면접의 이해

※ 능력중심 채용에서는 타당도가 높은 구조화 면접을 적용한다.

1 면접이란?

일을 하는 데 필요한 능력(직무역량, 직무지식, 인재상 등)을 지원자가 보유하고 있는지에 대해 다양한 면접 기법을 활용하여 확인하는 절차이다. 자신의 환경, 성취, 관심사, 경험 등에 대해 이야기하여 본인이 적합하다는 것을 보여 줄 기회를 제공하고, 면접관은 평가에 필요한 정보를 수집하고 평가하는 것이다.

- 지원자의 태도, 적성, 능력에 대한 정보를 심층적으로 파악하기 위한 방법
- 선발의 최종 의사결정에 주로 사용되는 방법
- 전 세계적으로 선발에서 가장 많이 사용되는 핵심적이고 중요한 방법

2 면접의 특징

서류전형이나 인적성검사에서 드러나지 않는 것들을 볼 수 있는 기회를 제공한다.

- 직무수행과 관련된 다양한 지원자 행동에 대한 관찰이 가능하다.
- 면접관이 알고자 하는 정보를 심층적으로 파악할 수 있다.
- 서류상의 미비한 사항과 의심스러운 부분을 확인할 수 있다.
- 커뮤니케이션, 대인관계행동 등 행동·언어적 정보도 얻을 수 있다.

3 면접의 평가요소

1 인재적합도

해당 기관이나 기업별 인재상에 대한 인성 평가

2 조직적합도

조직에 대한 이해와 관련 상황에 대한 평가

3 직무적합도

직무에 대한 지식과 기술, 태도에 대한 평가

4 면접의 유형

구조화된 정도에 따른 분류

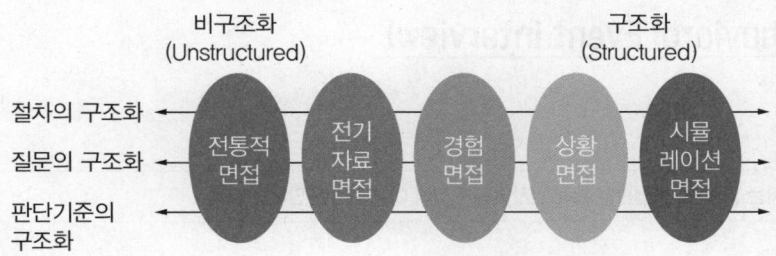

1 구조화 면접(Structured Interview)

사전에 계획을 세워 질문의 내용과 방법, 지원자의 답변 유형에 따른 추가 질문과 그에 대한 평가역량이 정해져 있는 면접 방식(표준화 면접)

- 표준화된 질문이나 평가요소가 면접 전 확정되며, 지원자는 편성된 조나 면접관에 영향을 받지 않고 동일한 질문과 시간을 부여받을 수 있음.
- 조직 또는 직무별로 주요하게 도출된 역량을 기반으로 평가요소가 구성되어, 조직 또는 직무에서 필요한 역량을 가진 지원자를 선발할 수 있음.
- 표준화된 형식을 사용하는 특성 때문에 비구조화 면접에 비해 신뢰성과 타당성, 객관성이 높음.

2 비구조화 면접(Unstructured Interview)

면접 계획을 세울 때 면접 목적만 명시하고 내용이나 방법은 면접관에게 전적으로 일임하는 방식(비표준화 면접)

- 표준화된 질문이나 평가요소 없이 면접이 진행되며, 편성된 조나 면접관에 따라 지원자에게 주어지는 질문이나 시간이 다름.
- 면접관의 주관적인 판단에 따라 평가가 이루어져 평가 오류가 빈번히 일어남.
- 상황 대처나 언변이 뛰어난 지원자에게 유리한 면접이 될 수 있음.

02 구조화 면접 기법

※ 능력중심 채용에서는 타당도가 높은 구조화 면접을 적용한다.

1 경험면접(Behavioral Event Interview)

면접 프로세스

안내 〉 지원자는 입실 후, 면접관을 통해 인사말과 면접에 대한 간단한 안내를 받음.

질문 〉 지원자는 면접관에게 평가요소(직업기초능력, 직무수행능력 등)와 관련된 주요 질문을 받게 되며, 질문에서 의도하는 평가요소를 고려하여 응답할 수 있도록 함.

세부질문 〉
• 지원자가 응답한 내용을 토대로 해당 평가기준들을 충족시키는지 파악하기 위한 세부질문이 이루어짐.
• 구체적인 행동·생각 등에 대해 응답할수록 높은 점수를 얻을 수 있음.

• **방식**
해당 역량의 발휘가 요구되는 일반적인 상황을 제시하고, 그러한 상황에서 어떻게 행동했었는지(과거 경험)를 이야기하도록 함.

• **판단기준**
해당 역량의 수준, 경험자체의 구체성, 진실성 등

• **특징**
추상적인 생각이나 의견 제시가 아닌 과거 경험 및 행동 중심의 질의가 이루어지므로 지원자는 사전에 본인의 과거 경험 및 사례를 정리하여 면접에 대비할 수 있음.

• **예시**

지원분야		지원자		면접관		(인)

경영자원관리
조직이 보유한 인적자원을 효율적으로 활용하여, 조직 내 유·무형 자산 및 재무자원을 효율적으로 관리한다.

주질문
A. 어떤 과제를 처리할 때 기존에 팀이 사용했던 방식의 문제점을 찾아내 이를 보완하여 과제를 더욱 효율적으로 처리했던 경험에 대해 이야기해 주시기 바랍니다.

세부질문
[상황 및 과제] 사례와 관련해 당시 상황에 대해 이야기해 주시기 바랍니다. [역할] 당시 지원자께서 맡았던 역할은 무엇이었습니까? [행동] 사례와 관련해 구성원들의 설득을 이끌어 내기 위해 어떤 노력을 하였습니까? [결과] 결과는 어땠습니까?

기대행동	평점
업무진행에 있어 한정된 자원을 효율적으로 활용한다.	① － ② － ③ － ④ － ⑤
구성원들의 능력과 성향을 파악해 효율적으로 업무를 배분한다.	① － ② － ③ － ④ － ⑤
효과적 인적/물적 자원관리를 통해 맡은 일을 무리 없이 잘 마무리한다.	① － ② － ③ － ④ － ⑤

척도해설

1 : 행동증거가 거의 드러나지 않음	2 : 행동증거가 미약하게 드러남	3 : 행동증거가 어느 정도 드러남	4 : 행동증거가 명확하게 드러남	5 : 뛰어난 수준의 행동증거가 드러남

관찰기록 :

총평 :

※ 실제 적용되는 평가지는 기업/기관마다 다름.

2 상황면접(Situational Interview)

면접 프로세스

안내 — 지원자는 입실 후, 면접관을 통해 인사말과 면접에 대한 간단한 안내를 받음.

질문
- 지원자는 상황질문지를 검토하거나 면접관을 통해 상황 및 질문을 제공받음.
- 면접관의 질문이나 질문지의 의도를 파악하여 응답할 수 있도록 함.

세부질문
- 지원자가 응답한 내용을 토대로 해당 평가기준들을 충족시키는지 파악하기 위한 세부질문이 이루어짐.
- 구체적인 행동·생각 등에 대해 응답할수록 높은 점수를 얻을 수 있음.

- 방식
  직무 수행 시 접할 수 있는 상황들을 제시하고, 그러한 상황에서 어떻게 행동할 것인지(행동의도)를 이야기하도록 함.
- 판단기준
  해당 상황에 맞는 역량의 구체적 행동지표
- 특징
  지원자의 가치관, 태도, 사고방식 등의 요소를 평가하는 데 용이함.

• 예시

지원분야		지원자		면접관	(인)

유관부서협업

타 부서의 업무협조요청 등에 적극적으로 협력하고 갈등 상황이 발생하지 않도록 이해관계를 조율하며 관련 부서의 협업을 효과적으로 이끌어 낸다.

주질문

당신은 생산관리팀의 팀원으로, 2개월 뒤에 제품 A를 출시하기 위해 생산팀의 생산 계획을 수립한 상황입니다. 그러나 원가가 곧 실적으로 이어지는 구매팀에서는 최대한 원가를 줄여 전반적 단가를 낮추려고 원가절감을 위한 제안을 하였으나, 연구개발팀에서는 구매팀이 제안한 방식으로 제품을 생산할 경우 대부분이 구매팀의 실적으로 산정될 것이므로 제대로 확인도 해 보지 않은 채 적합하지 않은 방식이라고 판단하고 있습니다. 당신은 어떻게 하겠습니까?

세부질문

[상황 및 과제] 이 상황의 핵심적인 이슈는 무엇이라고 생각합니까?

[역할] 당신의 역할을 더 잘 수행하기 위해서는 어떤 점을 고려해야 하겠습니까? 왜 그렇게 생각합니까?

[행동] 당면한 과제를 해결하기 위해서 구체적으로 어떤 조치를 취하겠습니까? 그 이유는 무엇입니까?

[결과] 그 결과는 어떻게 될 것이라고 생각합니까? 그 이유는 무엇입니까?

척도해설

1 : 행동증거가 거의 드러나지 않음	2 : 행동증거가 미약하게 드러남	3 : 행동증거가 어느 정도 드러남	4 : 행동증거가 명확하게 드러남	5 : 뛰어난 수준의 행동증거가 드러남

관찰기록 :

총평 :

※ 실제 적용되는 평가지는 기업/기관마다 다름.

3 발표면접(Presentation)

면접 프로세스

안내
• 입실 후 지원자는 면접관으로부터 인사말과 발표면접에 대해 간략히 안내받음.
• 면접 전 지원자는 과제 검토 및 발표 준비시간을 가짐.

∨

발표
• 지원자들이 과제 주제와 관련하여 정해진 시간 동안 발표를 실시함.
• 면접관은 발표내용 중 평가요소와 관련해 나타난 가점 및 감점요소들을 평가하게 됨.

∨

질문응답
• 발표 종료 후 면접관은 정해진 시간 동안 지원자의 발표내용과 관련해 구체적인 내용을 확인하기 위한 질문을 함.
• 지원자는 면접관의 질문의도를 정확히 파악하여 적절히 응답할 수 있도록 함.
• 응답 시 명확하고 자신있게 전달할 수 있도록 함.

- 방식

  지원자가 특정 주제와 관련된 자료(신문기사, 그래프 등)를 검토하고, 그에 대한 자신의 생각을 면접관 앞에서 발표하며 추가 질의응답이 이루어짐.

- 판단기준

  지원자의 사고력, 논리력, 문제해결능력 등

- 특징

  과제를 부여한 후, 지원자들이 과제를 수행하는 과정과 결과를 관찰·평가함. 과제수행의 결과뿐 아니라 과제수행 과정에서의 행동을 모두 평가함.

4 토론면접(Group Discussion)

면접 프로세스

안내
- 입실 후, 지원자들은 면접관으로부터 토론 면접의 전반적인 과정에 대해 안내받음.
- 지원자는 정해진 자리에 착석함.

토론
- 지원자들이 과제 주제와 관련하여 정해진 시간 동안 토론을 실시함(시간은 기관별 상이).
- 지원자들은 면접 전 과제 검토 및 토론 준비시간을 가짐.
- 토론이 진행되는 동안, 지원자들은 다른 토론자들의 발언을 경청하여 적절히 본인의 의사를 전달할 수 있도록 함. 더불어 적극적인 태도로 토론면접에 임하는 것도 중요함.

마무리 (5분 이내)
- 면접 종료 전, 지원자들은 토론을 통해 도출한 결론에 대해 첨언하고 적절히 마무리 지음.
- 본인의 의견을 전달하는 것과 동시에 다른 토론자를 배려하는 모습도 중요함.

- 방식

  상호갈등적 요소를 가진 과제 또는 공통의 과제를 해결하는 내용의 토론 과제(신문기사, 그래프 등)를 제시하고, 그 과정에서의 개인 간의 상호작용 행동을 관찰함.

- 판단기준

  팀워크, 갈등 조정, 의사소통능력 등

- 특징

  면접에서 최종안을 도출하는 것도 중요하나 주장의 옳고 그름이 아닌 결론을 도출하는 과정과 말하는 자세 등도 중요함.

5 역할연기면접(Role Play Interview)

- **방식**
  기업 내 발생 가능한 상황에서 부딪히게 되는 문제와 역할을 가상적으로 설정하여 특정 역할을 맡은 사람과 상호작용하고 문제를 해결해 나가도록 함.
- **판단기준**
  대처능력, 대인관계능력, 의사소통능력 등
- **특징**
  실제 상황과 유사한 가상 상황에서 지원자의 성격이나 대처 행동 등을 관찰할 수 있음.

6 조별활동(GA : Group Activity)

- **방식**
  지원자들이 팀(집단)으로 협력하여 정해진 시간 안에 활동 또는 게임을 하며 면접관들은 지원자들의 행동을 관찰함.
- **판단기준**
  대인관계능력, 팀워크, 창의성 등
- **특징**
  기존 면접보다 오랜 시간 관찰을 하여 지원자들의 평소 습관이나 행동들을 관찰하려는 데 목적이 있음.

03 면접 최신 기출 주제

 현대자동차 생산직의 면접

2023년 상반기 기준 현대자동차 생산직의 면접은 총 2차에 걸쳐 진행되었다. 1차 면접의 경우 비대면 면접으로, 다대다 면접, 한 팀당 20 ~ 30분 정도의 시간으로 진행되었다. 2차 면접의 경우는 대면 면접, 다대다 면접으로 진행되었으며 신체검사와 같은 날 진행되었다.

1차와 2차 면접 모두 전공보다는 인성과 경험 위주의 질문으로 진행되었으며 비교적 평이하고 상식적인 수준에서 진행되었다. 따라서 면접관의 질문에 자신감 있는 태도로 간결하고 정확하게 답변하는 것이 중요하며, 때때로 꼬리 질문을 던지기도 하므로 자신의 경험에 근거한 진실된 답변을 하는 것이 필요하다. 또한 현대자동차와 관련된 질문을 하기도 하므로 관련된 내용을 미리 숙지하고 임하는 것이 유리하다.

현대자동차 생산직 2023 상반기 면접 기출 질문

지원동기가 무엇인가?

본인의 장점과 단점을 말해 보시오.

생산직과 관련된 경험이 있는가?

사용해 본 공구가 무엇이 있는가?

본가가 사업장과 먼 곳인데 잘 적응할 자신이 있는가?

지구력을 요하는 일이라서 힘들 수 있는데 괜찮겠는가?

2교대 근무인데 괜찮겠는가?

현대자동차에서 근무하고 싶은 이유가 무엇인가?

현 직장을 잘 다니고 있는데, 굳이 현대자동차에 지원한 이유가 무엇인가?

전 직장을 퇴사한 이유가 무엇인가?

직장 선임자와 갈등이 생겼을 때 어떻게 대처하겠는가?

상사가 물건을 매번 제대로 치우지 않고 간다면 어떻게 하겠는가?

현대자동차의 경쟁력에 관하여 말해 보시오.

본인이 알고 있는 유망 자동차 기술에 관하여 말해 보시오.

일하고 싶은 생산라인이 있는가?

졸업 후 아무런 재직 경험이 없는데 공백기에는 무엇을 했는가?

본인만의 스트레스 관리 노하우가 있는가?

평소 운동을 어느 정도 하는 편인가? 본인만의 체력 관리 방법이 있는가?

생활기록부에 무단결석이 있는데 이유가 무엇인가?

학창시절 별명이 무엇인가? 그 이유는?

라인 공정과 관련된 경험이 있다면 말해 보시오.

인생에서 가장 힘들었던 경험을 말해 보시오.

노조에 대한 본인의 견해를 말해 보시오.

계약직·인턴·실습 경험을 통해 배운 점, 성장한 점이 있다면 말해 보시오.

평소 꾸준히 하는 자기개발 활동이 있는가?

본인만의 좌우명이 있다면?

조직 생활에서 갈등을 중재한 경험이 있는가?

산업현장의 안전에 대한 본인의 생각은? 안전 수칙을 잘 지킬 자신이 있는가?

업무의 효율성과 안전 중 무엇이 더 중요하다고 생각하는가?

일하면서 언제 행복을 느끼는가?

회사 생활에서 가장 중요한 것이 무엇이라고 생각하는가?

일을 할 때 가장 힘들었던 점이 무엇인가?

가장 일하기 힘들어 하는 동료는 어떤 사람인가?

본인이 생각하는 현재 생산되는 현대차의 단점은 무엇인가?

현대차에서 생산하고 있는 차종 알고 있는 것을 말해 보시오.

수소 트럭이 필요한 이유가 무엇이라고 생각하는가?

평소 자동차를 타면서 보완되었으면 하는 점이 있는가?

운전 실력은 어느 정도인가? 현재도 운전을 자주 하는가?

대형 면허를 취득하였는데, 바로 운전할 수 있는가?

지게차 운행 경험이 어느 정도 있는가?

1회 기출유형문제

gosinet (주)고시넷

감독관
확인란

성명표기란

수험번호

(주민등록 앞자리 생년제외) 월일

수험생 유의사항

※ 답안은 반드시 컴퓨터용 사인펜으로 보기와 같이 바르게 표기해야 합니다.
　〈보기〉① ② ③ ❹ ⑤
※ 성명표기란 위 칸에는 성명을 한글로 쓰고 아래 칸에는 성명을 정확하게 표기하십시
　오. (맨 왼쪽 칸부터 성과 이름은 붙여 씁니다)
※ 수험번호/월일 위 칸에는 아라비아 숫자로 쓰고 아래 칸에는 숫자와 일치하게 표기하
　십시오.
※ 월일은 반드시 본인 주민등록번호의 생년월 제외한 월 두 자리, 일 두 자리를 표기하십
　시오. (예) 1994년 1월 12일 → 0112

인적성검사

문번	답란				
1	①	②	③	④	⑤
2	①	②	③	④	⑤
3	①	②	③	④	⑤
4	①	②	③	④	⑤
5	①	②	③	④	⑤
6	①	②	③	④	⑤
7	①	②	③	④	⑤
8	①	②	③	④	⑤
9	①	②	③	④	⑤
10	①	②	③	④	⑤
11	①	②	③	④	⑤
12	①	②	③	④	⑤
13	①	②	③	④	⑤
14	①	②	③	④	⑤
15	①	②	③	④	⑤

문번	답란				
16	①	②	③	④	⑤
17	①	②	③	④	⑤
18	①	②	③	④	⑤
19	①	②	③	④	⑤
20	①	②	③	④	⑤
21	①	②	③	④	⑤
22	①	②	③	④	⑤
23	①	②	③	④	⑤
24	①	②	③	④	⑤
25	①	②	③	④	⑤
26	①	②	③	④	⑤
27	①	②	③	④	⑤
28	①	②	③	④	⑤
29	①	②	③	④	⑤
30	①	②	③	④	⑤

문번	답란				
31	①	②	③	④	⑤
32	①	②	③	④	⑤
33	①	②	③	④	⑤
34	①	②	③	④	⑤
35	①	②	③	④	⑤
36	①	②	③	④	⑤
37	①	②	③	④	⑤
38	①	②	③	④	⑤
39	①	②	③	④	⑤
40	①	②	③	④	⑤

현대자동차 생산직

2회 기출유형문제

인적성검사

감독관
확인란

수험번호

⓪	①	②	③	④	⑤	⑥	⑦	⑧	⑨
⓪	①	②	③	④	⑤	⑥	⑦	⑧	⑨
⓪	①	②	③	④	⑤	⑥	⑦	⑧	⑨
⓪	①	②	③	④	⑤	⑥	⑦	⑧	⑨
⓪	①	②	③	④	⑤	⑥	⑦	⑧	⑨
⓪	①	②	③	④	⑤	⑥	⑦	⑧	⑨

주민등록 앞자리 생년제외 월일

⓪	①	②	③	④	⑤	⑥	⑦	⑧	⑨
⓪	①	②	③	④	⑤	⑥	⑦	⑧	⑨
⓪	①	②	③	④	⑤	⑥	⑦	⑧	⑨
⓪	①	②	③	④	⑤	⑥	⑦	⑧	⑨

성명표기란

수험생 유의사항

※ 답안은 반드시 컴퓨터용 사인펜으로 보기와 같이 바르게 표기해야 합니다.
〈보기〉① ② ③ ❹ ⑤

※ 성명표기란 위 칸에는 성명을 한글로 쓰고 아래 칸에는 성명을 정확하게 표기하십시오. (맨 왼쪽 칸부터 성과 이름은 붙여 씁니다)

※ 수험번호/월일 위 칸에는 아라비아 숫자로 쓰고 아래 칸에는 숫자와 일치하게 표기하십시오.

※ 월일은 반드시 본인 주민등록번호의 생년을 제외한 월 두 자리, 일 두 자리를 표기하십시오. 〈예〉1994년 1월 12일 → 0112

답란

문번						문번						문번					
1	①	②	③	④	⑤	16	①	②	③	④	⑤	31	①	②	③	④	⑤
2	①	②	③	④	⑤	17	①	②	③	④	⑤	32	①	②	③	④	⑤
3	①	②	③	④	⑤	18	①	②	③	④	⑤	33	①	②	③	④	⑤
4	①	②	③	④	⑤	19	①	②	③	④	⑤	34	①	②	③	④	⑤
5	①	②	③	④	⑤	20	①	②	③	④	⑤	35	①	②	③	④	⑤
6	①	②	③	④	⑤	21	①	②	③	④	⑤	36	①	②	③	④	⑤
7	①	②	③	④	⑤	22	①	②	③	④	⑤	37	①	②	③	④	⑤
8	①	②	③	④	⑤	23	①	②	③	④	⑤	38	①	②	③	④	⑤
9	①	②	③	④	⑤	24	①	②	③	④	⑤	39	①	②	③	④	⑤
10	①	②	③	④	⑤	25	①	②	③	④	⑤	40	①	②	③	④	⑤
11	①	②	③	④	⑤	26	①	②	③	④	⑤						
12	①	②	③	④	⑤	27	①	②	③	④	⑤						
13	①	②	③	④	⑤	28	①	②	③	④	⑤						
14	①	②	③	④	⑤	29	①	②	③	④	⑤						
15	①	②	③	④	⑤	30	①	②	③	④	⑤						

현대자동차 생산직

3회 기출유형문제

성명표기란

수험번호

(주민등록 앞자리 생년제외) 월일

수험생 유의사항

※ 답안은 반드시 컴퓨터용 사인펜으로 보기와 같이 바르게 표기해야 합니다.
〈보기〉① ② ③ ❹ ⑤

※ 성명표기란 위 칸에는 성명을 한글로 쓰고 아래 칸에는 성명을 정확하게 표기하십시오. (맨 왼쪽 칸부터 성과 이름은 붙여 씁니다)

※ 수험번호/월일 위 칸에는 아라비아 숫자로 쓰고 아래 칸에는 숫자와 일치하게 표기하십시오.

※ 월일은 반드시 본인 주민등록번호의 생년을 제외한 월 두 자리, 일 두 자리를 표기하십시오.
(예) 1994년 1월 12일 → 0112

인적성검사

문번	답란
1	① ② ③ ④ ⑤
2	① ② ③ ④ ⑤
3	① ② ③ ④ ⑤
4	① ② ③ ④ ⑤
5	① ② ③ ④ ⑤
6	① ② ③ ④ ⑤
7	① ② ③ ④ ⑤
8	① ② ③ ④ ⑤
9	① ② ③ ④ ⑤
10	① ② ③ ④ ⑤
11	① ② ③ ④ ⑤
12	① ② ③ ④ ⑤
13	① ② ③ ④ ⑤
14	① ② ③ ④ ⑤
15	① ② ③ ④ ⑤

문번	답란
16	① ② ③ ④ ⑤
17	① ② ③ ④ ⑤
18	① ② ③ ④ ⑤
19	① ② ③ ④ ⑤
20	① ② ③ ④ ⑤
21	① ② ③ ④ ⑤
22	① ② ③ ④ ⑤
23	① ② ③ ④ ⑤
24	① ② ③ ④ ⑤
25	① ② ③ ④ ⑤
26	① ② ③ ④ ⑤
27	① ② ③ ④ ⑤
28	① ② ③ ④ ⑤
29	① ② ③ ④ ⑤
30	① ② ③ ④ ⑤

문번	답란
31	① ② ③ ④ ⑤
32	① ② ③ ④ ⑤
33	① ② ③ ④ ⑤
34	① ② ③ ④ ⑤
35	① ② ③ ④ ⑤
36	① ② ③ ④ ⑤
37	① ② ③ ④ ⑤
38	① ② ③ ④ ⑤
39	① ② ③ ④ ⑤
40	① ② ③ ④ ⑤

현대자동차 생산직

4회 기출유형문제

인적성검사

감독관
확인란

수험번호

성명표기란

(주민등록 앞자리 생년제외) 월일

수험생 유의사항

※ 답안은 반드시 컴퓨터용 사인펜으로 보기와 같이 바르게 표기해야 합니다.
  〈보기〉 ① ② ③ ❹ ⑤
※ 성명표기란 위 칸에는 성명을 한글로 쓰고 아래 칸에는 성명을 정확하게 표기하십시
  오. (맨 왼쪽 칸부터 성과 이름은 붙여 씁니다)
※ 수험번호/월일 위 칸에는 아라비아 숫자로 쓰고 아래 칸에는 숫자와 일치하게 표기하
  십시오.
※ 월일은 반드시 본인 주민등록번호의 생년을 제외한 월 두 자리, 일 두 자리를 표기하십
  시오. 〈예〉 1994년 1월 12일 → 0112

문번	답란	문번	답란	문번	답란
1	① ② ③ ④ ⑤	16	① ② ③ ④ ⑤	31	① ② ③ ④ ⑤
2	① ② ③ ④ ⑤	17	① ② ③ ④ ⑤	32	① ② ③ ④ ⑤
3	① ② ③ ④ ⑤	18	① ② ③ ④ ⑤	33	① ② ③ ④ ⑤
4	① ② ③ ④ ⑤	19	① ② ③ ④ ⑤	34	① ② ③ ④ ⑤
5	① ② ③ ④ ⑤	20	① ② ③ ④ ⑤	35	① ② ③ ④ ⑤
6	① ② ③ ④ ⑤	21	① ② ③ ④ ⑤	36	① ② ③ ④ ⑤
7	① ② ③ ④ ⑤	22	① ② ③ ④ ⑤	37	① ② ③ ④ ⑤
8	① ② ③ ④ ⑤	23	① ② ③ ④ ⑤	38	① ② ③ ④ ⑤
9	① ② ③ ④ ⑤	24	① ② ③ ④ ⑤	39	① ② ③ ④ ⑤
10	① ② ③ ④ ⑤	25	① ② ③ ④ ⑤	40	① ② ③ ④ ⑤
11	① ② ③ ④ ⑤	26	① ② ③ ④ ⑤		
12	① ② ③ ④ ⑤	27	① ② ③ ④ ⑤		
13	① ② ③ ④ ⑤	28	① ② ③ ④ ⑤		
14	① ② ③ ④ ⑤	29	① ② ③ ④ ⑤		
15	① ② ③ ④ ⑤	30	① ② ③ ④ ⑤		

5회 기출유형문제

감독관
확인란

성명표기란

수험번호

(주민등록 앞자리 생년제외) 월일

수험생 유의사항

※ 답안은 반드시 컴퓨터용 사인펜으로 보기와 같이 바르게 표기해야 합니다.
〈보기〉① ② ③ ❹ ⑤

※ 성명표기란 위 칸에는 성명을 한글로 쓰고 아래 칸에는 성명을 정확하게 표기하십시오. (맨 왼쪽 칸부터 성과 이름은 붙여 씁니다)

※ 수험번호/월일 위 칸에는 아라비아 숫자로 쓰고 아래 칸에는 숫자와 일치하게 표기하십시오.

※ 월일은 반드시 본인 주민등록번호의 생년을 제외한 월 두 자리, 일 두 자리를 표기하십시오. (예) 1994년 1월 12일 → 0112

인적성검사	문번			답란			문번			답란			문번			답란		
	1	①	②	③	④	⑤	16	①	②	③	④	⑤	31	①	②	③	④	⑤
	2	①	②	③	④	⑤	17	①	②	③	④	⑤	32	①	②	③	④	⑤
	3	①	②	③	④	⑤	18	①	②	③	④	⑤	33	①	②	③	④	⑤
	4	①	②	③	④	⑤	19	①	②	③	④	⑤	34	①	②	③	④	⑤
	5	①	②	③	④	⑤	20	①	②	③	④	⑤	35	①	②	③	④	⑤
	6	①	②	③	④	⑤	21	①	②	③	④	⑤	36	①	②	③	④	⑤
	7	①	②	③	④	⑤	22	①	②	③	④	⑤	37	①	②	③	④	⑤
	8	①	②	③	④	⑤	23	①	②	③	④	⑤	38	①	②	③	④	⑤
	9	①	②	③	④	⑤	24	①	②	③	④	⑤	39	①	②	③	④	⑤
	10	①	②	③	④	⑤	25	①	②	③	④	⑤	40	①	②	③	④	⑤
	11	①	②	③	④	⑤	26	①	②	③	④	⑤						
	12	①	②	③	④	⑤	27	①	②	③	④	⑤						
	13	①	②	③	④	⑤	28	①	②	③	④	⑤						
	14	①	②	③	④	⑤	29	①	②	③	④	⑤						
	15	①	②	③	④	⑤	30	①	②	③	④	⑤						

현대자동차 생산직

감독관 확인란

6회 기출유형문제

인적성검사

답란 (문번 31~40)

문번	답란
31	① ② ③ ④ ⑤
32	① ② ③ ④ ⑤
33	① ② ③ ④ ⑤
34	① ② ③ ④ ⑤
35	① ② ③ ④ ⑤
36	① ② ③ ④ ⑤
37	① ② ③ ④ ⑤
38	① ② ③ ④ ⑤
39	① ② ③ ④ ⑤
40	① ② ③ ④ ⑤

답란 (문번 16~30)

문번	답란
16	① ② ③ ④ ⑤
17	① ② ③ ④ ⑤
18	① ② ③ ④ ⑤
19	① ② ③ ④ ⑤
20	① ② ③ ④ ⑤
21	① ② ③ ④ ⑤
22	① ② ③ ④ ⑤
23	① ② ③ ④ ⑤
24	① ② ③ ④ ⑤
25	① ② ③ ④ ⑤
26	① ② ③ ④ ⑤
27	① ② ③ ④ ⑤
28	① ② ③ ④ ⑤
29	① ② ③ ④ ⑤
30	① ② ③ ④ ⑤

답란 (문번 1~15)

문번	답란
1	① ② ③ ④ ⑤
2	① ② ③ ④ ⑤
3	① ② ③ ④ ⑤
4	① ② ③ ④ ⑤
5	① ② ③ ④ ⑤
6	① ② ③ ④ ⑤
7	① ② ③ ④ ⑤
8	① ② ③ ④ ⑤
9	① ② ③ ④ ⑤
10	① ② ③ ④ ⑤
11	① ② ③ ④ ⑤
12	① ② ③ ④ ⑤
13	① ② ③ ④ ⑤
14	① ② ③ ④ ⑤
15	① ② ③ ④ ⑤

성명표기란

수험번호

각 칸: ⓪ ① ② ③ ④ ⑤ ⑥ ⑦ ⑧ ⑨

(주민등록 앞자리 생년제외) 월일

각 칸: ⓪ ① ② ③ ④ ⑤ ⑥ ⑦ ⑧ ⑨

수험생 유의사항

※ 답안은 반드시 컴퓨터용 사인펜으로 보기와 같이 바르게 표기해야 합니다.
〈보기〉 ① ② ③ ● ⑤

※ 성명표기란 위 칸에는 성명을 한글로 쓰고 아래 칸에는 성명을 정확하게 표기하십시오. (맨 왼쪽 칸부터 성과 이름은 붙여 씁니다)

※ 수험번호/월일 위 칸에는 아라비아 숫자로 쓰고 아래 칸에는 숫자와 일치하게 표기하십시오.

※ 월일은 반드시 본인 주민등록번호의 생년을 제외한 월 두 자리, 일 두 자리를 표기하십시오. (예) 1994년 1월 12일 → 0112

(주)고시넷

대기업·금융

저마다의 일생에는,

특히 그 일생이 동터 오르는 여명기에는

모든 것을 결정짓는 한 순간이 있다.

그 순간을 다시 찾아내는 것은 어렵다.

그것은 다른 수많은 순간들의 퇴적 속에

깊이 묻혀있다.

  - 장 그르니에, 섬 LES ILES

2024 | **현대자동차** 인적성검사

고시넷
대기업

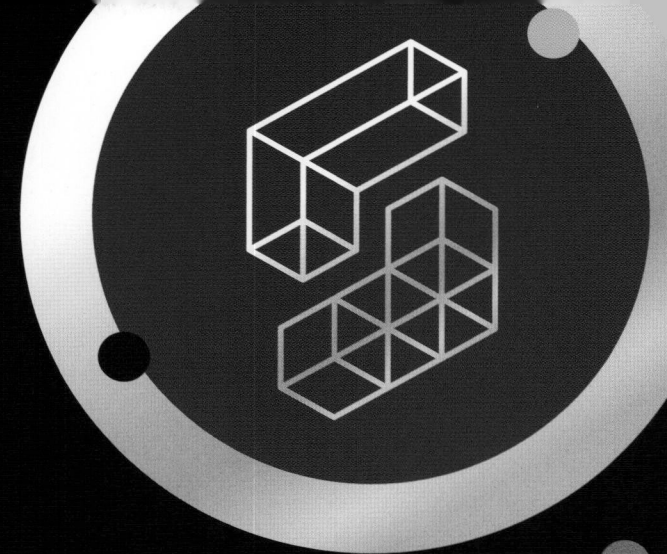

현대자동차
모빌리티 기술인력 생산직
최신기출유형 모의고사

**현대자동차
생산직
베스트셀러**

정답과 해설

**적성검사
필수이론
+ 출제예상문제**

(주)고시넷

최신 대기업 인적성검사

20대기업
온·오프라인 인적성검사
통합기본서

핵심정리_핸드북 제공

최신기출유형+실전문제

파트 1 언어능력

파트 2 수리능력

파트 3 추리능력

파트 4 공간지각능력

파트 5 사무지각능력

파트 6 인성검사

• 핵심정리[핸드북]

2024 | 현대자동차 인적성검사

고시넷
대기업

현대자동차
모빌리티 기술인력 생산직
최신기출유형 모의고사

정답과 해설

현대자동차
생산직
베스트셀러

적성검사
필수이론
+ 출제예상문제

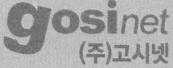

gosinet
(주)고시넷

생산직

정답과 해설

▶ 문제 80쪽

🖊 파트2 기출유형모의고사

😊 1회   기출유형문제

01	④	02	②	03	②	04	④	05	③
06	④	07	④	08	②	09	③	10	③
11	②	12	①	13	③	14	⑤	15	③
16	①	17	①	18	②	19	①	20	③
21	③	22	③	23	③	24	①	25	④
26	③	27	①	28	④	29	③	30	③
31	①	32	①	33	②	34	④	35	④
36	①	37	④	38	①	39	④	40	②

01

| 정답 | ④

| 해설 | 250N은 1,000N의 $\frac{1}{4}$이므로, 받침점에서 힘점까지의 거리가 받침점에서 작용점(물체)까지의 거리의 4배가 된다. 따라서 지렛대에서 1 : 4가 되는 지점에 받침점을 설치하면 된다.

이를 식으로 표현하면 $x : (2-x) = 1 : 4$가 되고,

$2-x = 4x$, $5x = 2$, $x = \frac{2}{5} = 0.4\,(\mathrm{m})$가 된다.

02

| 정답 | ②

| 해설 | 오늘 퇴근 버스를 탄 직원을 x명이라고 하면 다음과 같은 식이 성립한다.

$x \times \frac{2}{3} \times \frac{3}{4} \times \frac{1}{2} \times \frac{1}{3} = 3$, $\frac{1}{12}x = 3$

$x = 36$

따라서 퇴근 버스를 탄 직원은 총 36명이다.

03

| 정답 | ②

| 해설 | 블록의 개수는 9개이다.

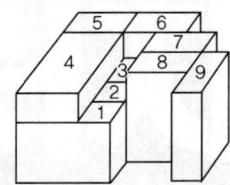

04

| 정답 | ④

| 해설 | 블록의 개수는 1층에 8개, 2층에 6개 총 14개이다.

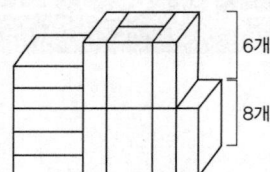

05

| 정답 | ③

| 해설 | 3개씩 쌓아올린 블록 기둥이 총 10개이므로 블록의 개수는 30개이다.

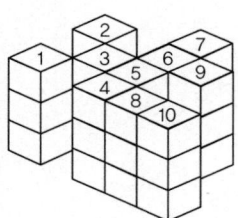

06

|정답| ④

|해설|

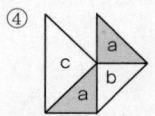

④
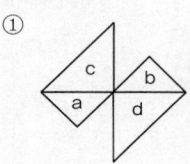

|오답풀이|

① 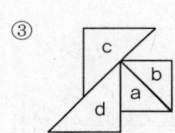 ②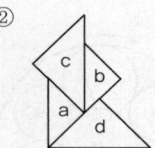

③ ⑤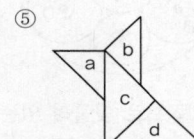

07

|정답| ④

|해설| 전체 일의 양을 1이라고 하면 A는 1시간 동안 $\frac{1}{5}$ 만큼 일을 하고, B는 1시간 동안 $\frac{1}{7}$ 만큼 일을 하는 것이 된다. 따라서 두 사람이 함께 구슬을 꿰는 데 걸리는 시간을 x라고 하면 다음과 같은 식이 성립한다.

$x\left(\frac{1}{5}+\frac{1}{7}\right)=1$, $x=\frac{35}{12}=2+\frac{55}{60}$ (시간)

따라서 2시간 55분이 걸린다.

08

|정답| ②

|해설| ②는 제시된 입체도형을 화살표 방향에서 바라본 형태로, z축을 중심으로 하여 시계 방향으로 90° 회전한 후 세로축(y축)으로 시계 방향 90° 회전시킨 것이다.

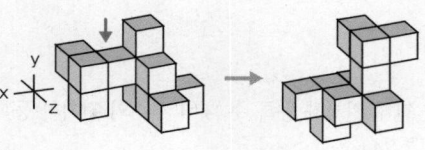

|오답풀이| ①, ④, ⑤는 점선 표시된 블록이 추가되거나 화살표가 가리키는 블록이 제거되어야 일치하며 ③은 제시된 도형을 좌우대칭한 형태이다.

①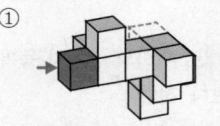
x축 앞쪽 방향(↷) 90°

③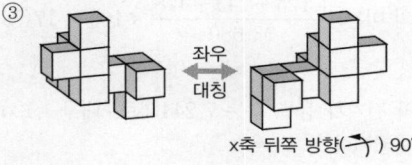
좌우 대칭
x축 뒤쪽 방향(↶) 90°

④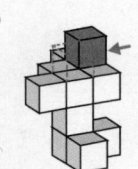
x축 뒤쪽 방향(↶)
90° 회전 후
z축 반시계 방향 90°

⑤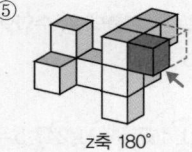
z축 180°

09

|정답| ③

|해설| 두 사람이 이동한 거리의 합이 3km가 되는 시간을 구하면 된다. x분 후에 두 사람이 만난다고 하면 다음과 같은 식이 성립한다.

$80x+70x=3,000$

$150x=3,000$

$x=20$

따라서 두 사람이 만나는 시간은 20분 후이다.

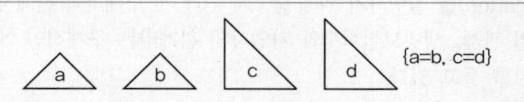

10

|정답| ③

|해설| 현재 전체 전기차 등록 수 대비 제주의 전기차 등록 수의 비는 $\frac{7,244}{13,680} \times 100 ≒ 53$(%)이다.

|오답풀이|

① 경기와 대구의 전기차 등록 수의 합은 1,162+1,125= 2,287(대)로 서울의 전기차 등록 수인 2,327대보다 적다.

② 대구의 전기차 등록 수는 1,125대로 부산의 전기차 등록 수인 478대의 3배인 1,434대보다 적다.

④ 현재 전체 전기차 등록 수 대비 대구, 경남, 부산의 전기차 등록 수의 비는 $\frac{1,125+743+478}{13,680} \times 100 ≒ 17$(%) 이다.

⑤ 현재 제주의 전기차 등록 수는 7,244대로, 대구 1,125 대의 약 6.4배이다.

11

|정답| ②

|해설| 2019년 4분기 자동차 수입액 2,475억 원의 5배는 2,475×5=12,375(억 원)으로 4분기 수출액 13,310억 원 보다 적다. 따라서 2019년 4분기 자동차 수출액은 수입액 의 5배 이상이다.

|오답풀이|

① 2020년 하반기 자동차 수출액은 11,467.5+11,247.5= 22,715(억 원)이므로 2조 2천억 원 이상이다.

③ 분기별 수출액과 수입액의 차이가 가장 작은 때는 2020 년 4분기로 그 차이는 11,247.5-3,327.5=7,920(억 원)이며, 8천억 원 미만을 기록하였다.

④ 자동차의 수입 대수와 수출 대수의 차이가 가장 큰 때는 2019년 1분기이며 수입 대수인 1,586대의 3배는 4,758 대로 2019년 1분기의 자동차 수출 대수인 4,657대보다 많다. 따라서 2019년 1분기 자동차 수출 대수는 수입 대 수의 3배 미만이다.

⑤ 2020년 1분기 수입 대수는 1,842대이고, 2020년 전체 분기의 수입 대수 평균은 1824.5대이다.

12

|정답| ①

|해설| 제시된 글은 정보의 비대칭성(Asymmetric Infor-mation)을 설명하기 위해 중고차 거래 시 구매자와 판매자 의 관계, 생명보험회사와 가입자의 관계라는 구체적인 예 시를 들고 있다.

13

|정답| ③

|해설|

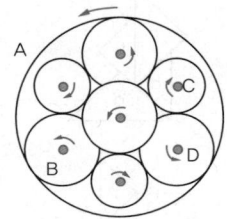

기어가 바깥쪽으로 맞물려 있는 경우에는 중심축의 회전 방향이 서로 반대이고 안쪽으로 맞물려 있는 경우에는 두 기어의 회전 방향이 같다. 따라서 그림과 같이 중심의 기 어와 A, B, D의 회전 방향은 모두 같고 C의 회전 방향은 반대이다.

14

|정답| ⑤

|해설| A와 D의 증언이 상충하므로 A의 증언이 거짓말인 경우와 D의 증언이 거짓말인 경우로 나누어 생각해 본다.

· A의 증언이 거짓인 경우 : B, C, D의 증언이 참이 된다. 그러나 B의 증언 '원료 분류 작업에서 불량이 나온다'와 D의 증언 '포장 작업에서 불량이 나온다'에 의해 불량의 원인이 되는 작업을 담당한 직원이 2명이 되어 조건에 맞 지 않는다. 따라서 A의 증언은 참이다.

· D의 증언이 거짓인 경우 : A, B, C의 증언이 참이 되며 이들의 증언은 서로 상충하지 않는다. 따라서 B의 증언에 따라 불량의 원인이 되는 작업을 담당한 직원은 원료 분 류를 담당한 D이며, 거짓 증언을 한 사람도 D이다.

15

|정답| ③

|해설| • 사원 A : 정보 1이 참이라고 하더라도, 한 지역에 생산기지를 건설할 수도 있다.
• 사원 B : 정보 2가 참이라고 하더라도, 두 지역에만 생산 기지를 건설할 수도 있으므로 옳지 않다.
• 사원 C : 정보 3이 참이라면, 최소 네 국가에서 생산기지를 건설한 것이 되므로 정보 1도 참이 된다.

따라서 사원 C만 타당한 의견을 제시하였다.

16

|정답| ①

|해설| 시계 방향으로 90° 회전한 모양은 다음과 같다.

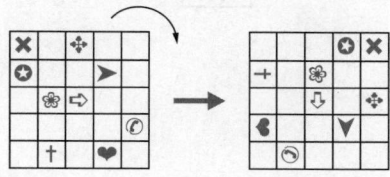

17

|정답| ①

|해설| 고정도르래는 힘의 방향만을 바꿀 뿐 힘의 이득과는 상관없다. 따라서 무게(W)와 힘(F)가 동일하다.

18

|정답| ②

|해설|

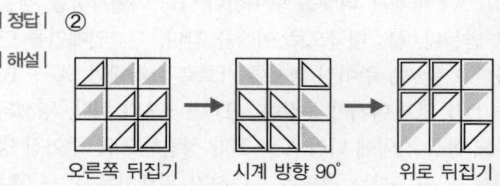

오른쪽 뒤집기   시계 방향 90°   위로 뒤집기

19

|정답| ①

|해설| 최대한 많은 박스를 정리하기 위해 작은 크기의 박스부터 창고를 채워 나가면 다음과 같다.

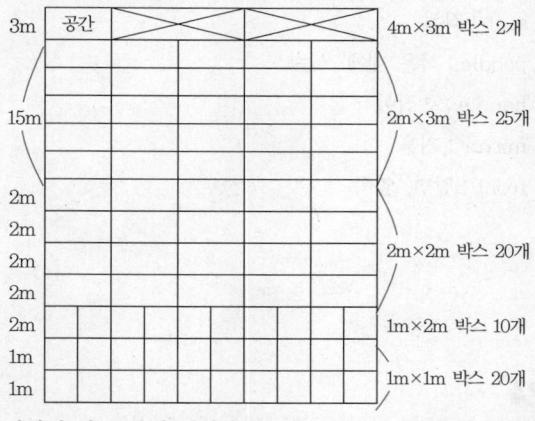

따라서 창고 안에 정리할 수 있는 박스는 최대 77개이다.

20

|정답| ③

|해설| 첫 번째 줄에 6개, 두 번째 줄에 6개. 세 번째 줄에 6개로 총 6+6+6=18(개)이다.

21

|정답| ③

|해설| 주어진 그림에서 정육면체로 만들려면 3×3×3=27(개)의 블록이 필요하다. 현재 블록의 개수는 18개이므로 최소 9개의 블록이 더 필요하다.

22

|정답| ③

|해설|

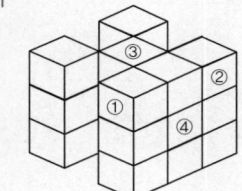

23

| 정답 | ③

| 해설 | 페달의 영단어 표기는 pedal이다. 〈보기〉에 제시된 영단어의 뜻은 다음과 같다

- seat : 좌석
- paddle : 작은 배에 쓰는 노
- handle : 손잡이
- mirror : 거울
- front : 앞면, 앞쪽

24

| 정답 | ①

| 해설 | 칠하다의 영단어 표기는 paint이다. 〈보기〉에 제시된 영단어의 뜻은 다음과 같다.

- claim : 주장하다, 요청하다
- drive : 운전하다
- faint : 희미한, 의식을 잃다
- grab : 붙잡다
- asset : 자산

25

| 정답 | ④

| 해설 | 교체의 영단어 표기는 change이다. 〈보기〉에 제시된 영단어의 뜻은 다음과 같다.

- charge : 요금
- standard : 기준, 일반적인
- shrimp : 새우
- vinyl : 비닐
- jam : 잼, 혼잡, 교통 체증

26

| 정답 | ③

| 해설 |

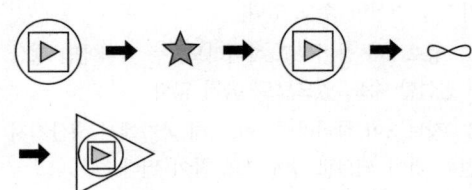

27

| 정답 | ①

| 해설 |

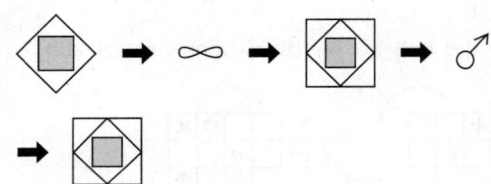

28

| 정답 | ④

| 해설 | 먼저 병렬의 정전용량을 구하면 $24[F] + 16[F] = 40[F]$이다. C_1과 $40[F]$는 직렬이므로 $\frac{1}{40} + \frac{1}{40} = \frac{2}{40} = \frac{1}{C}$ 이고 합성 정전용량(C)는 $20[F]$이다.

29

| 정답 | ③

| 해설 | A : 비행기 티켓을 예매한다, B : 여행가방을 경품으로 받는다, C : 태국으로 여행을 간다, D : 연예인을 만난다라고 할 때, 주어진 명제를 기호로 나타내면, A → B, C → D가 되고 마지막 문장은 ~D → ~A가 된다. 명제의 대우도 항상 참임에 따라 A → D가 성립하므로, 주어진 명제에서 A → D라는 결론을 도출하기 위해서는 A → C나 B → C, 또는 B → D라는 명제가 필요하다.

따라서 밑줄 친 부분에 알맞은 것은 B → C의 대우인 '태국으로 여행을 가지 않는다면 여행가방을 경품으로 받지 않을 것이다'가 된다.

> **보충 플러스+**
>
> 첫 번째 · 두 번째 문장의 대우를 활용하는 것도 가능하다.
> 연예인 만남 × → 태국 여행 × → 여행가방 경품 × →
> 비행기 티켓 예매 ×

30

| 정답 | ③

| 해설 | 2022년 자동차 생산량은 4,114천 대, 자동차 수출량은 2,530천 대이다. 따라서 2022년 자동차 생산량은 수출량의 $\frac{4,114}{2,530}$ ≒ 1.63(배)로 1.7배 미만이다.

31

| 정답 | ①

| 해설 | 2017년 ~ 2022년의 전년 대비 생산, 내수, 수출의 증감 추세는 다음과 같다.

구분	생산	내수	수출
2017년	−	−	+
2018년	−	−	−
2019년	+	+	−
2020년	+	+	−
2021년	−	+	−
2022년	−	−	−

따라서 생산, 내수, 수출의 증감 추세가 같은 해는 2018년과 2022년으로 2개 해이다.

32

| 정답 | ①

| 해설 | 첫 번째 명제에 의해 스위스의 물가는 미국보다 싸고, 세 번째 명제에 의해 프랑스의 물가는 미국보다 비싸

므로 확실히 알 수 있는 것은 스위스의 물가가 프랑스보다 싸다는 것이다.

33

| 정답 | ②

| 해설 | 존재하는 팀은 회계팀, 경영지원팀, 개발팀, 총무팀으로 총 네 개다. 세 번째 조건에서 회계팀은 다른 세 팀과 다른 층을 사용한다고 했으므로 ②는 항상 참이다.

| 오답풀이 |

①, ④ 회계팀은 다른 세 팀과 다른 층을 사용한다고 했으므로 항상 거짓이다.

③, ⑤ 주어진 〈조건〉만으로는 알 수 없다.

34

| 정답 | ④

| 해설 | 〈보기〉의 문단에서는 마찰 항력과 압력 항력의 개념에 대해 간략하게 설명하고 있다. 두 항력에 대한 설명은 둘을 아우르는 개념인 '항력'에 대한 내용이 언급된 후 제시되고, 그 뒤에는 두 항력에 대한 구체적 설명이 나오는 것이 자연스럽다. 따라서 〈보기〉의 문단이 들어가기에 적합한 곳은 전체 항력의 개념에 대한 설명이 언급된 세 번째 문단과 마찰 · 압력 항력의 구체적 개념 설명이 제시된 네 번째 문단의 사이인 ㉣이다.

35

| 정답 | ④

| 해설 | 제시된 글에서 인체에 유해하다고 한 공정은 금속으로 플라스틱을 도금하는 것이 아니라, 플라스틱으로 금속을 도금하는 것이다.

| 오답풀이 |

① 첫 번째 문단에 전기 도금은 내구성이 뛰어나다는 언급이 있다.

② 두 번째 문단에 도금할 물체를 음극에 연결한다는 내용이 있다. 물론 두 번째 문단은 구리 도금에 대한 설명을 하고 있지만, 구리 도금은 전기 도금의 한 종류에 불과

하다. 따라서 다른 전기 도금의 진행 과정도 이와 유사할 것임을 추론할 수 있다.

③ 구리 도금은 금속 도금에 속하므로, 구리가 금속에 해당함을 알 수 있다. 또한 두 번째 문단에 구리가 산화되어 이온이 발생한다는 내용이 있으므로, 이를 통합하면 금속이 산화되어 이온이 발생함을 추론할 수 있다.

⑤ 두 번째 문단에 따르면 구리 도금에는 구리의 이온이 포함된 전해액을 사용한다. 따라서 니켈 도금에는 니켈의 이온이 포함된 전해액을 사용할 것이다.

36

|정답| ①

|해설| 직사각형의 세로 길이를 x라고 한다면 가로 길이는 $2x$이므로 다음과 같은 식을 세울 수 있다.

$2 \times (x + 2x) = 3$

$6x = 3, \ x = 0.5(\text{m})$

즉, 세로 길이는 0.5m, 가로 길이는 1m이므로 이 직사각형의 넓이는 $0.5 \times 1 = 0.5(\text{m}^2)$이다.

37

|정답| ④

|해설| 김 과장은 4일에 한 번씩, 박 과장은 6일에 한 번씩 공장을 다녀오는데 수요일에 함께 공장을 가는 날을 묻고 있으므로 4, 6, 7의 최소공배수를 구하면 된다. 4, 6, 7의 최소공배수는 84이므로 84일 후가 된다.

38

|정답| ①

|해설| A 공장의 제품 생산량은 전체의 $\dfrac{3}{10}$이고, B 공장의 제품 생산량은 전체의 $\dfrac{7}{10}$이므로 불량률은 다음과 같다.

• A 공장의 제품 불량률 : $\dfrac{3}{10} \times \dfrac{2}{100} = \dfrac{6}{1,000}$

• B 공장의 제품 불량률 : $\dfrac{7}{10} \times \dfrac{3}{100} = \dfrac{21}{1,000}$

• 제품 전체의 불량률 : $\dfrac{6}{1,000} + \dfrac{21}{1,000} = \dfrac{27}{1,000}$

따라서 임의로 부품 하나를 선택하였을 때 그것이 불량품이었다면, B 공장의 불량품일 확률은 $\dfrac{\frac{21}{1,000}}{\frac{27}{1,000}} = \dfrac{21}{27} = \dfrac{7}{9}$이다.

39

|정답| ④

|해설| A가 뒤에서 2번째 즉, 앞에서 다섯 번째에 서 있으므로 앞뒤로 서 있는 C와 D는 첫 번째와 두 번째, 두 번째와 세 번째, 세 번째와 네 번째 중에 서야 한다. 그런데 C와 D가 두 번째와 세 번째에 서게 되면 B와 E는 네 번째와 여섯 번째 자리를 차지하고 F가 맨 앞에 오게 되므로 성립할 수 없다.

또한 C와 D가 세 번째와 네 번째에 서는 경우에는 B와 E가 한 사람을 사이에 두고 설 수 없으므로 성립할 수 없다. 그러므로 C와 D가 첫 번째와 두 번째일 때 C-D-F-B-A-E, C-D-F-E-A-B, D-C-F-B-A-E, D-C-F-E-A-B의 4가지 경우의 수가 발생한다. 따라서 C가 맨 앞에 오면 맨 뒤는 B일 수도, E일 수도 있으므로 ④는 옳지 않은 진술이다.

40

|정답| ②

|해설| ㉡ 두 번째 문단에서 WLTP가 NEDC보다 조건이 까다롭다고 하였으므로, 허용이 더 수월한 것은 NEDC이다.

㉣ 인증을 받지 못해도 한국은 2018년 9월까지, 유럽은 2019년까지 판매가 허용된다고 나와 있으므로 바로 판매가 중단된다는 추론은 적절하지 않다.

|오답풀이|

㉠ 마지막 문단에서 WLTP를 적용하는 국가는 한국과 유럽, 일본이며, 미국은 WLTP를 도입하지 않는다고 하고 있다. 이를 통해 각 나라마다 배기가스를 측정하는 방식이 다르다는 사실을 추론할 수 있다.

ⓒ 첫 번째 문단에서 내연기관이 연료 속의 탄소를 연소시
킨다고 하였고, 그로 인해 생성되는 기체가 배기가스라
고 나와 있다. 또한 2문단에서 '배기가스 허용 기준은
질소산화물배출량'이라고 하였으므로 배출되는 기체,
즉 배기가스에 질소산화물이 포함되어 있음을 추론할
수 있다.

2회 기출유형문제

▶ 문제 100쪽

01	③	02	③	03	③	04	③	05	③
06	③	07	③	08	⑤	09	②	10	④
11	②	12	③	13	④	14	②	15	③
16	④	17	③	18	②	19	①	20	④
21	③	22	①	23	②	24	④	25	①
26	④	27	②	28	①	29	①	30	②
31	①	32	②	33	⑤	34	②	35	②
36	①	37	②	38	⑤	39	⑤	40	③

01

|정답| ③

|해설| 전문가의 말을 인용하지 않았으며 ㉠과 상반된 개
념을 소개하지도 않았다.

|오답풀이|

① 첫 문단에서 ㉠의 개념을 설명하고 ㉠의 시초가 된 헨리
포드 이야기를 통해 등장 배경을 설명하고 있다.

② 두 번째 문단에서 언급되고 있다.

④ 국토교통부의 조사결과를 언급하며 객관적인 정보를 전
달하고 있다.

⑤ 마지막 문단에서 ㉠의 개념이 자동차의 대중화, 생활반
경 확대에서 친환경차의 보급 확대로 변화한 사실을 언
급하며 친환경 자동차 시장의 성장이라는 미래 전망까지
예측하고 있다.

02

|정답| ③

|해설| 다음과 같은 곳이 서로 다르다.

03

|정답| ③

|해설| 진영이와 성은이가 한 시간에 빚을 수 있는 만두는
20＋15＝35(개)이므로 210개를 빚는 데 걸리는 시간은
210÷35＝6(시간)이다.

04

|정답| ③

|해설| 지레가 수평을 이루기 위해서는 F_1에 의한 돌림힘
과 F_2에 의한 돌림힘이 같아야 한다. 즉, F_1에 의한 돌림힘
$F_1 \times 0.4$와 F_2에 의한 돌림힘 $F_2 \times 0.8$이 같아야 하는데,
$F_1 \times 0.4 = F_2 \times 0.8$에서 $F_1 = 300N$이므로 $300N \times 0.4 =$
$F_2 \times 0.8$이 되어 힘 F_2의 크기는 $300N \times \dfrac{0.4}{0.8} = 150N$이다.

05

|정답| ③

|해설| 벨라 바레니가 충돌 실험을 통해 입증하고자 한 것
은 전과 같이 단단하게 제작되어야 하는 (나) 영역보다는
충돌 시 충격을 흡수해 구겨질 수 있도록 제작되어야 하는
(가), (다) 영역이 자동차 안전에 특히 중요하다는 점이다.

|오답풀이|

① 네 번째 문단에 따르면 B 필러는 측면에서 오는 충격과
전복 사고로부터 탑승자를 보호한다. 따라서 옳은 추론
이다.

② 네 번째 문단에 따르면 A 필러는 전방 충돌 시 대시보드나 타이어 휠 등이 운전자를 덮치지 않도록 보호한다. 따라서 옳은 추론이다.

④ (가), (다) 영역은 크럼플존에 해당하므로 충돌 시 쉽게 구겨져야 하고, (나) 영역은 세이프티존이므로 쉽게 구겨지지 않아야 한다. 따라서 옳은 추론이다.

⑤ 마지막 문단에 따르면 1980년대까지도 한국의 자동차 제조사는 크럼플존을 설계에 반영하지 않았다. 반면 독일의 자동차 회사는 1950년대 중반부터 이를 반영하였다. 또한, 크럼플존의 목적은 외부 충격이 생겼을 때 크럼플존이 구겨지며 시간을 버는 것이므로 옳은 추론이다.

06

| 정답 | ③

| 해설 | 두 면만 보이는 블록을 표시하면 다음과 같다.

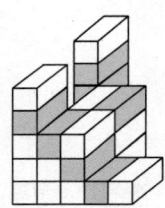

07

| 정답 | ③

| 해설 | 2021년 대비 2022년에 판매 점유율이 감소한 제조사는 C사와 E사로, 판매량은 $140 \times (0.11 + 0.07) - 145 \times (0.06 + 0.06) = 25.2 - 17.4 = 7.8$(만 대) 감소하였다.

08

| 정답 | ⑤

| 해설 | 세 번째 조건을 통해 1층에 위치한 팀은 기획팀임을 알 수 있다.

첫 번째 조건부터 마지막까지 맞춰 나열해 보면 다음과 같다.

• 홍보팀은 회계팀보다 아래층에 위치한다.

2~6층	회계팀 홍보팀
1층	기획팀

• 영업팀은 홍보팀보다 아래층에 위치한다.

2~6층	회계팀 홍보팀 영업팀
1층	기획팀

• 총무팀은 영업팀의 바로 아래층에 위치한다.

2~6층	회계팀 홍보팀 영업팀 총무팀
1층	기획팀

• 인사팀은 회계팀의 바로 위층에 위치한다.

6층	인사팀
5층	회계팀
4층	홍보팀
3층	영업팀
2층	총무팀
1층	기획팀

따라서 2층과 5층에 위치한 팀은 각각 총무팀과 회계팀이다.

09

| 정답 | ②

| 해설 | 블록의 전체 개수는 맨 앞줄에 2개, 가운데 줄에 7개, 마지막 줄에 10개이므로 총 19개이다. 정육면체가 되려면 $4 \times 4 \times 4 = 64$(개)의 블록이 필요하므로 $64 - 19 = 45$(개)의 블록이 더 필요하다.

10

| 정답 | ④

| 해설 | movement는 '움직임', '이동' 등을 뜻하며 이와 유사한 단어는 '움직임', '운동' 등을 뜻하는 motion이다.

| 오답풀이 |

① ardent : 열렬한, 열정적인

② force : 물리력, 폭력

③ employ : 고용하다

⑤ disrespect : 무례, 결례

11

| 정답 | ②

| 해설 | decrease는 '줄다', '감소하다' 등을 뜻하며 이와 유사한 단어는 '줄어들다', '약해지다' 등을 뜻하는 diminish 이다.

| 오답풀이 |

① develop : 성장하다, 발달하다

③ initiate : 개시되게 하다, 착수시키다

④ grow : 커지다, 자라다

⑤ exacerbate : 악화시키다

12

| 정답 | ③

| 해설 | 예산을 1로 두면, A 모니터 한 대의 가격은 $\frac{1}{24}$, B 모니터 한 대의 가격은 $\frac{1}{30}$ 이다. 그리고 A를 8대 구입하고 남은 금액은 $1 - \left(\frac{1}{24} \times 8 \right) = 1 - \frac{1}{3} = \frac{2}{3}$ 이다.

따라서 구입할 수 있는 B의 개수는

$\frac{2}{3} \div \frac{1}{30} = \frac{2}{3} \times 30 = 20$(대)이다.

13

| 정답 | ④

| 해설 | A ~ E의 진술을 살펴보면, A와 B가 상반된 진술을 하고 있음을 알 수 있다. 따라서 C ~ F 중 거짓이 있을 경우, A와 B의 진술이 모순이 되므로 A와 B 중 거짓을 말하는 사람이 반드시 있게 된다. A와 B의 진술을 가정하여 각

진술을 참과 거짓으로 구분하면 다음과 같은 두 가지 결론을 얻을 수 있다.

• A가 거짓인 경우 : 1~5층 → C, D, B, E, A

• B가 거짓인 경우 : 1~5층 → B, D, C, E, A

따라서 누구의 진술이 거짓이냐에 관계없이 D는 항상 2층에서 내린다.

14

| 정답 | ②

| 해설 | 제시된 명제를 p ~ r로 정리하면 다음과 같다.

p : 김 대리가 빨리 온다.

q : 박 차장이 빨리 온다.

r : 황 주임이 빨리 온다.

(가) p → ~ q or ~ r(q and r → ~ p)

(나) ~ q → p(~ p → q)

(다) ~ r → ~ q(q → r)

q → r은 성립하나, 그 역인 r → q가 반드시 성립한다고는 할 수 없다.

| 오답풀이 |

① ~ p → q이므로 참이다.

③ q → r에서 q와 r이 동시에 성립함을 알 수 있고, q and r → ~ p이므로 참이다.

④ ~ r → ~ q → p이므로 참이다.

⑤ ~ p → q → r이므로 참이다.

15

| 정답 | ②

| 해설 | ◯ 표시된 부분이 나머지와 다르다.

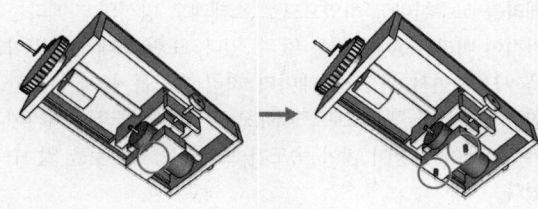

16

|정답| ④

|해설| 색칠된 블록의 대각선 방향에 세워져 있는 블록을 제외하면 모두 색칠된 블록의 면과 접촉하고 있다.

17

|정답| ③

|해설| 전체 직원 수는 750명이고 충청도는 20%, 경상도는 18%이므로 각각 150명과 135명이라는 것을 알 수 있다. 전라도와 제주도는 105명이므로 서울 / 경기도, 강원도의 합계는 $750-150-135-105=360$(명)이 된다. 강원도 출신 직원의 수를 x라고 하면 서울 / 경기도 출신 직원의 수가 강원도 출신 직원 수의 3배이므로 $x+3x=360$, $x=90$(명)이 된다. 따라서 강원도 출신 직원의 수는 90명이다.

18

|정답| ②

|해설| J를 기준으로 조건에 따라 배치하면 다음과 같다.

G(여동생)	J(나)		R(언니)	B(오빠)
	F(아들)	D(딸)		

B는 J(나)의 오빠이므로 F(아들)에게는 외삼촌이 된다.

|오답풀이|

④ R과 B 중 누가 더 연장자인지는 알 수 없다.

19

|정답| ①

|해설| ㉠ 다음 문장에서 비용 절감을 위해 모노 방식의 카메라를 고수한다고 하였으므로 스테레오 방식의 카메라는 가격이 비싸다(ⓐ)는 것을 알 수 있다. 또한 스테레오 방식을 사용하면서 영상신호데이터 처리 속도를 높이기 위한 칩을 사용한다 했으므로 스테레오 방식의 카메라는 처리해야 할 데이터 양이 많아 속도가 느리다(ⓓ)는 것을 알 수 있다.

20

|정답| ④

|해설| 적어도 1명의 대리가 포함되어 있을 확률은 전체 확률 1에서 2명 모두 대리가 아닐 확률을 뺀 것과 같다. 두 개의 종이를 차례로 꺼냈을 때 2명 모두 대리가 아닐 확률은 $\frac{4}{7} \times \frac{3}{6} = \frac{2}{7}$이므로 적어도 1명의 대리가 포함되어 있을 확률은 $1-\frac{2}{7}=\frac{5}{7}$가 된다.

21

|정답| ③

|해설| 주어진 세 개의 블록을 결합하면 다음과 같은 형태가 나온다.

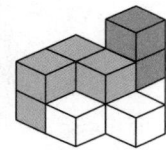

22

|정답| ①

|해설| 오후 1시 35분(13시 35분)에 출발하는 비행기를 타고 3시간 45분 동안 첫 번째 비행을 하여 경유지에 도착하면 서울 시각으로 오후 5시 20분(17시 20분)이다. 경유지의 시간은 서울보다 1시간 빠르므로 경유지 현지 시각은 오후 6시 20분(18시 20분)이다. 이후 경유지에서 3시간 50분을 대기하고 경유지 현지 시각으로 오후 10시 10분에 출장지로 출발하게 된다. 출장지로 향하는 두 번째 비행은 9시간 25분이 소요되어 경유지 시각으로 6일 오전 7시 35분에 도착한다. 출장지의 시간이 경유지보다 2시간 느리므로 출장지 현지 시각으로는 6일 오전 5시 35분에 도착한 것이 된다.

23

|정답| ②

|해설| ②는 제시된 입체도형을 화살표 방향에서 바라본 상태에서 반시계 방향으로 90° 회전시킨 것이다.

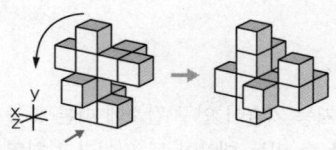

|오답풀이|
다른 입체도형은 점선 표시된 블록이 추가되거나 화살표가 가리키는(색칠된) 블록이 제거되어야 일치한다.

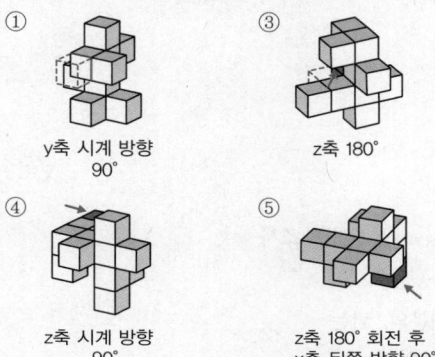

① y축 시계 방향 90°

③ z축 180°

④ z축 시계 방향 90°

⑤ z축 180° 회전 후 x축 뒤쪽 방향 90°

24

|정답| ④

|해설| 갑의 나이=x, 을과 병의 나이=y

$x = y + 12$ ·················· ㉠

$x = 2y - 4$ ·················· ㉡

㉠과 ㉡을 정리하면 $y + 12 = 2y - 4$, $y = 16$(살)이므로 $x = 28$(살)임을 알 수 있다.

25

|정답| ①

|해설| (다)를 통해 발명가 디젤이 살던 시대의 디젤 엔진은 작고 경제적이어야 한다는 그의 생각과는 다르게 크고 육중하게 만들어졌음을 알 수 있다. (가)에서 '하지만 그 후'에는 '이 발명가'가 꿈꾼 대로 널리 보급되었다고 하였으므로, (다)에서 (가)로 이어진다. 다음으로 (마)는 디젤 엔진의 장점을, (나)는 그 장점을 보충하여 설명하고 있다. 마지막으로 (라)에서 디젤 엔진의 문제점조차 기술의 발전으로 점차 극복되고 있다고 하였으므로, (마)-(나)-(라)로 연결되어야 한다.

26

|정답| ④

|해설| '수소 전기차 시장이 성장하면 어떤 수소 연료 회사는 성장한다'는 명제가 참이면, 이 명제의 대우인 '모든 수소 연료 회사가 성장하지 않으면 수소 전기차 시장이 성장하지 않는다'도 참이 된다. 또한 '수소 전기차 시장이 성장하지 않으면 대체 에너지 시장은 성장하지 않는다'는 명제가 참이므로 삼단논법에 따라 '모든 수소 연료 회사가 성장하지 않으면 대체 에너지 시장은 성장하지 않는다'도 참이 된다.

27

|정답| ②

|해설| 가장 연료 소비량이 적은 이동경로는 B → C, D → C의 4L이다. 거기서 먼저 다음 2가지를 생각한다.

1. B → C의 경로를 선택

   그다음 선택 가능 경로는 C → A의 15L, C → D의 6L이다. 그 중 연료 소비량이 적은 C → D를 선택한다. 그다음 경로는 D → A밖에 없다. 이 구간 연료 소비량은 7L이고, 출발한 도시로 돌아가야 하므로 이동 경로는 A → B이고, 연료 소비량은 20L이다. 따라서 이 경우의 연료 총소비량은 4+6+7+20=37(L)이다. 이것은 B → C → D → A 순서이면 어느 도시에서 시작해도 같다.

2. D → C 경로를 선택

   그다음 선택 가능 경로는 C → A의 15L, C → B의 8L이다. 그 중 연료 소비량이 적은 C → B를 선택한다. 그다음 경로는 B → A밖에 없다. 이 구간 연료 소비량은 14L이고, 출발한 도시로 돌아가야 하므로 이동 경로는 A → D이고, 연료 소비량은 10L이다. 따라서 이 경우의 연료 총소비량은 4+8+14+10=36(L)이다. 이것은 D → C → B → A 순서이면 어느 도시에서 시작해도 같다.

따라서 1, 2에서 최소가 되는 연료 소비량은 36L이다.

28

| 정답 | ①

| 해설 | 제시된 두 가지 상황의 사고 직전 속력은 다음과 같이 구할 수 있다.

• 상황 1
$$\sqrt{256 \times 20 \times 0.6} = \sqrt{3,072} = \sqrt{2^{10} \times 3}$$
$$= 2^5 \times \sqrt{3} = 32 \times 1.7 = 54.4$$

• 상황 2
$$\sqrt{256 \times 20 \times 0.3} = \sqrt{1,536} = \sqrt{2^9 \times 3}$$
$$= 2^4 \times \sqrt{2} \times \sqrt{3} = 16 \times 1.4 \times 1.7 ≒ 38.1$$

따라서 사고 직전 속력의 차이는 54.4−38.1=16.3이다.

29

| 정답 | ①

| 해설 | 제시문에서 호주의 카셰어링 비즈니스 시장이 급성장하고 있다고 하였으며, 성장 배경을 설명한 후 향후 전망까지 제시하고 있다.

| 오답풀이 |

② 미래 산업의 향방까지 제시하고 있지는 않다.

③ 호주가 다민족 국가, 이민자의 나라라는 점은 호주 카셰어링 비즈니스 시장의 성장 배경 중 하나이나 전체를 아우르는 제목으로는 다소 부적절하다.

④ 카셰어링 비즈니스는 공유경제의 하위 개념이나, 제시문은 공유경제보다는 카셰어링 비즈니스에 초점이 맞추어져 있다.

⑤ 4차 산업혁명에 관한 내용은 언급되어 있지 않다.

30

| 정답 | ②

| 해설 | 호주에서 카셰어링 비즈니스가 급성장한 현상을 설명하고 이 현상의 원인을 구체적인 근거(도심으로의 인구 유입, 높은 물가, IT 환경 발달 등)를 들어 분석하고 있다. 따라서 논지 전개 방식으로 ②가 적절하다.

31

| 정답 | ①

| 해설 | 강 사원은 인공지능 기술이 인구 감소에 따른 노동력 부족 문제를 해결할 수 있는 대안이 될 것이라고 하였다. 이에 관련된 내용을 이어서 언급해야 하므로 인공지능이 일자리에 대해 긍정적인 영향을 미칠 것이라는 내용인 ①이 적절하다.

32

| 정답 | ②

| 해설 | • research : 연구 조사
• factory : 공장
• spare : 여분의, 남는
• schedule : 일정
• meeting : 회의

33

| 정답 | ⑤

| 해설 | 3개의 면이 칠해지는 블록은 다음과 같다.

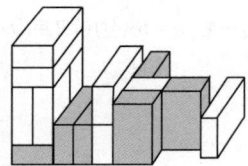

34

| 정답 | ④

| 해설 | 2월에 C 창고가 받아 입고한 10톤이 모두 B 창고로부터 받은 것이라면 B 창고의 전체 출고 물량 13톤 중 나머지 3톤은 A 창고로 출고한 것이 된다. 따라서 A 창고의 총 입고 물량 12톤 중 3톤이 B 창고로부터 받은 것이므로 $\frac{1}{3}$ 이 아닌 $\frac{1}{4}$ 이 된다.

| 오답풀이 |

① A 창고에서 매월 B 창고와 C 창고로 각각 절반씩의 물량을 출고하였다면 B 창고가 A 창고로부터 받은 물량은 2월부터 매월 각각 5톤, 4톤, 6톤, 9톤이 된다. 따라서 이것은 B 창고의 매월 입고 물량인 9톤, 7톤, 11톤, 15톤의 절반 이상의 물량이 된다.

② 5월에 A 창고에서 C 창고로 10톤을 출고하였다면 C 창고 입고 물량 16톤 중 나머지 6톤은 B 창고로부터 받은 것이 된다. 이것은 또 B 창고 출고 물량인 16톤 중 6톤이 C 창고로 간 것이므로 나머지 10톤은 A 창고로 간 것이 되어 결국 A 창고는 B 창고로부터 10톤을 받아 입고한 것이 된다.

③ 4월에 B 창고에서 A 창고와 C 창고에 각각 절반씩의 물량을 출고하였다면 7톤씩 출고한 것이 되며, C 창고의 입고 물량 15톤 중 7톤이 B 창고로부터 온 것이므로 A 창고로부터 온 물량은 8톤이 된다.

⑤ 2월에 A 창고에서 출고한 물량은 10톤이다. 그런데 이 물량 전체를 한 창고에서 받아 입고하였다면, B 창고의 경우 입고 물량이 9톤이므로 불가능하다. 따라서 C 창고에 모두 입고된 것이다.

35

| 정답 | ②

| 해설 | 시계 방향으로 90° 회전한 모양은 다음과 같다.

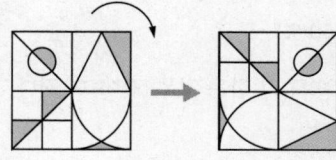

36

| 정답 | ①

| 해설 | ①은 제시된 입체도형을 180° 돌린 모습이다.

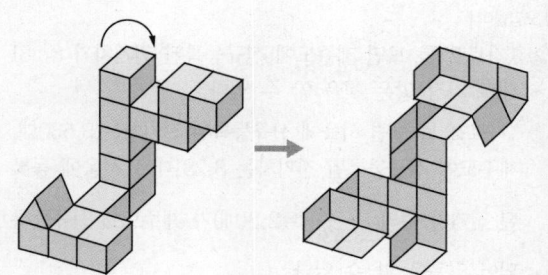

| 오답풀이 |

②는 삼각기둥의 위치를 확인해 보면 동일한 도형이 아님을 알 수 있다.

37

| 정답 | ②

| 해설 | ㉠은 홀수점이 2개이고 ㉡, ㉣은 홀수점이 0개이므로 한붓그리기가 가능하다. 그러나 ㉢은 홀수점이 4개이므로 한붓그리기가 불가능하다.

38

| 정답 | ⑤

| 해설 | 굴렁쇠가 굴러간 도로의 길이를 cm로 환산하면 6,000cm이다. 이를 굴렁쇠 둘레 길이인 $25 \times 2 \times 3.14 = 157$(cm)로 나누어 회전수를 구하면, $\frac{6,000}{157} ≒ 38$(번) 회전한 것이 된다.

39

| 정답 | ⑤

| 해설 | 제주의 2022년 9월 대비 2023년 3월의 전기차 신규등록 증가율을 구하면 다음과 같다.

$$\frac{10,368 - 8,281}{8,281} \times 100 ≒ 25.2(\%)$$

| 오답풀이 |

② 〈자료 2〉를 보면 제주도에 신규등록된 전기차가 8,281 대로 가장 많은 것을 알 수 있다.

③ 〈자료 2〉를 보면 서울에 신규등록된 전기차는 3,530대, 제주도에 신규등록된 전기차는 8,281대로 서울에 등록된 전기차 수의 $\frac{8,281}{3,530}$ ≒2.3(배)가 제주도에 신규등록되어 있음을 알 수 있다.

40

| 정답 | ③

| 해설 | 2022년 9월 대비 2023년 3월 전기차 신규등록 증가량은 서울이 5,036−3,530=1,506(대), 인천이 659−435=224(대), 경기가 2,845−1,714=1,131(대)이다.

| 오답풀이 |

② 2019년과 2020년의 전년 대비 전기차 신규등록 증가율을 구하면 다음과 같다.

- 2019년 : $\frac{1,075-780}{780} \times 100$ ≒38(%)

- 2020년 : $\frac{2,821-1,075}{1,075} \times 100$ ≒162(%)

따라서 바르게 그려진 그래프이다.

④ 전북, 전남, 광주의 2022년 9월 대비 2023년 3월 전기차 신규등록 증가율은 순서대로

$\frac{422-232}{232} \times 100 = 82(\%)$,

$\frac{1,209-810}{810} \times 100 = 49(\%)$,

$\frac{634-423}{423} \times 100 = 50(\%)$이다.

따라서 바르게 그려진 그래프이다.

3회 기출유형문제

▸ 문제 122쪽

01	①	02	②	03	④	04	②	05	③
06	③	07	②	08	④	09	③	10	①
11	④	12	②	13	③	14	①	15	③
16	④	17	④	18	④	19	③	20	③
21	④	22	②	23	⑤	24	③	25	④
26	①	27	②	28	④	29	①	30	②
31	④	32	④	33	①	34	②	35	③
36	⑤	37	⑤	38	②	39	⑤	40	①

01

| 정답 | ①

| 해설 | 20X0년 대비 20X4년의 연간 총 주행거리 증가율이 가장 큰 것은 전기 자동차로, $\frac{9,771-5,681}{5,681} \times 100$ ≒ 72(%) 증가하였다.

| 오답풀이 |

② LPG를 사용하는 자동차의 연간 총 주행거리는 45,340 → 44,266 → 39,655 → 37,938 → 36,063으로 매년 감소하고 있다.

③ 휘발유를 사용하는 자동차의 연간 총 주행거리는 108,842 → 110,341 → 115,294 → 116,952 → 116,975 로 매년 증가하고 있다.

④ $\frac{164,264}{327,073} \times 100$ ≒ 50(%)

⑤ 휘발유 36%, 전기 3%로 그 합은 경유 50%보다 작다.

02

| 정답 | ②

| 해설 | 병의 진술에 의해 '병−을−정' 또는 '병−정−을'의 순서가 된다. 또한 을과 정의 진술에 의해 갑은 을과 정보다 뒤 순서가 되고 무는 병 바로 다음이라고 했으므로 '병−무−을−정−갑' 또는 '병−무−정−을−갑'의 순서만 가능하게 된다. 갑은 을과 연달아 당직을 서지 않는다고 하였으므로 결국 '병−무−을−정−갑'의 순서가 모두의 진술에

알맞은 당직 순서가 된다. 따라서 세 번째로 당직을 서는 사람은 을이 된다.

03

| 정답 | ④

| 해설 | 아래로 뒤집은 모양(상하 대칭)은 다음과 같다.

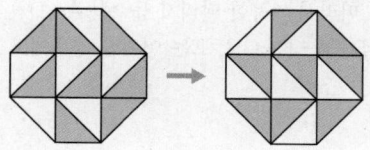

04

| 정답 | ②

| 해설 | 다음과 같은 부분이 서로 다르다.

05

| 정답 | ③

| 해설 | 조기폐차 추진 대수가 아니라, 조기폐차, 매연저감장치 부착, LPG 엔진 개조, 미세먼지－질소산화물 저감장치 부착 보조금 지원 대상이 38,190대이다.

06

| 정답 | ③

| 해설 | ⓒ 2005년 이전에 등록한 2.5톤 이상 경유차량에 매연저감장치를 부착하면 비용의 약 90%를 지원받을 수 있다.

| 오답풀이 |

㉠ 조기폐차 지원금은 차종 규모별 최대 770만 원까지 지원받을 수 있다.

ⓛ 지원대상은 수도권에 2년 이상 등록된 차량에 한하므로 대전시에 등록한 차량은 지원대상이 아니다.

07

| 정답 | ②

| 해설 | ○표시된 부분이 나머지와 다르다.

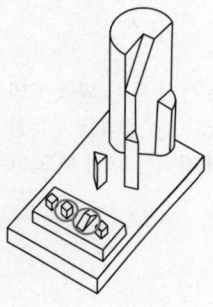

08

| 정답 | ④

| 해설 | 산책로 둘레의 길이＝바깥 산책로 둘레의 길이＋호수 둘레의 길이

$$= (2 \times \pi \times 2r) + (2 \times \pi \times r) = 4\pi r + 2\pi r = 6\pi r (\mathrm{km})$$

09

| 정답 | ③

| 해설 |

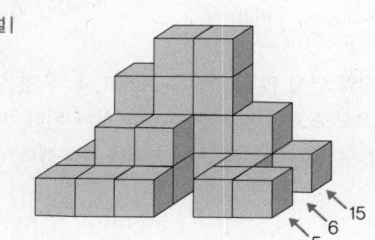

가장 뒷면에 위치한 블록의 개수는 15개, 중간에 위치한 블록의 개수는 6개, 가장 앞면에 위치한 블록의 개수는 5개이므로 총 26개이다.

10

|정답| ①

|해설| A의 자리를 고정시키고 그 주위 자리에 기호를 붙이면 E가 앉은 자리는 ⓒ 혹은 ⓔ이 되므로 두 경우를 나눠 생각한다.

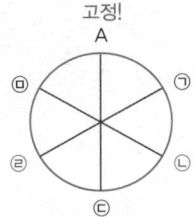

1. E가 ⓒ에 앉은 경우
   B와 D는 마주 보고 앉아야 하므로 ⓐ과 ⓔ이 되고, C의 양 옆은 모두 커피를 주문했으므로 C는 콜라를 주문한 E 옆에 앉을 수 없다. 따라서 C의 자리는 ⓜ이 되고 그 양 옆은 커피를 주문하게 된다.

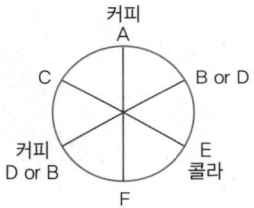

2. E가 ⓔ에 앉은 경우
   B와 D는 ⓒ과 ⓜ으로 마주 보고 C는 ⓐ에 앉게 되며, 그 양 옆이 커피를 주문하게 된다.

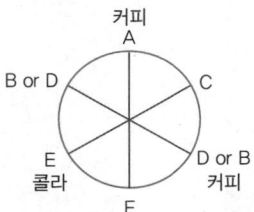

두 경우 모두 C의 옆에 앉는 사람은 A이고, C의 양 옆은 커피를 주문했으므로 A는 커피를 주문한 것이 된다. 따라서 확실하게 알 수 있는 사실은 'A는 커피를 주문했다'이다.

11

|정답| ④

|해설| 네 번째 조건에 따라 B, C는 1, 3, 5등이 가능하고

D는 2, 4등이 가능하다. 세 번째 조건에 따라 E와 C의 등수는 연속해야 하므로 E는 2, 4등이 가능하고 두 번째 조건에 따라 A와 D의 등수는 연속해야 하므로 A는 1, 3, 5등이 가능함을 알 수 있다. 정리하면 A, B, C 중 1, 3, 5등이 있고 D, E 중 2, 4등이 있다. 그런데 첫 번째 조건에 따라 D는 E보다 등수가 높아야 하므로 D가 2등, E가 4등이 되며, B는 E보다 등수가 높으므로 5등이 될 수 없다. 또한 D가 2등이므로 두 번째 조건에 따라 A도 5등이 될 수 없으니 C가 5등이 된다. 따라서 가능한 달리기 등수는 A-D-B-E-C 혹은 B-D-A-E-C로, E는 어떠한 경우에도 4등이 된다.

12

|정답| ②

|해설| • A : 전제의 두 번째 명제의 대우는 '직원들의 불만이 적은 회사는 연봉이 높다'이므로 첫 번째 명제와 삼단논법으로 '복지가 좋은 회사 → 직원들의 불만이 적음 → 연봉이 높은 회사'가 성립한다. 따라서 복지가 좋은 회사는 연봉이 높은 회사이므로 결론 A는 옳지 않다.

• B : 전제의 세 번째 명제의 대우는 '직원들의 여가생활을 존중하지 않는 회사는 복지가 좋지 않다'이므로 결론 B는 옳다.

13

|정답| ③

|해설| B에 들어갈 수 있는 수는 17, 21, 25이다. 이를 제외한 수가 들어갈 경우 나머지 수를 합이 같도록 2개씩 짝지을 수 없다.

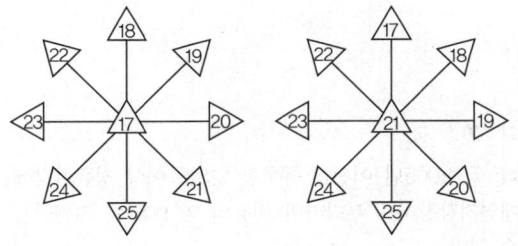

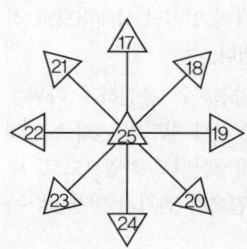

14

|정답| ①

|해설| '대답하다', '대응하다' 등의 뜻을 가진 answer와 유사한 단어는 '대답하다', '응답하다' 등의 뜻을 가진 respond이다.

|오답풀이|

② recommend : 추천하다, 권고하다

③ repeat : 반복하다

④ request : 요청하다

⑤ reconcilable : 조정할 수 있는, 조화시킬 수 있는

15

|정답| ③

|해설| '모으다', '모이다', '수집하다' 등의 뜻을 가진 collect와 유사한 단어는 '모으다', '모이다' 등의 뜻을 가진 gather이다.

|오답풀이|

① assume : 추정하다, (책임을) 맡다

② suppose : 추정하다, 가정하다

④ garbage : 쓰레기, 쓰레기장

⑤ linger : 남다, 버티다

16

|정답| ④

|해설| 전체 개수인 20개에서 한 면이라도 보이는 블록의 개수를 빼면 20−15=5(개)이다.

17

|정답| ④

|해설| B 기업이 A 기업의 누적 생산량을 추월하는 데 x개월이 걸린다고 하면 다음 식이 성립한다.

$600+100x>800+80x$

$20x>200$

$\therefore \ x>10$

따라서 B 기업이 A 기업의 누적 생산량을 추월하는 데는 11개월이 걸린다.

18

|정답| ④

|해설| 90개의 톱니를 가진 C 톱니바퀴가 8번 회전하였으므로 총 90×8=720(번) 맞물리게 된다. A 톱니바퀴는 15회 회전하였고, B 톱니바퀴는 18회 회전하였으므로 두 톱니바퀴의 톱니 수는 각각 $\frac{720}{15}=48$(개), $\frac{720}{18}=40$(개)가 된다. 따라서 톱니 수의 합은 48+40=88(개)이다.

19

|정답| ③

|해설| 총 경비는 2년간의 연료비와 차량 가격의 합이므로 다음과 같이 계산할 수 있다.

• H사 차량

$(40,000\div13\times800)+20,000,000\fallingdotseq22,460,000$(원)

• F사 차량

$(40,000\div10\times1,500)+21,000,000=27,000,000$(원)

• G사 차량

$(40,000\div14\times800)+19,500,000\fallingdotseq21,790,000$(원)

• S사 차량

$(40,000\div12\times1,200)+20,500,000=24,500,000$(원)

따라서 가장 적은 경비가 소요되는 차량은 G사 차량이다.

20

|정답| ③

|해설| H사 차량을 2년 사용했을 때의 경비는 2,246만 원이고, F사의 차량 가격은 2,100만 원이므로 연료비가 $2,246-2,100=146$(만 원)이 되는 시점을 구하면 된다. 1년에 20,000km를 주행하면 1개월에 약 1,667km를 주행하는 것이므로 F사의 차량을 사용한 개월 수를 x라 하면 다음과 같은 식이 성립한다.

$1,667x \div 10 \times 1,500 = 1,460,000$

$x ≒ 6$(개월)

따라서 F사의 차량을 약 6개월 사용하는 시점이다.

21

|정답| ④

|해설| 압전소자는 진동 에너지 하베스팅에서 진동과 압력을 통해 전기 에너지를 얻는 것으로, 압전소자에 가해지는 물리적 힘을 이용하여 전기 에너지를 만드는 것이다. 그러나 이러한 압전소자가 진동 에너지 하베스팅 이외에 열 에너지나 전자파 에너지에도 다양하게 활용할 수 있다는 내용은 언급되지 않았다.

22

|정답| ③

|해설| ㉢ 압전소자에 압력을 가하면 양전하와 음전하가 나뉘는 '유전분극'이 발생한다고 하였으므로 〈그림 2〉의 양전하와 음전하가 분리된 현상은 유전분극이다.

㉣ 네 번째 문단을 보면 양파 껍질에 들어있는 셀룰로오스 섬유질은 유리판을 쌓은 모양으로 되어 있고 이러한 양파 껍질에 물리적인 힘이 전해지면 나란히 배열되어 있던 양전하와 음전하가 이동하면서 전기가 발생하게 된다고 했다. 이에 따라 양파 껍질의 셀룰로오스 섬유질 내부에서는 양전하와 음전하가 쉽게 이동할 수 있음을 알 수 있다.

|오답풀이|

㉠ 〈그림 1〉은 압력을 가하지 않은 상태이므로 유전분극이 일어나지 않아 전기를 생산하지 않는 상태이며, 〈그림 2〉는 압력을 가한 후 유전분극이 일어난 상태이므로 전기를 생산하는 상태를 나타낸다.

㉡ 압전소자에 압력을 가하면 양전하와 음전하가 나뉘는 '유전분극'이 발생하며 이러한 전하 밀도의 변화로 인해 전기가 흐르는 '압전효과'가 발생한다고 하였으므로, 다른 전해질로의 변화를 쉽게 일으켜 전기가 발생한다는 설명은 적절하지 않다.

23

|정답| ⑤

|해설| 제시된 글은 전기자동차 시장 규모가 점점 확대되면서 전기자동차 충전인프라 또한 확충될 것으로 보이며, 이에 따라 전기자동차와 충전케이블 등에 사용되는 구리 수요가 급증할 것으로 전망하고 있다. 따라서 제목으로 '전기자동차 충전인프라 확충에 따른 구리 수요 급증 전망'이 적절하다.

24

|정답| ③

|해설| 1돈이 3.75g이므로 1등이 받게 되는 5돈의 순금 두꺼비는 18.75g이고 2등과 3등은 10g의 순금 열쇠를 받게 되므로 추가로 20g의 금이 필요하다.

따라서 총 필요한 금은 38.75g이며, 1,000g=1kg이므로 이를 kg으로 환산하면 $\frac{38.75}{1,000}=0.03875$(kg)이다.

25

|정답| ④

|해설|

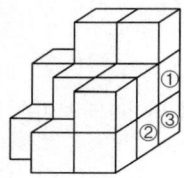

26

|정답| ①

|해설| 그림의 상태에서 정육면체를 만들기 위해서는 최소 $3 \times 3 \times 3 = 27$(개)의 블록이 필요하다. 현재 블록의 개수는 16개이므로 11개의 블록이 더 필요하다.

27

|정답| ②

|해설| 제시된 도형을 180° 회전한 모양이다.

|오답풀이|

나머지 도형은 ◯표시된 부분이 다르다.

① 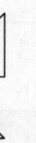 ③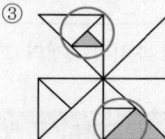

④ 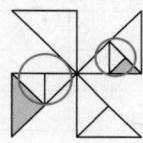 ⑤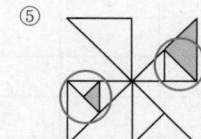

28

|정답| ④

|해설| ④는 ◯표시된 부분이 다르다.

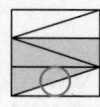

|오답풀이|

① ②
반시계 방향으로 90°   시계 방향으로 90°

③ 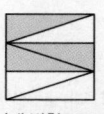 ⑤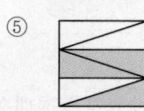
반시계 방향으로 180°   완전하게 동일함

29

|정답| ①

|해설| be attention to : ~에 집중하다

30

|정답| ②

|해설| 8명이 10일 동안 82개를 모은다면, 8명이 1일 동안 모을 수 있는 우표는 $\frac{82}{10}$개이다. 따라서 52일 동안 모을 수 있는 우표는 $\frac{82}{10} \times 52 = 426.4$, 즉 426개이다.

31

|정답| ④

|해설| 4개의 평행선에서 2개를 택하는 경우의 수는 $_4C_2 = \frac{4 \times 3}{2 \times 1} = 6$(가지)이고, 5개의 평행선에서 2개를 택하는 경우의 수는 $_5C_2 = \frac{5 \times 4}{2 \times 1} = 10$(가지)이므로 만들어지는 평행사변형의 개수는 총 $6 \times 10 = 60$(개)이다.

32

|정답| ④

|해설| 3월에 제1차 금속의 수출만 감소세를 보였다고 하였으므로 B가 제1차 금속이 된다. 또한 3월의 업종별 부품소재 수출금액의 전월 대비 증가율이 전기기계부품이 가장 컸다고 하였으므로 3월에 그래프의 기울기가 가장 크게 증가한 C가 전기기계부품이 된다. 일반기계부품의 수출금액은 5월에 다시 감소세를 나타내었다고 하였으므로 5월에 감소세를 보이는 D가 일반기계부품이 된다. 마지막으로 수송기계부품은 매달 감소세와 증가세를 번갈아 나타내고 있다고 하였으므로 A가 수송기계부품이 된다.

33

|정답| ①

|해설| 두 수의 십의 자리 수끼리 더한 값을 앞 두 자리에, 일의 자리 수끼리 더한 값을 뒤 두 자리에 배치하는 규칙이다. 단, 두 수의 십의 자리 수끼리 더한 값이 한 자리 숫자라면 앞에 0을 붙이지 않고, 두 수의 일의 자리 수끼리 더한 값이 한 자리 숫자라면 앞에 0을 붙인다.
- $3+9=12$, $4+0=04 \rightarrow 1204$
- $8+7=15$, $5+7=12 \rightarrow 1512$
- $5+1=6$, $4+5=09 \rightarrow 609$
- $4+3=7$, $8+9=17 \rightarrow$ (?)

따라서 '?'에 들어갈 숫자는 717이다.

34

|정답| ②

|해설| 세 가지 색을 칠하는 방법은 다음과 같다.

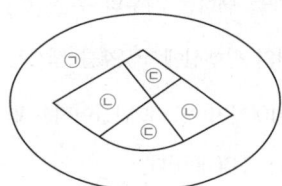

- ㉠ : 빨간색, 파란색, 노란색 세 가지
- ㉡ : ㉠ 이외의 두 가지 색
- ㉢ : ㉠, ㉡ 이외의 한 가지 색

따라서 $3 \times 2 \times 1 = 6$(가지)이다.

35

|정답| ③

|해설| 세 회의실은 1회만 사용하고, 한 회의실만 2회 사용한다는 조건을 바탕으로 회의실은 총 5번 사용함을 알 수 있다. 또한, 제시된 〈규칙〉을 바탕으로 정리하면 다음과 같다.

- 2차 회의는 502호를 사용한다.

구분	501호	502호	503호	504호
1차				
2차	×	○	×	×
3차				
4차				

- 4차 회의는 2차 회의에서 사용된 회의실을 1개 이상 사용한다.

구분	501호	502호	503호	504호
1차		×		
2차	×	○	×	×
3차		×		
4차	×	○	×	

- 연속적으로 배치된 2개의 회의실을 동시에 사용할 수 없다.

구분	501호	502호	503호	504호
1차	○	×	둘 중 한 곳 사용	
2차	×	○	×	×
3차	×	×		
4차	×	○	×	×

따라서 ㉠, ㉢이 옳은 설명이다.

|오답풀이|

㉡ 1차 회의에서 503호를 사용한다면 3차 회의는 504호를 사용한다.

36

|정답| ⑤

|해설| 포드는 핀토가 사고 위험이 높다는 사실을 알았지만 핀토를 계속 판매하였고 그로 인해 사고 피해자가 발생하였다. 이는 기업의 이익만을 우선시하여 일어난 사건으로 사회·윤리적 직업의식의 결여가 문제점이라고 볼 수 있다.

37

|정답| ⑤

|해설| 20X6년 승합차 등록대수는 97(만 대)로 전년 대비 2만 대 감소하였다.

|오답풀이|

① 차종별 등록대수가 가장 많은 것은 승용차이며, 20X9
년은 전체 등록대수의 $\frac{1,734}{2,180} \times 100 ≒ 79.54$(%)로 85%
미만이다.

② 20X6년 전체 자동차 등록대수는 전년 대비 53만 대 증
가한 1,940(만 대)이다.

③ 화물차의 수는 20X3년부터 20X9년까지 꾸준히 증가하
였고, 특수차의 수는 20X4년에 감소했다가 20X5년부
터는 동일하거나 증가하였다.

④ 20X9년 승용차 등록대수는 1,734(만 대)로 20X3년 전
체 자동차 등록대수인 1,794만 대보다 적다.

38

|정답| ②

|해설| 미검수율이 45%이므로 불량 여부 검사가 끝난 제품
은 $1,200 \times (1-0.45)=660$(개), 아직 검사를 하지 않은 제
품은 540개이다. 따라서 1,200개의 제품 중 불량품의 개수
는 $20+(540-500)=60$(개)가 되어 불량률은 $\frac{60}{1,200} \times 100$
$=5$(%)이다.

39

|정답| ⑤

|해설| (가)는 저소득층 가정에 보급한 정보 통신기기가 아
이들의 성적향상에 별다른 영향을 미치지 못한다는 것을,
(나)는 정보 통신기기의 활용에 대한 부모들의 관리와 통제
가 학업성적에 영향을 준다는 것을 설명하고 있다. 따라서
아이들의 학업성적에는 정보 통신기기의 보급보다 기기 활
용에 대한 관리와 통제가 더 중요하다는 것을 결론으로 도
출할 수 있다.

40

|정답| ①

|해설| 먼저, 선택지 블록들의 개수를 확인한다. ①, ④의
경우 한 변이 블록 세 개인 것이 있으므로 $3 \times 3 \times 3 = 27$(개)의
정육면체를 조합해야 한다. 선택지 블록들의 개수를 세어보
면 ① ~ ③은 6개, ④는 7개, ⑤는 8개로 총 33개이므로
$33-27=6$(개)가 필요하지 않다. 따라서 6개의 작은 정육
면체로 되어 있는 ① ~ ③ 중 하나가 필요하지 않으며, ④
와 ⑤는 사용하는 것이 확정된다.

먼저, ④와 ⑤의 조합은 다음의 한 가지로 결정된다. ⑤가
위쪽으로 떠 있는 상태로는 ① ~ ③ 중 어느 것도 조합할
수 없으므로 그림에서처럼 ① ~ ③ 중 양쪽 두 군데에 맞
는 것을 골라야 한다.

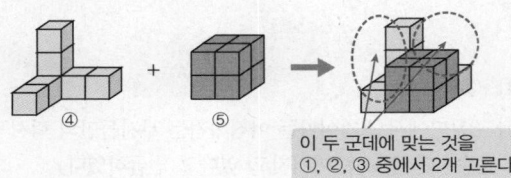

이 두 군데에 맞는 것을
①, ②, ③ 중에서 2개 고른다.

우선, 작은 정육면체 3개가 늘어서 있는 ①과 ③을 살펴본
다. 둘 중 하나를 사용하면 작은 정육면체 3개를 늘어놓을
공간이 없어지므로 ①과 ③ 모두 사용하는 것은 불가능함
을 알 수 있다. 그러므로 ②는 확실하게 사용되고 놓여지는
위치는 다음과 같다.

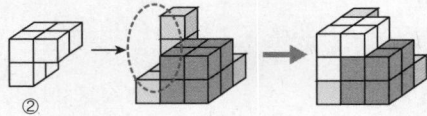

동그라미 친 부분에 ②를 회전시킨 블록을 끼우면 딱 맞물
리고, 오른쪽 위 그림과 같이 된다. 이에 따라 마지막으로
남은 부분에는 ③이 들어간다는 것을 알 수 있다. 이를 끼
워 넣으면 다음과 같이 정육면체가 완성된다.

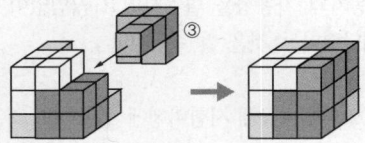

따라서 ①이 불필요하다.

4회 기출유형문제

▶문제 144쪽

01	③	02	①	03	①	04	②	05	④
06	③	07	②	08	③	09	③	10	④
11	④	12	①	13	②	14	③	15	②
16	③	17	④	18	②	19	②	20	②
21	④	22	③	23	③	24	②	25	①
26	①	27	②	28	③	29	①	30	③
31	③	32	④	33	③	34	④	35	②
36	④	37	①	38	①	39	③	40	④

01

| 정답 | ③

| 해설 | 3문단에서 스카이카는 아직까지는 부자들만의 럭셔리한 운송수단 정도로 여겨지고 있다고 언급하였다.

| 오답풀이 |

④ CTOL 방식은 자동으로 날개를 펼치고 접을 수 있으나 활주로가 필요하며, VTOL 방식은 장착된 회전 날개가 있어 활주로 없이 수직이 착륙이 가능한 방식이다.

⑤ VTOL은 CTOL에 비해 속도가 느리고 효율이 나쁜 단점이 있다.

02

| 정답 | ①

| 해설 | 헨리 포드가 만든 '스카이 플라이버' 이후로 사람들은 하늘을 나는 자동차의 가능성을 발견하였고 끊임없이 스카이카 제작에 매달렸다는 것을 알 수 있다.

| 오답풀이 |

② '트랜지션'은 2009년에 비공개 시험비행에 성공하고 그후 2013년에 공개 시험비행을 통해 10분 비행 인증을 받았다.

③ 사전예약판매 열기가 뜨거웠던 스카이카는 '트랜지션'이다.

④ '리버티'의 도로 주행 및 비행속도는 알 수 없으며 도로

주행 시 100km/h, 이륙 후 비행속도는 180km/h가 되는 것은 '트랜지션'이다.

⑤ '우버에어'는 우버(Uber)와 벨 헬리콥터(Bell Helicopter)가 공동으로 개발하고 있는 하늘을 나는 택시이다.

03

| 정답 | ①

| 해설 |

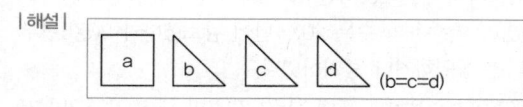

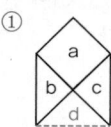

| 오답풀이 |

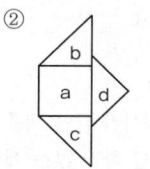 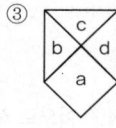

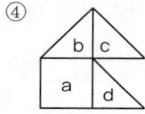 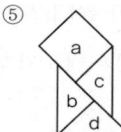

04

| 정답 | ②

| 해설 | 제시된 식에 수치를 대입하면 체감온도=5-(1,600÷100×0.7)-(1.6×5)=5-11.2-8=-14.2(℃)이다.

05

| 정답 | ④

| 해설 | 다음 그림과 같이 A, B, C, E를 연결하면 우측과 같은 평행사변형을 만들 수 있다.

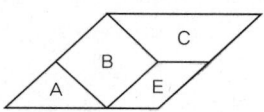

06

| 정답 | ③

| 해설 | C국이 특허출원을 가장 많이 했던 해는 391,000건을 출원했던 20X9년으로, 그 해에 D국은 170,000건을 출원했다.

07

| 정답 | ②

| 해설 | 문제에서 김 사원은 대출이 없다고 했으므로 첫 째 조건의 대우에 의해 자동차가 없다. 따라서 네 번째 명제에 따라 오피스텔에 살면서 자동차가 없는 김 사원은 미혼이다.

| 오답풀이 |

① 기혼의 여부를 확실히 알 수 있는 조건은 세 번째 명제로, 이 명제의 대우에 따르면 아파트에 살면서 자동차가 있으면 기혼이다. 그러나 김 사원은 자동차가 없기 때문에 확실히 알 수 없다.

③ 기혼이 확실한 경우는 아파트에 살고 자동차가 있는 경우다. 김 사원은 자동차가 없기 때문에 기혼임을 확신할 수 없다.

④ 김 사원은 대출이 없다고 하였으며 첫 번째 조건의 대우 명제는 '대출이 없는 사람은 자동차가 없다'이므로 김 사원은 자동차가 없다.

⑤ 두 번째 명제에 의해 아파트에 살고 자동차가 없는 김 사원은 여자다.

08

| 정답 | ③

| 해설 | 乙이 오전 7시 30분에 일어나면 乙의 숫자의 합은 10이 되며, 만약 甲이 오전 6시 29분에 일어나면 甲의 숫자의 합은 17이 되어 乙이 이기게 된다. 즉, 乙이 오전 7시 30분에 일어나고, 甲이 오전 6시 30분 전에 일어나더라도 반드시 甲이 이기지는 못한다.

| 오답풀이 |

① 甲이 오전 6시 정각에 일어나면 甲 숫자의 합은 6이다. 乙은 반드시 오전 7시에서 오전 7시 59분 사이에 일어난다고 하였으므로, 乙 숫자의 합이 가장 작은 경우는 오전 7시 정각에 일어날 때의 7이다. 숫자의 합이 더 작은 사람이 이기므로 반드시 甲이 이긴다.

② 乙이 오전 7시 59분에 일어나면 乙의 숫자 합은 21이 되는데, 甲은 반드시 오전 6시에서 오전 6시 59분 사이에 일어나므로, 甲의 숫자 합이 가장 큰 경우는 오전 6시 59분에 일어날 때의 20이다. 따라서 반드시 乙이 진다.

④ 甲과 乙이 정확히 1시간 간격으로 일어나면 甲과 乙의 숫자의 합도 항상 1씩 차이가 나게 되므로 숫자의 합이 작은 甲이 반드시 이긴다.

⑤ 甲과 乙이 5분 간격으로 일어나는 경우는 甲이 6시 55분에서 59분 사이에 일어나고, 乙이 7시에서 7시 4분 사이에 일어나는 경우이다. 이때 항상 乙이 이긴다.

09

| 정답 | ③

| 해설 | 각 사례에 해당하는 자율 주행 기술의 단계는 다음과 같다.

㉠-1단계, ㉡-5단계, ㉢-3단계, ㉣-2단계, ㉤-4단계

10

| 정답 | ④

| 해설 | ㄱ. 중형 자동차를 보유하고 있는 직원은 350×0.34=119(명)이므로 100명 이상이다.

ㄷ. 자동차의 크기가 클수록 1인당 월간 교통비용이 많으므로 총 교통비용 또한 많아진다.

| 오답풀이 |

ㄴ. 소형 자동차를 보유하고 있는 직원은 350×0.5=175(명)이므로 소형 자동차 보유 직원의 총 교통비용은 175×30=5,250(만 원)이다.

11

| 정답 | ④

| 해설 | '아주 작은'이라는 뜻을 지닌 tiny와 반대의 뜻을 가진 단어는 '거대한'이라는 뜻을 지닌 huge이다.

| 오답풀이 |

① major : 주요한   ② rough : 거친

③ solid : 단단한   ⑤ fancy : 복잡한, 값비싼

12

|정답| ①

|해설| 시계 방향으로 90° 회전한 모양은 다음과 같다.

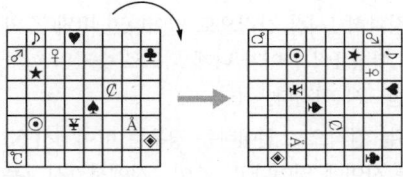

13

|정답| ②

|해설| '끝나다', '종료되다' 등의 뜻을 지닌 terminate와 비슷한 단어는 '끝나다', '종결하다' 등의 뜻을 지닌 end이다.

|오답풀이|

① destroy : 파괴하다

③ limit : 제한하다, 한정하다

④ justify : 옳다고 하다, 정당화하다

⑤ apologize : 사과하다

14

|정답| ③

|해설| 가장 뒷면에 위치한 블록의 개수는 15개, 두 번째 줄에 위치한 블록의 개수는 6개, 세 번째 줄에 위치한 블록의 개수는 2개, 맨 앞면에 위치한 블록의 개수는 1개이므로 총 24개이다.

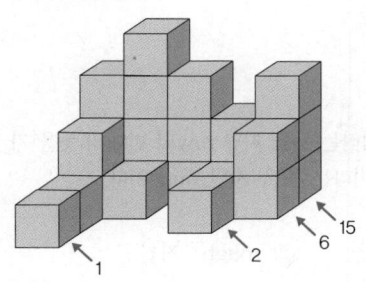

15

|정답| ②

|해설| 가장 뒷면에 위치한 블록의 개수는 19개, 중간에 위치한 블록의 개수는 9개, 가장 앞면에 위치한 블록의 개수는 4개이므로 총 32개이다.

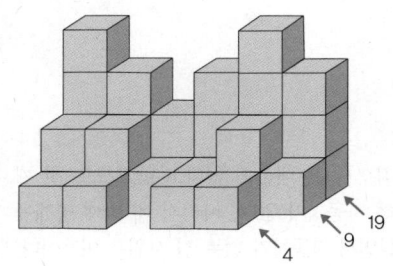

16

|정답| ③

|해설| 서론에서 석유를 원료로 하는 가솔린, 디젤 등의 성분 중 대부분을 차지하는 것은 탄소와 수소이며 이들은 공기 중의 산소와 결합하여 연소된다고 하였다. 이들의 연소 과정과 결과에 대해 설명하는 (라)가 서론 다음으로 이어지며, 앞서 말한 연소 과정이 완벽하지 않을 경우 발생하는 결과를 설명하는 (나)가 이어진다. 다음으로 완전연소에도 발생하는 이산화탄소에 따른 부작용과 그 해결방안을 언급하는 (다)가 오고, 해결방안의 일환으로 전기자동차가 부상하고 있음을 설명하는 (가)가 마지막에 온다. 따라서 적절한 순서는 (라)-(나)-(다)-(가)이다.

17

|정답| ④

|해설| 경은의 참석 여부는 정욱의 참석 여부에 따라 결정되는데 정욱의 참석 여부가 아직 결정되지 않았다.

|오답풀이|

① 미선과 영광의 참석 여부에는 관련성이 없다.

② 은수가 가면 미선이도 가고, 미선이가 가면 희영이도 간다.

③, ⑤ 영광이의 참석을 전제로 희영이와 은수의 참석 여부는 알 수 없다.

18

| 정답 | ②

| 해설 | 광수가 '함께 점심을 먹은 친구들(두영, 칠선) 외에 한 명을 더해 축구를 했다'고 하였으므로 함께 점심을 먹지 않은 친구들의 일정을 살펴보아야 한다. 점심을 먹지 않은 석훈·용현·정신 중 석훈·용현은 함께 영화 보기와 커피 마시기를 하였으므로, 커피 마시기만 한 정신이 축구를 한 나머지 멤버가 된다. 따라서 축구를 한 사람은 두영·칠선·광수·정신이 되며, 축구를 하지 않은 석훈, 용현 중 선택지에 있는 용현이 답이 된다.

19

| 정답 | ②

| 해설 | 택배비를 고려하면 최소 금액으로 볼펜을 구매하기 위해서는 한 곳에서 31개의 볼펜을 구매해야 한다. 각 판매 처별로 볼펜 31개를 구매할 때의 금액을 계산하면 다음과 같다.

• 판매처 A : $1,560 \times 31 + 4,300 = 52,660$(원)
• 판매처 B : $1,550 \times 31 + 4,500 = 52,550$(원)
• 판매처 C : $1,540 \times 31 + 5,000 = 52,740$(원)

따라서 이 대리가 볼펜 구매에 지불할 최소 금액은 52,550원이다.

20

| 정답 | ②

| 해설 | 화씨 212도와 화씨 32도의 온도차는 180도이고, 화씨 92도는 화씨 32도와 60도 차이가 난다. 따라서 화씨 92도는 화씨 32도와 화씨 212도의 $\frac{1}{3}$ 지점에 있음을 알 수 있다.

따라서 화씨 92도를 섭씨로 바꾸면, 섭씨 0도와 섭씨 100도의 $\frac{1}{3}$ 지점인 섭씨 33.3도이다.

21

| 정답 | ④

| 해설 | 먼저 두 블록의 개수를 합하고, 이것과 비교하여

선택지의 블록 개수 중 그 수가 다른 것을 찾으면 좀 더 빨리 풀 수 있다. 이 방법으로 찾지 못할 경우에는 각 선택지에서 주어진 블록이 알맞게 들어간 형태를 찾아 소거하면 된다. ④는 파란색으로 색칠된 부분이 제거되어야 한다.

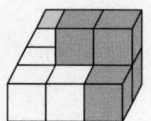

| 오답풀이 |

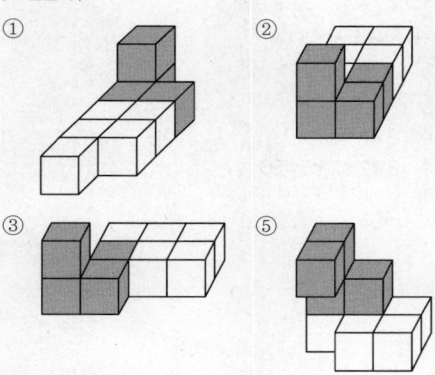

보충 플러스+

이 문제에서 두 블록의 개수를 합하면 총 9개이다. 각 선택지를 확인해 보면 합쳐진 블록의 수가 ①·②·③·⑤는 9개이고, ④는 숨겨진 블록까지 포함하여 10개이므로 답이 됨을 알 수 있다(숨겨진 블록을 세지 않아 9개라 하더라도 두 블록의 조합으로 나올 수 없는 형태임).

22

| 정답 | ③

| 해설 | 전체 일의 양을 1이라 하면 P, Q, R관은 1분에 각각 $\frac{1}{12}$, $\frac{1}{18}$, $\frac{1}{36}$의 일을 한다. 3개의 관을 동시에 열면 1분에 $\frac{1}{12} + \frac{1}{18} + \frac{1}{36} = \frac{1}{6}$ 만큼의 일을 할 수 있으므로 수조를 비우는 데 6분이 걸린다.

23

| 정답 | ③

| 해설 | x는 100보다 작고 18과 4의 배수이므로 $x = 36$ 또는 $x = 72$이다. 그런데 x가 72라면 72와 40의 최대공약

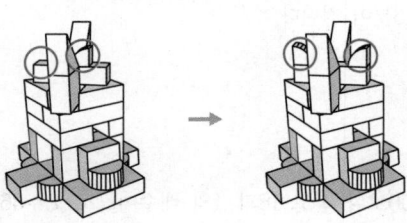

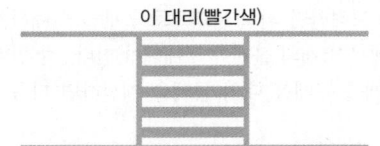

수는 4가 아닌 8이 되므로 조건에 맞지 않는다. 즉, $x=36$ 이고 a와 b의 값을 각각 구하면 다음과 같다.

$$
\begin{array}{r|rr}
2 & 36 & 54 \\
\hline
3 & 18 & 27 \\
\hline
3 & 6 & 9 \\
\hline
& 2 & 3
\end{array}
\qquad
\begin{array}{r|rr}
2 & 36 & 40 \\
\hline
2 & 18 & 20 \\
\hline
& 9 & 10
\end{array}
$$

$\therefore a=2\times3\times3\times2\times3=108,\ b=2\times2\times9\times10=360$

따라서 $a+b=108+360=468$이다.

보충 플러스+

최대공약수와 최소공배수 구하기

$$
\begin{array}{r|rr}
3 & 12 & 30 \\
\hline
2 & 4 & 10 \\
\hline
& 2 & 5
\end{array}
$$

• 최대공약수 : $3\times2=6$
• 최소공배수 : $3\times2\times2\times5=60$

24

| 정답 | ②

| 해설 | 제시된 그림을 180° 회전한 모양이다.

25

| 정답 | ①

| 해설 | 제시된 그림을 180° 회전한 모양이다.

26

| 정답 | ①

| 해설 | ○ 표시된 부분이 나머지와 다르다.

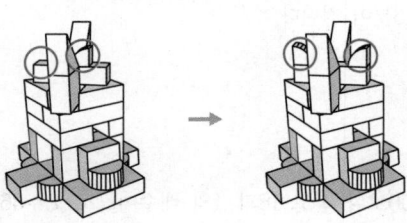

27

| 정답 | ②

| 해설 | 세 번째 조건에서 정 사원은 맞은편에 빨간색 우산을 쓴 직원만 보인다고 하였으므로 정 사원의 맞은편에는 한 명의 직원이 있고, 정 사원은 다른 두 직원과 함께 있다는 것을 알 수 있다. 그리고 두 번째 조건에서 이 대리는 맞은편에 여러 명이 보인다고 하였으므로, 정 사원 맞은편에 있는 직원은 이 대리이며 빨간색 우산을 썼다는 것도 알 수 있다. 네 번째 조건에서 이 대리가 볼 때 송 차장이 검은색 우산을 쓴 직원의 왼편에 있으므로 송 차장은 검은색 우산의 오른편에 있고, 검은색 우산은 정 사원, 파란색 우산은 송 차장이 쓴 것이 된다. 정리하면 다음과 같이 이 대리의 맞은편에는 노란색 우산을 쓴 김 과장, 검은색 우산을 쓴 정 사원, 파란색 우산을 쓴 송 차장이 나란히 서 있다.

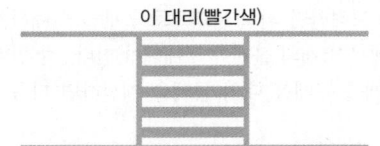

이 대리(빨간색)

김 과장(노란색)　　정 사원(검은색)　　송 차장(파란색)

따라서 김 과장과 정 사원은 나란히 서 있다.

28

| 정답 | ②

| 해설 | 친환경 자동차 이외의 자동차는 일반 자동차로 분류한다고 나와 있다. 주어진 자료는 친환경 자동차의 생산 비율이므로, 일반 자동차 생산 비율 대비 친환경 자동차의 생산 비율을 구하면 다음과 같다.

• A사 : $\dfrac{16}{100-16}\times100\fallingdotseq19.05(\%)$

• B사 : $\dfrac{25}{100-25}\times100\fallingdotseq33.33(\%)$

• C사 : $\dfrac{22}{100-22}\times100\fallingdotseq28.21(\%)$

• D사 : $\dfrac{18}{100-18}\times100\fallingdotseq21.95(\%)$

• E사 : $\dfrac{19}{100-19}\times100\fallingdotseq23.46(\%)$

따라서 일반 자동차 생산 비율 대비 친환경 자동차의 생산 비율이 25% 이상인 회사는 B사와 C사이다.

29

|정답| ①

|해설| A사와 B사에서 생산된 자동차 수가 10만 대와 8만 대일 때, 두 회사에서 생산된 친환경 자동차 수는 다음과 같다.

• A사 : $100,000 \times \dfrac{16}{100} = 16,000$(대)

• B사 : $80,000 \times \dfrac{25}{100} = 20,000$(대)

따라서 두 회사가 생산한 총 차량 수에서 친환경 자동차가 차지하는 비율은 $\dfrac{16,000+20,000}{100,000+80,000} \times 100 = 20$(%)이다.

30

|정답| ③

|해설| 먼저 더하기와 빼기의 색 반전이 있으므로 스위치 5가 사용된 것을 알 수 있다. 또한 기호의 위치가 시계 방향으로 세 칸 이동하였으므로 스위치 3도 사용되었다.

31

|정답| ③

|해설| 기호가 시계 방향으로 세 칸 이동하였으므로 스위치 3이, 곱하기와 나누기의 색이 달라진 것으로 보아 스위치 4가 사용된 것을 알 수 있다.

32

|정답| ④

|해설|

구분	A	B	결과
가	승 : 7, 패 : 3 $(7 \times 3) - (3 \times 1)$ $= 18$	승 : 3, 패 : 7 $(3 \times 3) - (7 \times 1)$ $= 2$	A가 B보다 16계단 위에 있다. $(18-2=16)$
나	승 : 4, 패 : 6 $(4 \times 3) - (6 \times 1)$ $= 6$	승 : 6, 패 : 4 $(6 \times 3) - (4 \times 1)$ $= 14$	B가 A보다 8계단 위에 있다. $(14-6=8)$
다	승 : 0, 패 : 10 $(0 \times 3) - (10 \times 1)$ $= -10$	승 : 10, 패 : 0 $(10 \times 3) - (0 \times 1)$ $= 30$	10번째 계단에서 게임을 시작했으므로 B는 40번째 계단에 올라가 있을 것이다.

따라서 항상 옳은 것은 가와 나이다.

33

|정답| ③

|해설| • 추론 C : 정보 3이 참이라면 음료를 주문한 사람은 최소 5명이므로 정보 1도 참이 된다.

• 추론 D : 정보 3이 참이라면 최소 아메리카노와 카페라테의 두 종류를 주문한 것이므로 정보 2도 참이 된다.

|오답풀이|

• 추론 A : 정보 1에서 세 명 이상이 똑같은 종류의 음료를 시킬 수도 있으므로 정보 1이 참이라고 해서 정보 2도 참이 된다고 할 수 없다.

• 추론 B : 정보 2에서 두 명이 두 종류의 음료를 각각 한 잔씩 시킬 수도 있으므로 정보 2가 참이라고 해서 정보 1도 참이 된다고 할 수 없다.

34

|정답| ④

|해설| 스마트폰의 기본적이고 혁신적인 특징을 설명하는 (다)가 맨 처음에 와야 한다. 다음으로 그러한 스마트폰의 혁신에 있어 스티브 잡스가 기여한 바가 크다는 논점을 (가)에서 제시했으며 (라)를 통해 스티브 잡스가 융합을 강조했다는 점을 더욱 강조하고 있다. 마지막으로 (나)에서는 스마트폰과 스티브 잡스의 예를 통해 우리 사회에 융합의 필요성을 강조하였다. 문맥의 흐름으로 볼 때 (다)-(가)-(라)-(나)로 연결되는 것이 내용상 자연스럽다.

35

|정답| ②

|해설| 〈보기〉에 제시된 영단어의 뜻은 다음과 같다

• progress : 진전

• challenge : 도전

• procedure : 절차

• location : 장소

• document : 문서

36

|정답| ④

|해설| 제시된 글을 보면 오존은 태양으로부터 오는 강력한 자외선을 막아 주어 생명체가 살 수 있도록 해 주는 등 적절히만 사용하면 우리에게 유익한 물질이라고 제시되어 있다. 하지만 대기오염의 부산물로 발생하는 오존은 생명체에 치명적인 손상을 입힘을 알려 주고 있다. 따라서 이 글의 제목으로는 '오존의 두 얼굴'이 가장 적절하다.

37

|정답| ①

|해설| ①은 제시된 입체도형을 반시계 방향으로 90° 회전한 후 반대 방향에서 바라본 모습이다.

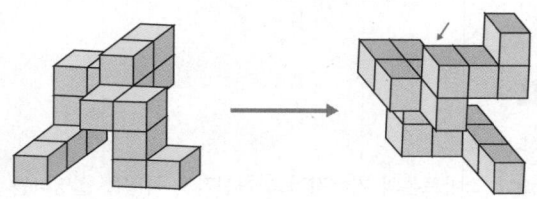

|오답풀이|

다른 입체도형은 점선 표시된 블록이 추가되거나 동그라미 친 블록이 제거되어야 한다.

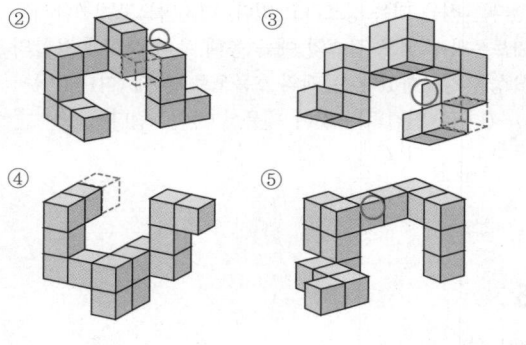

38

|정답| ①

|해설| A 기계 50대 중 16대만 B 기계로 교체하므로, A 기계 16대의 불량품으로 인한 1일 손실액에서 B 기계 16대의 불량품으로 인한 1일 손실액을 빼면 된다.

• A 기계 16대의 불량품으로 인한 1일 손실액 :
  $16 \times 5,000 \times 0.02 \times 6,000 = 9,600,000$(원)
• B 기계 16대의 불량품으로 인한 1일 손실액 :
  $16 \times 8,500 \times 0.01 \times 7,000 = 9,520,000$(원)

따라서 기계 교체 후 하루 동안 불량품으로 인한 손실액은 $9,600,000 - 9,520,000 = 80,000$(원) 줄어든다.

39

|정답| ③

|해설| 제품 A와 제품 B를 7 : 5의 비로 총 4톤 생산할 때 필요한 원재료 Y의 양은 다음과 같다.

• 제품 A : $4 \times \frac{7}{12} \times \frac{4}{7} = \frac{4}{3}$(t)
• 제품 B : $4 \times \frac{5}{12} \times \frac{7}{10} = \frac{7}{6}$(t)
• 총 필요한 원재료 Y : $\frac{4}{3} + \frac{7}{6} = 2.5$(t)

따라서 원재료 Y는 2.5t, 즉 2,500kg이 필요하다.

40

|정답| ④

|해설| ④는 점선 표시된 블록이 추가되어야 한다.

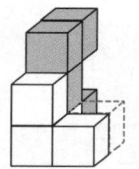

|오답풀이|

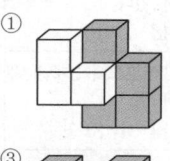
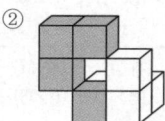
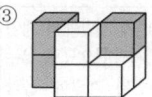

5회	기출유형문제

▶ 문제 166쪽

01	④	02	③	03	①	04	④	05	③
06	④	07	①	08	④	09	⑤	10	④
11	③	12	④	13	④	14	③	15	②
16	③	17	②	18	④	19	④	20	②
21	③	22	④	23	④	24	④	25	③
26	②	27	①	28	③	29	③	30	②
31	①	32	④	33	⑤	34	②	35	②
36	③	37	②	38	④	39	④	40	②

01

| 정답 | ④

| 해설 | 제시문은 전기차의 주행거리를 연장하는 방법으로 전지 기술 발전의 한계를 언급하며 파워트레인 구동 효율을 높이는 시도가 본격화되고 있음을 N사, T사, G사의 사례를 들어 설명하고 있다. 이는 파워트레인 관점의 성능 개선의 필요성에 대해 언급하는 (라) 문단을 대체하기에 가장 적합하다.

02

| 정답 | ③

| 해설 | 리튬이온전지 기술의 성장세가 둔화될 조짐이나 차세대 전지가 성능 면에서 리튬이온전지보다 우월할 수 있기에 전지기술 발전을 통한 전기차의 성능 개선도 가능하다. 다만 빠른 시일 내에 전기차의 원가를 낮추기에는 적합하지 않은 것뿐이다.

| 오답풀이 |

① (나)에 각 국의 내연기관차 연비 규제 시기가 다가옴에 따라 자동차 기업은 판매량의 10%를 전기차로 전환해야 해 보급형 전기차 모델을 출시한다는 내용이 있다.

② (마)에 초기 가속성, 정숙성, 부드러운 감속 등 독특한 사용 경험이 전기차 모델 간 경쟁의 새로운 요소로 부각될 것이라고 제시되어 있다.

④ 2025년까지 자동차 판매량의 10% 가까이를 전기차로 전환해야 하는 상황이기에 아직까지 판매량의 상당한 비중을 내연기관차가 차지함을 알 수 있다.

⑤ 전지, 모터 등 단위 부품의 개선 여지가 줄어들고 있는 상황에서 파워트레인 전체 시스템 관점의 개선 노력이 필요하다고 제시되어 있다.

03

| 정답 | ①

| 해설 |

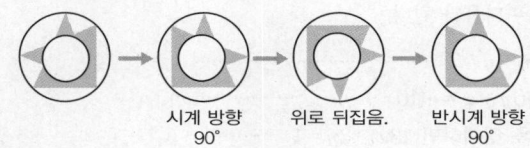

시계 방향 90° / 위로 뒤집음. / 반시계 방향 90°

04

| 정답 | ④

| 해설 | 박스가 정육면체이므로 먼저 112, 168, 140의 최대공약수를 구해야 한다.

4)	112	168	140
7)	28	42	35
28	4	6	5

따라서 최대공약수는 4×7=28이 되어 가장 큰 박스는 한 변의 길이가 28cm인 정육면체가 된다.

그러므로 가로, 세로, 높이에 각각 4개, 6개, 5개의 박스를 쌓을 수 있다.

05

| 정답 | ③

| 해설 | 가장 앞면에 위치한 블록의 개수는 9개, 중간에 위치한 블록의 개수는 10개, 제일 뒷면에 위치한 블록의 개수는 12개이므로 총 31개이다.

06

| 정답 | ④

| 해설 |

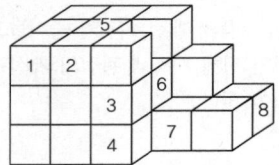

07

| 정답 | ①

| 해설 | 십의 자리의 수를 x, 일의 자리의 수를 y라 하면 식은 다음과 같다.

$$\begin{cases} x+y=7 \quad\cdots\cdots\cdots\cdots\cdots\quad \text{㉠} \\ 10y+x=4(10x+y)-3 \quad\cdots\cdots\cdots\quad \text{㉡} \end{cases}$$

㉡을 정리하면 $13x-2y=1 \quad\cdots\cdots\cdots\cdots$ ㉡'

㉠$\times2+$㉡'을 하면 $x=1$, $y=6$이다.

따라서 처음의 수는 16이다.

08

| 정답 | ④

| 해설 | 업무 혁신 전 자동차 1대를 생산하는 총비용은 $75+55+10+30+40+10+5=225$(만 원)이고, 업무 혁신 후 자동차 1대를 생산하는 총비용은 $50+55+10+20+15+5+5=160$(만 원)이다. 따라서 업무 혁신 후 자동차 1대를 생산하는 총비용은 혁신 전에 비해 65만 원 감소하였다.

09

| 정답 | ⑤

| 해설 | $\dfrac{10-5}{10}\times100=50(\%)$

∴ 최종 검수 : C

| 오답풀이 |

① $\dfrac{75-50}{75}\times100=33.3333\cdots(\%)$

② $\dfrac{55-55}{55}\times100=0(\%)$

③ $\dfrac{30-20}{30}\times100=33.3333\cdots(\%)$

④ $\dfrac{40-15}{40}\times100=62.5(\%)$

10

| 정답 | ④

| 해설 | 방의 수를 x개, 신입사원의 수를 y명이라 하면 다음 식이 성립한다.

$$\begin{cases} 6x+4=y \quad\cdots\cdots\cdots\cdots\cdots\cdots\quad \text{㉠} \\ 8(x-3)-6=y \quad\cdots\cdots\cdots\cdots\cdots\quad \text{㉡} \end{cases}$$

㉡을 정리하면, $8x-30=y \quad\cdots\cdots\cdots$ ㉡'

㉠, ㉡'을 연립하여 풀면

$6x+4=8x-30$

$2x=34$

∴ $x=17$(개)

x의 값을 ㉠에 대입하면,

$6\times17+4=106$

따라서 신입사원의 수는 106명이다.

11

| 정답 | ③

| 해설 | ○표시된 부분이 나머지와 다르다.

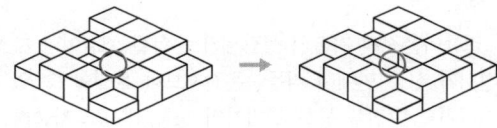

12

| 정답 | ④

| 해설 | 2030년까지 재생에너지는 전체 발전량 대비 20%가 될 것으로 목표를 설정하였으므로, 전체 발전량의 3분의 1에 미치지 못할 것으로 전망할 수 있다. 이마저도 세 가지 이슈가 해결되어야 목표를 달성할 수 있으므로 ④가 적절하다.

| 오답풀이 |

① 세계보건기구는 대기오염으로 인한 사망자가 전체의 16%인 830만 명이라고 하였으므로 총 사망자는 830 ÷0.16≒5,188(만 명)으로 5천만 명이 넘는다. 따라서 옳지 않다.

② 1911 ~ 2010년 기간 동안 지구의 평균 기온이 0.75도, 국내는 1.8도 상승한 것일 뿐, 그 기간의 우리나라가 지구 전체보다 줄곧 높은 평균 기온을 보여 왔는지를 알 수는 없다.

③ 정부의 충분한 예산 지원을 경제적 이슈로 본다 해도, 사회적·기술적인 이슈 역시 해결되어야 신재생에너지가 국내에 본격 적용될 수 있을 것이므로 적절한 설명이 아니다.

13

| 정답 | ④

| 해설 | 제시된 도형을 반시계 방향으로 90° 회전한다.

14

| 정답 | ③

| 해설 | 제시된 도형을 180° 회전한다.

15

| 정답 | ②

| 해설 | 제시된 글의 마지막 문장인 'We should develop different energy sources that are environment-friendly and last longer'를 통해 글의 제목을 유추해 볼 수 있다.

| 해석 | 우리 전력의 대부분은 석탄과 석유로부터 얻어진다. 그러나 그것들을 사용하는 데에는 두 가지 중대한 문제점이 있다. 첫 번째로 그것들은 많은 오염을 유발한다. 두 번째로 그것들의 자원은 제한적이다. 우리의 석탄과 석유는 겨우 50년 정도만이 공급 가능하다. 그렇다면 우리는 어떻게 해야 하는가? 우리는 친환경적이고 오래가는 다른 에너지원을 개발해야 한다.

16

| 정답 | ③

| 해설 | A ~ E의 진술을 살펴보면 C와 E가 상반된 진술을 하고 있음을 알 수 있다. 따라서 둘 중 한 명이 거짓을 말하고 있는데, A의 진술이 참이라면 C가 거짓말을 하고 있는 것이 된다. 따라서 발주서를 작성한 직원은 C이다.

17

| 정답 | ②

| 해설 | A : 티셔츠를 입은 사람은 모두 남자(여자는 티셔츠를 입지 않았다)이지만 티셔츠를 입지 않은 사람 중에서도 남자가 있을 수 있으므로, 네 번째 사실을 통해 남자가 2명 이상이라는 것만 파악할 수 있을 뿐 정확한 남자와 여자의 수는 알 수 없다.

B : 모자를 쓴 사람, 티셔츠를 입고 모자를 쓴 사람이 모두 2명이므로 모자를 쓴 사람은 모두 티셔츠를 입은 것이 되고, 티셔츠를 입은 사람은 모두 남자이므로 모자를 쓴 사람은 모두 남자임을 알 수 있다.

따라서 B만 옳다.

18

| 정답 | ④

| 해설 | A : C를 가장 앞에 두고 나머지 다섯 명의 순서를 정리한다. E의 바로 앞에 선 A는 D보다 앞에, B는 D보다 뒤에 섰으므로 이들의 순서는 A-E-D-B가 된다. F는 홀수 번째, 즉 앞에서 세 번째 또는 다섯 번째 순서에 줄을 섰는데, 만약 세 번째로 섰다면 A와 E가 나란히 설 수 없으므로 F는 다섯 번째가 되며, A는 두 번째, E는 세 번째, D는 네 번째, B는 여섯 번째 순서로 줄을 섰음을 알 수 있다.

B : 정확한 순서를 표로 나타내면 다음과 같다.

1	2	3	4	5	6
C	A	E	D	F	B

따라서 A, B 모두 틀리다.

19

|정답| ④

|해설| A만 사실을 말하고 있으므로 A는 미국인이다. 나머지는 모두 거짓을 말하고 있으므로 B는 한국인 또는 미국인이 되고, C와 D는 각각 일본인과 한국인이 될 수 없다. 따라서 B는 한국인, C는 영국인, D는 일본인임을 알 수 있다.

20

|정답| ②

|해설| D 증권회사는 E 기업에 투자하였으며, F 증권회사에서 B 기업에 투자하였음을 통해 B 기업이 ○○제품을 원활하게 생산하고 있음을 추론할 수 있다. 따라서 A 기업이 B 기업으로부터 수주를 받은 것이 된다.

A 기업은 B 기업으로부터 수주를 받거나 E 기업으로부터 수주를 받을 것이기 때문에 A 기업이 B 기업으로부터 수주를 받았다면 E 기업으로부터 수주를 받지 않은 것이다.

21

|정답| ③

|해설| ③은 ◯표시된 부분이 다르다.

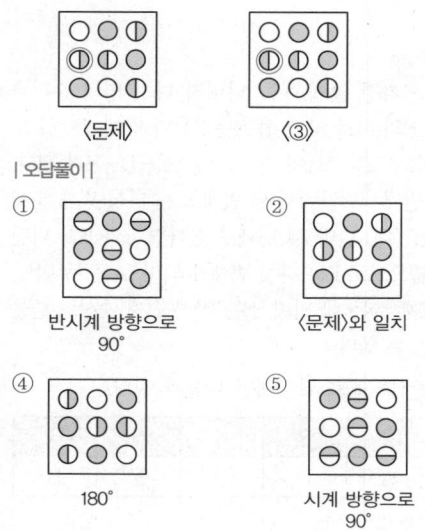

〈문제〉   〈③〉

|오답풀이|

① 반시계 방향으로 90°

② 〈문제〉와 일치

④ 180°

⑤ 시계 방향으로 90°

22

|정답| ④

|해설| A에서 B로 가려면, 어느 경로를 통해도 오른쪽으로 6회 이동해야 한다. 그리고 최초의 출발점을 포함하여 오른쪽으로 1회 이동할 때마다 상하로의 이동 여부를 선택해야 한다. 이를 총 6번 선택해야 하므로, A에서 B까지 이동하는 경우의 수는 $2^6=64$(가지)이다.

23

|정답| ④

|해설| 부하 직원 6명 중 부장과 함께 이동할 3명의 직원을 택하는 경우의 수는 $_6C_3=\dfrac{6\times5\times4}{3\times2\times1}=20$(가지)이다. 부장과 함께 이동할 3명의 직원을 택하면 과장과 이동하는 직원이 자동적으로 정해지게 된다. 차량이 서로 다르다고 했으므로 B 부서 직원이 차량에 나누어 타는 경우의 수는 $20\times2=40$(가지)이다.

24

|정답| ④

|해설| ④는 제시된 입체도형을 앞에서 바라본 상태에서 180° 회전시킨 것이다.

|오답풀이|

다른 입체도형은 점선 표시된 블록이 추가되거나 동그라미 친 블록이 제거되어야 한다.

① 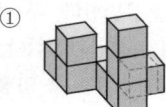   ②

③ 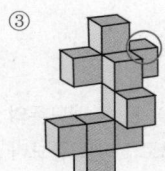　⑤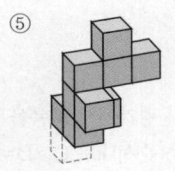

25

|정답| ③

|해설| 제시된 조건을 토대로 식을 세우면 다음과 같다.

- A 브랜드에서 구입

$100,000x - 36,000y = 1,640,000$ ·········· ㉠

- B 브랜드에서 구입

$70,000x + 46,000y = (100,000x + 36,000y) - 500,000$

$30,000x - 10,000y = 500,000$ ············· ㉡

㉠, ㉡을 연립하여 풀면, $x = 20$, $y = 10$이다.

26

|정답| ②

|해설| ②는 다음과 같은 형태로 만들 수 있다.

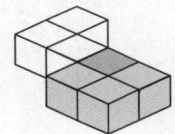

|오답풀이|

②를 제외한 형태들은 다음과 바뀌어야 한다.

①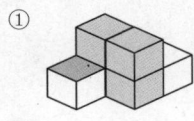　③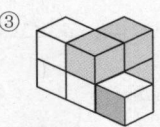

④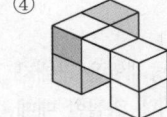　⑤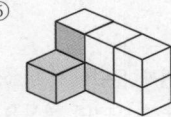

27

|정답| ①

|해설| 각 기업별 회답의 비율을 집계하면 다음과 같다.

(단위 : 명)

구분	불만	어느 쪽도 아니다	만족	계
A사	29 (25.9%)	36 (32.1%)	47 (42.0%)	112 (100.0%)
B사	73 (51.4%)	11 (7.7%)	58 (40.8%)	142 (100.0%)
C사	71 (52.2%)	41 (30.1%)	24 (17.6%)	136 (100.0%)
계	173 (44.4%)	88 (22.6%)	129 (33.1%)	390 (100.0%)

㉠ 총 인원수(390명) 대비 '불만'이라고 대답한 사람의 수 (173명)의 비율은 44.4%이므로 과반수가 아니다.

㉡ '불만'이라고 대답한 사원의 수가 가장 많은 회사는 B사 (73명)이지만, B사의 불만 응답률은 51.4%이고 C사의 불만 응답률은 52.2%이므로 C사 쪽의 불만 응답률이 더 높다.

|오답풀이|

㉢ '어느 쪽도 아니다'라고 답한 사람이 가장 적다는 것으로 근무조건의 좋고 나쁨을 알 수 없다.

㉣ '만족'이라고 답한 사람의 수는 B사가 가장 많으나, 만족 응답률은 40.8%로 A사의 42%보다 낮다. 또한 '만족' 응답률이 높다는 것만으로 근무조건이 좋음을 단정할 수는 없다.

28

|정답| ③

|해설| 운동에너지는 속력의 제곱에 비례하므로 속력이 2 배가 되면 운동에너지는 4배가 된다. 따라서 제동거리도 4 배로 늘어나게 된다.

29

|정답| ③

|해설| 홍일동은 첫 번째 조건과 세 번째 조건에 따라 짝수 달(6월, 12월)에 출장을 가며, 홍사동보다 먼저인 6월에

출장을 간다. 이에 따라 홍사동은 3, 6월에 출장이 불가능하다. 홍이동은 두 번째 조건에 따라 9월에 출장을 가지 않으므로 3월이나 12월 중 출장을 가야 하는데, 네 번째 조건에 따라 홍삼동보다 먼저 출장을 가야 하므로 3월에 출장을 간다. 이를 표로 정리하면 다음과 같다.

	3월	6월	9월	12월
홍일동	×	○	×	×
홍이동	○	×	×	×
홍삼동	×	×		
홍사동	×	×		

따라서 홍이동은 3월에 출장을 간다.

30

|정답| ②

|해설| • 경영부 : 맨 처음 숫자는 2이고 마지막 숫자는 맨 처음 숫자보다 작은 1이다. 이때 총합이 20이어야 하므로 가운데 두 숫자는 8, 9이고, 짝수와 홀수가 번갈아 사용되어야 하므로 가능한 비밀번호는 '2981'이다.
• 회계부 : 맨 처음 숫자는 3이고 마지막 숫자는 맨 처음 숫자보다 작은 숫자 중 짝수인 2가 되어야 한다. 이때 총합이 20이어야 하고, 짝수와 홀수가 번갈아 사용되어야 하므로 가능한 비밀번호는 '3872'와 '3692'이다.
• 기획부 : 맨 처음 숫자는 4이고 마지막 숫자는 맨 처음 숫자보다 작은 숫자 중 홀수인 1 또는 3이다. 이때 총합이 20이어야 하고, 짝수와 홀수가 번갈아 사용되어야 하므로 가능한 비밀번호는 '4781, 4961, 4583, 4763'이다.
• 홍보부 : 맨 처음 숫자는 5이고 마지막 숫자는 맨 처음 숫자보다 작은 숫자 중 짝수인 2 또는 4이다. 총합이 20이어야 하고 짝수와 홀수가 번갈아 사용되어야 하므로 가능한 비밀번호는 '5492, 5672, 5294, 5834'이다.
따라서 옳게 짝지어진 선택지는 ②이다.

31

|정답| ①

|해설| 가격이 가장 저렴한 핸드폰은 C이지만 무게가 무겁기 때문에, 가격은 보통이지만 무게가 가벼운 A 핸드폰을 선택하는 것이 적절하다.

32

|정답| ④

|해설| 디자인 평가에서 좋음을 받은 C, D, E, F 핸드폰의 무게는 무거운 순서대로 C>D=F>E이므로 F 핸드폰보다 E 핸드폰을 구입하는 것이 더 나은 선택이 된다.

33

|정답| ⑤

|해설| 진화 초기 단계에서는 산소가 많은 육지로 올라오기 이전 단계이므로 산소 농도가 낮아 물갈퀴가 존재했을 것이라고 추론하는 것이 적절하다.

34

|정답| ②

|해설| temporarily는 '일시적으로'라는 뜻을 가진다.
|오답풀이|
• remain : 남다, 여전히 ~이다
• accept : 수용하다, 받아들이다
• save : 구하다, 저축하다
• melt : 녹다

35

|정답| ②

|해설| stay는 '머물다'라는 뜻을 가진다.
|오답풀이|
• separate : 분리하다
• exclude : 배제하다
• connect : 연결하다
• accuse : 비난하다, 고소(고발)하다

36

|정답| ③

|해설| 세 번째 문단에서 탄소배출권 거래중개인은 판매자와 구매자가 확보되면 협상을 체결하기 위해 적절한 매매가격 산정이나 배출권 이전 및 발행의 보증 문제 등에 대해

조율한다고 하였다. 따라서 공식적으로 정해진 탄소배출권 가격을 정확히 파악하고 전달해야 한다는 추론은 적절하지 않다.

| 오답풀이 |

① 정책, 경제의 흐름에 따라 구매자와 판매자의 변동이 있을 수 있으므로 이를 파악하는 것이 중요하다.

② 온실가스 저감 사업에 대해 기업에 조언하거나 직접 관여할 경우 저감 기술에 대한 이해가 필요하다.

④ 탄소배출권 시장의 판매자(공급)와 구매자(수요)를 중개해야 하므로 관련 지식을 가지고 있어야 한다.

⑤ 구매 계약을 책임지고 체결하는 사람이므로 계약서 작성과 보증 등에 관한 법적 절차를 알아야 한다.

37

| 정답 | ②

| 해설 | ㄱ. 첫 번째 문단의 마지막 문장을 보면 오늘날 수소전기차가 상용화되었으며 수소경제시대가 본격 열리고 있음을 알 수 있다.

ㄹ. 마지막 문단을 보면 2013년 한국의 H사에서 세계 첫 수소전기차를 개발했음을 알 수 있다.

| 오답풀이 |

ㄴ. 두 번째 문단을 보면 '글로벌 컨설팅업체 K사는 2040년이면 세계 자동차 4대 중 1대가 수소전기차가 될 것으로 내다봤다'고 했으므로 수소전기차 수가 과반 이상을 차지하는 것은 아니다.

ㄷ. 네 번째 문단을 보면 EU는 전기차 경쟁에선 미국과 중국에 한발 늦었지만, 수소경제에서는 이들 국가를 앞지르려는 의지가 강함을 알 수 있다.

38

| 정답 | ④

| 해설 | 필자는 차량 이용자들이 차량 주차 시 이용하는 공간인 주차장을 공공재로 인식하는 점에 대해 비판적인 입장을 취하고 있으며, 세 번째 문단에서 주차장을 시장에서 가격이 결정되고 자율적으로 분배하도록 하는 것이 가장 효율적이라는 결론을 내리고 있다. 따라서 ㉣에 들어갈 말은 '주차장 이용자', '차량 소지자', '소비자' 등이 적절하다.

39

| 정답 | ④

| 해설 |

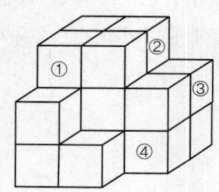

40

| 정답 | ②

| 해설 | 주어진 그림에서 정육면체를 만들려면 최소 $3 \times 3 \times 3 = 27$(개)의 블록이 필요하다. 현재 블록의 개수는 19개이므로 8개의 블록이 더 필요하다.

6회 기출유형문제

▶ 문제 188쪽

01	②	02	③	03	④	04	⑤	05	②
06	②	07	②	08	②	09	④	10	④
11	①	12	②	13	④	14	①	15	③
16	②	17	④	18	⑤	19	④	20	③
21	④	22	④	23	④	24	③	25	④
26	③	27	⑤	28	③	29	①	30	③
31	⑤	32	③	33	②	34	③	35	①
36	④	37	③	38	①	39	②	40	④

01

| 정답 | ②

| 해설 | ㉠ 두 번째 문단을 통해 공유 모빌리티는 이를 필요로 하는 사람들, 즉 탑승자의 수요에 따라 운영된다는 특징을 가진다는 것을 알 수 있다.

㉢ 두 번째 문단을 통해 공유 모빌리티가 도입될 경우 차량 구매수요가 감소하며 환경 친화적인 서비스로 운영되므로 환경에 긍정적인 영향을 미칠 것으로 추론할 수 있다.

[생산직] 인적성검사

| 오답풀이 |

ⓒ 라이드스플리팅은 유사한 기종점을 가진 둘 이상의 승객이 요금을 공유 또는 부담하는 서비스를 말한다.

ⓔ 카셰어링은 업체가 회원들에게 단기적으로 승용차를 대여해 주는 서비스이다.

02

| 정답 | ③

| 해설 | A ~ D와 ③을 조합해 다음과 같은 정사각형을 만들 수 있다.

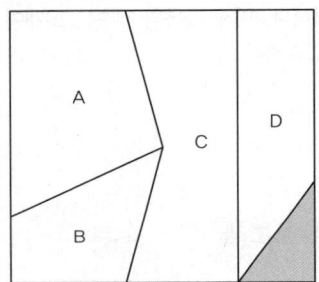

03

| 정답 | ④

| 해설 | 2013 ~ 2022년까지의 원자력 소비량을 보면 증감을 거듭하고 있다.

36.7 → 37.2 → 30.7 → 32.4 → 31.8 → 31.9 →
    +   −   +   −   +   +

33.3 → 31.7 → 29.3 → 33.0
  −   −   +

| 오답풀이 |

① 모든 해에서 석유 소비량이 나머지 에너지 소비량의 합보다 적다.

② 석탄 소비량은 2013 ~ 2019년까지는 증가세를 띠고 있으며 2020년에 감소되었다가 다시 2022년까지 증가세를 보이고 있다.

③ 기타 에너지는 2013 ~ 2022년까지 한 해도 감소하지 않고 지속적으로 증가하고 있다.

⑤ 2021년과 2022년을 비교해 보면 LNG 소비량이 감소하였다.

04

| 정답 | ⑤

| 해설 | 전년도와 비교하여 막대 그래프의 높이 차이가 가장 큰 해를 찾으면 된다. 따라서 1차 에너지 소비량의 증가가 가장 많은 해는 2018년이다.

1차 에너지 소비량을 연도별로 살펴보면 2013년은 228.7, 2014년은 233.4, 2015년은 236.5, 2016년은 240.8, 2017년은 243.3, 2018년은 263.8, 2019년은 276.6, 2020년은 278.8, 2021년은 280.3, 2022년은 282.9백만 TOE이다. 따라서 1차 에너지 소비량의 증가가 가장 많은 연도는 2022년(282.9−280.3=2.6)이 아니라 2018년(263.8−243.3=20.5)이다.

| 오답풀이 |

① 막대그래프의 높이를 보면 1차 에너지 소비량은 꾸준한 증가세를 보이고 있다.

② 원자력이 차지하는 비중을 연도별로 살펴보면 2013년은 약 16.0%, 2014년은 약 15.9%, 2015년은 약 13.0%, 2016년은 약 13.5%, 2017년은 약 13.1%, 2018년은 약 12.1%, 2019년은 약 12.0%, 2020년은 약 11.4%, 2021년은 약 10.5%, 2022년은 약 11.7%이다. 따라서 원자력이 차지하는 비중은 모두 10% 이상이다.

③ 기타 에너지에서 여러 에너지 간의 구분이 없어 재생에너지의 비중은 알 수 없다.

④ 석탄의 증가량을 보면 2014년 1.9백만 TOE, 2015년 3백만 TOE, 2016년 6.4백만 TOE, 2017년 2.5백만 TOE, 2018년 8.5백만 TOE, 2019년 6.5백만 TOE, 2020년 −2.6백만 TOE, 2021년 0.9백만 TOE, 2022년 2.7백만 TOE이다. 따라서 석탄 사용량의 증가폭이 가장 큰 연도는 2018년이다.

05

| 정답 | ②

| 해설 |

반시계 방향 45° 회전 → 왼쪽으로 뒤집기

06

| 정답 | ②

| 해설 | 첫 번째 명제의 대우는 '존경받지 못하는 사람은 성공하지 못한 어떤 사업가이다'이다. 따라서 합리적인 어떤 사업가는 존경받지 못하고, 존경받지 못하는 사람은 성공하지 못한 어떤 사업가이므로, '합리적인 어떤 사업가는 성공하지 못한다'라고 추론할 수 있다.

07

| 정답 | ②

| 해설 | A는 자율주행 면허증이 없고 운행 여부를 알 수 없으므로 조사가 필요하다. D는 자율주행 자동차를 운행한 것이 확실하지만 면허증 여부를 알 수 없으므로 조사가 필요하다. 따라서 조사해야 하는 사람은 A, D이다.

08

| 정답 | ②

| 해설 | ◯표시된 부분이 나머지와 다르다.

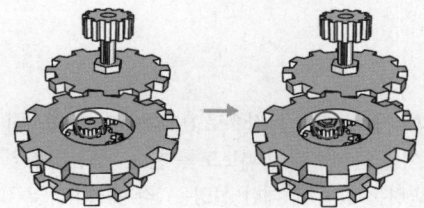

09

| 정답 | ④

| 해설 | 시침은 1시간에 30°씩, 1분에 0.5°씩 이동하고 분침은 1시간에 360°씩, 1분에 6°씩 이동한다. 따라서 4시 32분에 시침은 시계 방향으로 $30° \times 4 + 0.5° \times 32 = 136°$ 이동하였으며, 분침은 시계 방향으로 $6° \times 32 = 192°$ 이동하였다. 따라서 시침과 분침이 이루는 각은 $192° - 136° = 56°$이다.

10

| 정답 | ④

| 해설 | ④가 나머지와 같아지려면 네모 상자의 모양이 가로로 긴 직사각형이 되어야 한다.

11

| 정답 | ①

| 해설 | 다음 그림과 같이 평행사변형 abcd의 네 모서리 부분의 작은 삼각형을 오려서 반시계 방향 옆에 있는 사각형에 뒤집어 붙이면 하나의 큰 십자가 모양의 도형이 된다.

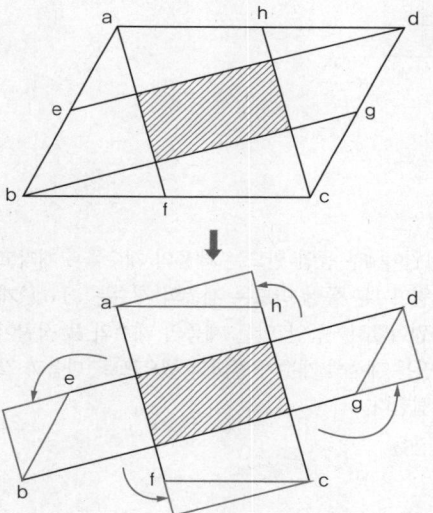

따라서 빗금 친 부분의 넓이는 평행사변형 abcd의 $\frac{1}{5}$ 배임을 알 수 있다.

12

| 정답 | ②

| 해설 | 두 면만 보이는 블록의 개수는 다음과 같이 총 6개이다.

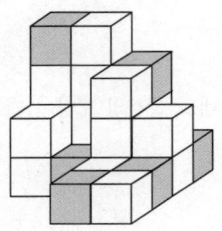

13

| 정답 | ④

| 해설 | 바닥에 직접 접촉하고 있는 블록의 개수는 12개이다.

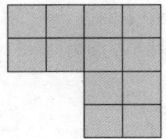

14

| 정답 | ①

| 해설 | B 직원이 1분 동안 만드는 제품의 개수를 x개라고 하면, A 직원이 1분 동안 만드는 제품의 개수는 $(3+x)$개이다. A 직원이 10분 동안 만든 제품의 개수와 B 직원이 25분 동안 만든 제품의 개수가 같다고 했으므로, 다음과 같은 식이 성립한다.

$$10(3+x)=25x$$
$$15x=30$$
$$x=2$$

1분 동안 B 직원은 2개의 제품을 만들고, A 직원은 5개의 제품을 만든다. 따라서 A 직원이 10분 동안 만든 제품의 개수는 $5×10=50$(개)이다.

15

| 정답 | ③

| 해설 | 마지막 문장에서 소수의 고성장기업이 전체 신규 일자리 창출에서 높은 비중을 차지하고 있음을 알 수 있다.

| 오답풀이 |

① 이 글에서는 일자리 창출에서 고성장기업이 높은 비중을 차지하고 있다는 것만 알 수 있을 뿐, 중견기업의 역할은 강조하지 않았다.

② 첫 번째 문단에서 일자리가 경제의 선순환에 기여한다고 하였는데 고성장기업이 전체 신규 일자리에서 높은 비중을 차지한다고 하였으므로 악영향을 준다고 볼 수 없다.

④ OECD의 정의에 따르면 고성장기업은 '10인 이상의 기업 중에서 고용 또는 매출액이 3년 연속으로 20% 이상 증가한 기업'을 말한다.

⑤ 가젤 기업은 고성장기업에 속한다.

16

| 정답 | ②

| 해설 | 밑에서 볼 때의 모습은 다음과 같다.

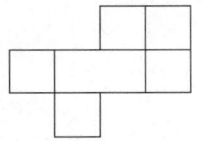

17

| 정답 | ④

| 해설 | 선택지에서 첫 번째 문장으로 (나)와 (라)를 제시하고 있으므로 이를 중심으로 살펴보도록 한다. 우선 (나)의 '쇠못으로 결합하는 방법'에 대한 설명은 (라)에서 '짜 맞춤 기법'과 더불어 제시된 목재 연결 기술의 하나이므로 (라)-(나)의 순서가 적합하다. 또한 (나)의 바로 뒤에는 짜 맞춤 기법에 대한 설명이 올 것을 예측할 수 있는데, (다)의 '그에 비해 짜 맞춤 기법은 ~'으로 보아 (나)-(다)의 순서가 자연스럽다. 그리고 (다)는 짜 맞춤 기법을 이용하면 많은 시간이 소요된다는 내용이므로, 튼튼하게 맞물린다는 강점을 제시하는 (가)가 (다)의 뒤에 올 수 있다. 그러면서 '이러한 ~'을 통해 짜 맞춤 기법에도 다양한 종류가 있음을 설명하는 (마)가 글의 마지막에 위치하게 된다.

따라서 (라)-(나)-(다)-(가)-(마) 순이 적절하다.

18

| 정답 | ⑤

| 해설 | 제시된 현상을 바탕으로 추론하는 문제이다. 탄소 배출량이 적은 발전 설비를 활용하면 인센티브를 주는 등 탄소 배출량을 줄여나가야 하기 때문에 탄소 배출량이 많을수록 재생에너지산업의 경쟁력이 강화된다고 볼 수 없다. 따라서 정답은 ⑤가 된다.

19

| 정답 | ④

| 해설 | 외식 대신 배달음식으로 끼니를 해결하는 경우가 급증하였지만 배달음식 시장 규모가 외식 시장의 규모를 넘어섰는지는 알 수 없다.

20

| 정답 | ③

| 해설 | 출발 직후 순위를 정리하면 C□ □B□ 가 되는데, A가 B보다 앞서 있으므로 CA□B□ 또는 C□AB□로 추론할 수 있다. 그 후 반환점을 A가 먼저 통과하여 순위는 AC□B□가 되고 마지막 조건에 따라 ACEBD가 되므로 정답은 ③이 된다.

21

| 정답 | ④

| 해설 | 1 ~ 100 사이의 홀수는 한 자릿수 숫자(1 ~ 9)가 5개, 두 자릿수 숫자(11 ~ 99)가 45개이고, 쉼표의 총 개수는 49개이므로 걸리는 시간은 다음과 같다.
- 한 자릿수 타이핑 시간 : 5×0.2=1(초)
- 두 자릿수 타이핑 시간 : 45×2×0.2=18(초)
- 쉼표 타이핑 시간 : 49×0.1=4.9(초)
∴ 1+18+4.9=23.9(초)

22

| 정답 | ④

| 해설 | 각 선택지의 도형마다 제시된 4개의 도형 중 크기가 가장 큰 것의 위치를 먼저 찾아 배치하고 그 형태의 라인을 그린다. 그리고 나서 나머지 3개의 도형들도 선을 그려가며 찾으면 된다. 제시된 도형 중 마지막 사각형의 면적이 가장 크고 자리 잡기가 용이하므로 이것을 기준으로 한다. 주어진 도형을 순서대로 a, b, c, d라 할 때 선택지에 선을 그어 보면 다음과 같다.

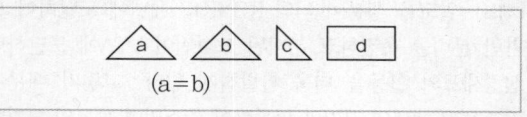

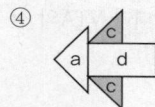

④

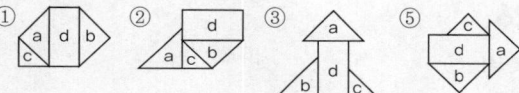

| 오답풀이 |

따라서 ④가 정답이 된다.

23

| 정답 | ④

| 해설 | 주어진 도형을 순서대로 a, b, c, d라 할 때 선택지에 선을 그어 보면 다음과 같다.

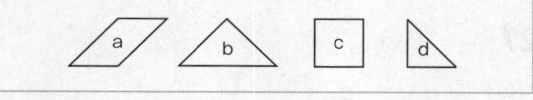

④

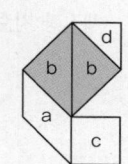

| 오답풀이 |

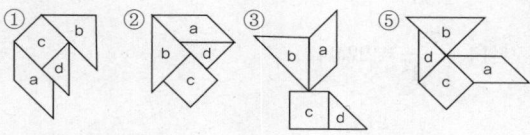

24

|정답| ③

|해설| 앞면에 2개, 뒷면에 2개, 왼쪽 면에 5개, 오른쪽 면에 6개, 윗면에 10개이므로 총 25개이다.

25

|정답| ④

|해설| 알코올 성분이 뇌의 KCNK13 채널에 도달하여 도파민 분비를 촉진하고 분비된 도파민이 VTA에 도달하면 신경세포의 활동을 더욱 활발하게 한다. 그렇기 때문에 KCNK13 채널의 크기와 활동량이 축소되면 보통의 크기와 활동량에 비해 도파민이 덜 촉진되고 이에 따라 VTA의 신경세포도 덜 활발해질 것이다.

26

|정답| ③

|해설| ③과 같은 모양의 조각은 나타나 있지 않다.

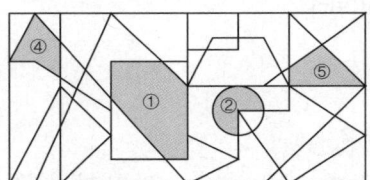

27

|정답| ⑤

|해설| 다섯 명의 키(cm)를 m로 환산한 후, 체질량 지수를 구하면 다음과 같다.

• 민아 : $\dfrac{47}{1.68^2} \fallingdotseq 16.65$

• 예슬 : $\dfrac{44}{1.65^2} \fallingdotseq 16.16$

• 지섭 : $\dfrac{73}{1.82^2} \fallingdotseq 22.04$

• 동근 : $\dfrac{71}{1.78^2} \fallingdotseq 22.41$

• 설현 : $\dfrac{44}{1.67^2} \fallingdotseq 15.78$

따라서 체질량 지수가 높은 사람부터 순서대로 나열하면 동근−지섭−민아−예슬−설현이다.

28

|정답| ③

|해설| 열역학 제1법칙은 우주에 존재할 수 있는 에너지의 총량은 항상 일정해서 열 또는 역학적 에너지가 가해지거나 사라질 경우, 생겨나거나 없어지는 것이 아닌 다른 장소로 이동하거나 다른 형태의 에너지로 바뀌었을 뿐이라는 내용이다. 따라서 에너지는 발생하거나 소멸하는 일 없이 열, 전기, 자기, 빛, 역학적 에너지 등 서로 형태만 바뀌고 총량은 일정하다는 '에너지 보존의 법칙'과 같은 맥락임을 추론할 수 있다.

|오답풀이|

① 일정 성분비의 법칙은 하나의 순수한 화합물을 이루는 구성 원소들의 질량비는 항상 일정하다는 법칙이다.

② 작용·반작용의 법칙은 뉴턴의 운동법칙 중 제3법칙으로, A 물체가 B 물체에게 힘을 가하면 B 물체 역시 A 물체에게 똑같은 크기의 힘을 가한다는 법칙이다.

④ 관성의 법칙은 뉴턴의 운동법칙 중 제1법칙으로, 외부에서 힘이 가해지지 않는 한 모든 물체는 자기의 상태를 그대로 유지하려고 한다는 법칙이다.

⑤ 질량 보존의 법칙은 화학반응의 전후에서 반응물질의 전체질량과 생성물질의 전체질량은 같다는 법칙이다.

29

|정답| ①

|해설| 3개의 면이 칠해지는 블록은 다음의 색칠된 부분들과 같다.

30

|정답| ③

|해설| ①, ②, ④, ⑤는 모두 정면도가 일치하지 않는다.

31

|정답| ⑤

|해설| 함께 힘을 합쳐 일을 더 쉽게 할 수 있었으므로 정답은 ⑤ 두 사람의 머리가 한 사람 머리 보다 낫다(=백지장도 맞들면 낫다)이다.

|오답풀이|

① 그림의 떡

② 연습은 완벽을 만든다.

③ 무소식이 희소식이다.

④ 눈에서 멀어지면, 마음에서도 멀어진다.

32

|정답| ②

|해설| 다음과 같이 A ~ D 블록을 배열하면 모든 바둑판이 정확히 채워진다. 따라서 '?' 위치에 놓인 블록은 B이다.

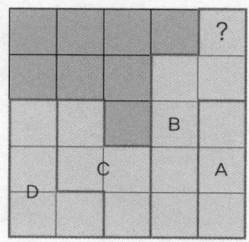

33

|정답| ②

|해설| 제시된 글에 따르면 사랑에 빠진 사람에게는 phenylethylamine이라는 물질이 분비된다.

|해석| 아즈텍 사람들은 초콜릿이 사람을 총명하게 만든다고 믿었다. 오늘날 우리는 이것을 믿지 않는다. 하지만 초콜릿은 phenylethylamine이라 불리는 특별한 화학물질을 가지고 있다. 이것은 사람이 사랑에 빠졌을 때 신체에서 만들어내는 화학물질과 같은 것이다. 당신은 초콜릿을 먹는 것과 사랑에 빠지는 것 중 무엇을 더 선호하는가?

34

|정답| ③

|해설| 후 브레이크패드를 제때에 교환하지 않으면 브레이크 밀림과 드럼 손상이 생길 수 있으며, 디스크 손상은 전 브레이크패드를 제때에 교환하지 않았을 경우 발생하는 현상이다.

35

|정답| ①

|해설| 부동액은 시동 지연이나 불량이 아닌 냉각계통이 손상되거나 녹이 발생할 때 점검 후 교체해야 하는 항목이다.

36

|정답| ④

|해설| '창조하다'라는 뜻을 가진 단어는 제시되지 않았다. 각 단어의 뜻은 다음과 같다.

• maintenance : 유지

• clean : 깨끗한, 청소하다

• recycle : 재활용하다

• conserve : 보존하다

• reserve : 예약하다

37

| 정답 | ③

| 해설 | 변화된 형태는 1번과 4번이 180° 회전한 형태이다. 따라서 우선, 4번의 180° 회전이 포함된 ♠를 눌렀음을 알 수 있다. 그리고 ♠를 누를 경우 3번은 역시 180° 회전을 하게 된다. 그러나 바뀐 형태에서 3번은 변화하지 않았으므로, 3번의 180° 회전이 두 번 진행되어 다시 원래의 형태가 되어야 한다. 따라서 ♥를 눌렀음을 알 수 있다.

38

| 정답 | ①

| 해설 | 변화된 형태는 1번과 3번이 180° 회전한 형태이다. 우선, 1번의 180° 회전이 포함된 스위치는 ♡와 ♥가 있다. 그런데 ♥를 누를 경우, 이어서 어떤 스위치를 눌러도 1번 혹은 3번의 180° 회전이 이루어질 수 없다. 따라서 ♡를 누르게 되며, 1번과 함께 180° 회전한 2번을 원래대로 돌리기 위해서 ♧를 눌렀음을 알 수 있다.

39

| 정답 | ②

| 해설 | 오후 5시부터 오후 7시까지는 주간 대여요금, 오후 7시부터 오후 10시까지는 야간 대여요금이 적용된다.

• 대여요금
$(850 \times 6 \times 2) + (850 \times 0.5 \times 6 \times 3) = 17,850$(원)

• 주행요금
$160 \times 200 = 32,000$(원)

따라서 이용요금은 $17,850 + 32,000 = 49,850$(원)이다.

40

| 정답 | ④

| 해설 | 대형차를 주간요금으로 9시간 대여하면 대여요금이 $1,050 \times 6 \times 9 = 56,700$(원)이므로 1일 대여요금(55,000원)이 더 싸다.

| 오답풀이 |

① 야간에 외제차를 5시간 빌리면 대여요금이 $1,200 \times 0.5 \times 6 \times 5 = 18,000$(원)이다.

② 중형차를 주간에 10시간 이상 대여한다면 대여요금이 $940 \times 6 \times 10 = 56,400$(원) 이상이므로 1일 대여요금(53,500원)이 더 싸다.

③ SUV가 대형차보다 주간 10분 대여요금, 1일 대여요금이 더 비싸고 주행요금은 같으므로 이용요금은 SUV가 대형차보다 비싸다.

⑤ 승합차의 1일 대여요금, 주행요금이 가장 비싸므로 1일 사용 기준 외제차를 제외한 가장 비싼 차종은 승합차이다.

고시넷
20대기업 인적성검사
[온오프라인] 통합기본서